기독교와 대화하기

| 개정판 |

기독교와 대화하기 | 개정판 |

초판1쇄 발행 | 2013년 2월 18일
개정판 1쇄 발행 | 2018년 2월 14일
개정판2쇄 발행 | 2019년 2월 13일
개정판3쇄 발행 | 2020년 2월 12일
개정판4쇄 발행 | 2021년 1월 27일
개정판5쇄 발행 | 2022년 1월 18일

지은이 | 기독교의이해 교재편찬위원회
펴낸이 | 신일희
펴낸곳 | 계명대학교출판부

등 록 | 1970년 9월 1일 (신고번호 제347-1998-1호)
주 소 | 42601 대구광역시 달서구 달구벌대로 1095
전 화 | 053-580-6233
팩 스 | 053-580-6235

ISBN 978-89-7585-812-3 03230

값 10,000원

이 도서의 국립중앙도서관 출판예정도서목록(CIP)은 서지정보유통지원시스템 홈페이지(http://seoji.nl.go.kr)와 국가자료공동목록시스템(http://www.nl.go.kr/kolisnet)에서 이용하실 수 있습니다.(CIP제어번호: CIP2018003707)

기독교와 대화하기

| 개정판 |

기독교의이해 교재편찬위원회 지음

계명대학교 출판부

머리말

<기독교의이해>는 기독교 정신으로 설립된 계명대학교의 기독교 교양과목이다. 교양과목은 모든 전공의 기초가 된다고 해서 오늘날 '기초교양'이라고 불린다. 그 중에서도 종교 교양과목은 여러 다양한 교양과목들의 토대가 된다고 할 수 있다. 그런 의미에서 종교 교양은 기초 중의 기초이다. 그러므로 <기독교의이해>는 학교의 건학이념을 전달하고 전공과 여타 교양과목의 바탕을 이루는 지극히 중요한 과목이다.

기독교와 대화하기는 이러한 중요성과 의미를 가진 <기독교의이해>의 교재이다. 2013년, **기독교와 대화하기** 초판이 출판되었지만 변화된 시대 상황에 맞는 적절한 교육이 이루어지기 위해 전면 개정판을 출판하게 되었다. 이번 전면 개정판은 1부 종교를 통한 대화, 2부 기독교와 대화하기, 3부 대화를 통한 삶 총 3부로 구성되었다.

무엇보다도 전면 개정판에서는 계명대학교의 건학 이념인 기독교 정신을 보다 강조하고 선명하게 전하기 위해 2부 '기독교와 대화하기'에서 성서를 소개하는 장의 비중을 높였다. 구약성서와 신약성서를 내용으로 하는 장을 각 2장으로 구성하여 성서를 소개하는 데 총 4장을 할애하였다.

또한 최근 인성교육에 대한 관심이 고조됨에 따라 전면 개정판에서는 기독교 정신이자 계명대학교의 교육 이념인 진리, 정의, 사랑을 기초로 하여 결혼, 가정, 직업 등 삶의 현장에서 학생들이 던지는 질문에 응답하고자 했으며, 생명 존중 사상과 건전한 문화와 관련된 부분을 추가하여 신입생들의 인성함양에 도움을 주고자 했다.

기독교와 대화하기 전면 개정판이 계명대학교 학생들로 하여금 기독교의 메시지에 담겨 있는 생명력을 느끼게 하고, 참된 사람됨의 길과 깊은 영성의 세계를 탐색하는 길에 도움을 주며, 삶의 현장에서 직접적으로 마주치게 되는 여러 가지 고민과 문제 해결에 자그마한 빛을 비추기를 소망한다.

바쁜 와중에도 혼신의 힘을 다하여 귀중한 글을 써 주신 집필진에게 특별한 감사의 말씀을 전하고 싶다. 아울러 책의 출판을 위해 수고하신 계명대학교 출판부 선생님들께도 마음 깊이 감사드린다.

2018년 1월
기독교의이해 교재편찬위원장 김재현

차 례

| 3부 | 대화를 통한 삶

| 기독교와 대화하기 |

| 1부 |

종교를 통한 대화

1장 종교와 인간 · **허도화**

2장 내 친구의 종교를 만나다 · **김춘이**

1장 종교와 인간 : 가장 먼저 가르치며 배워야 하는 교육

1. 들어가는 말

당신은 종교적인가? 천둥과 번개가 칠 것이라는 기상청의 예보는 살면서 남의 눈에 피눈물 나게 한 사람에겐 특히 조심하라는 경고일 수 있다. 왜냐하면 모두들 그런 사람이 벼락을 맞아야 된다고 바라기 때문이다. 천둥소리와 함께 번개가 벼락으로 변할 때는 특별한 종교를 갖고 있지 않은 사람도 신에게 기도를 한다. 이런 느낌을 무엇이라고 설명할 수 있을까? 인간이란 본래 종교적이란 말인가? 아니면 종교란 인간의 필요에 따라 만들어진 것인가?

우리는 이와 같이 종교와 인간에 관한 중요한 질문들에 답하기 위해 두 가지를 중점적으로 살펴보려 한다. 첫째로, 우리는 종교와 인간의 관계를 이해하기 위해 종교가 무엇인지 그리고 우리에게 종교가 무엇을 의미하는지를 살펴보려 한다. 이런 목적을 위해 본 장은 종교가 무엇인지에 관해 종교학자들과 종교인들 뿐 아니라 과학자들과 심리학자들이 설명하는 다양한 방식들을 탐구한다. 이 탐구는 일반인들이 머리나 가슴으로 관찰하는 이론들로부터 시작하여 매우 깊은 통찰력을 제공하는 종교학자들의 연구들까지 다룬다. 여기에서 우리는 인간이 어떻게 종교적으로 행동할 수밖에 없는지 그리고 왜 그렇게 지속적으로 종교적인 존재가 되는지에 관해 배우게 될 것이다.

둘째로, 우리는 종교가 개인들의 공동체인 사회와 어떤 관계를 가지는지 그리고 그 사회에 대해 무엇을 행하는지에 관해 간단한 주장들, 즉 종교의 사회적 역할에 대해 질문들을 던지고 대답할 것이다. 여기에서 우리는 종교의 기능들을 중심으로 사회생활 속에서의 종교적 신앙들과 실천들에 관해 다양한 이론들을 접하게 될 것이다. 또한 우리는 그 이론들이 접근하는 방법들을 분석하고 비판하는 것을 배울 것이다. 이런 배움의 과정에서 우리는 자신의 종교를 포함한 세계 종교들이 점차 세계에서 지니는 위치와 역할에 관해 자신의 생각과 가치들을 탐구하고 정리할 수 있게 될 것이다.

2. 종교와 인간의 관계

우리는 종교를 통해 인간을 깊이 이해하기 위해 다음과 같은 중요한 질문들을 다룬다. 종교와 인간은 서로 어떤 관계를 가지는가? 왜 그렇게 많은 사람들이 종교적인가?

1) 종교와 인간은 서로 어떤 관계를 가지는가?

종교는 인간에게 그리고 특별히 인간의 삶과 관련하여 매우 중요한 주제이며 연구 과제이다. 하지만 사람들은 오랫동안 종교는 옛 시대에나 필요하였지 현대처럼 인간의 문화생활이 발전되면 종교의 영향은 사라질 것이라고 생각했다. 이와 같이 종교와 문화가 서로 충돌 관계에 있다고 생각했던 사람들은 문화가 매우 발전된 사회에서도 종교가 여전히 강력한 힘을 유지하고 있다는 것을 깨닫게 되었다.

그렇다면, 종교가 현대 사회에서도 지속적으로 영향력을 유지하는 이유는 무엇일까? 그 이유는 종교가 인간 삶을 형성하는 전 영역에서 다양한 방식으로 인간의 삶 속에 스며들기 때문이다. 종교는 우리가 삶 속에서 느낄 수 있고, 행동으로 나타낼 수 있는 어떤 구체적인 것이다. 또한 종교는 사적으로나 공적으로, 개인적으로나 집단적으로 우리에게 영향을 준다. 이와 같이 인간 존재의 전 영역에 걸쳐 영향을 주기 때문에 종교를 인간 존재를 구성하는 한 차원이라고 말할 수 있다. 이와 같은 종교의 영향력은 인류가 생긴 이래 인간 자신에 관한 궁극적인 질문들에 대한 답을 제공함으로 나타나기 시작했다. 인간이 종교에게 묻는 궁극적 관심과 가치에 관한 질문들은 다음과 같다. 나는 도대체 어디로부터 와서 어디로 가는 것인가? 왜 살고 있는 것일까? 뜻있게 산다는 것은 무엇인가? 왜 뜻있게 살아야 하는가? 어떻게 하면 뜻있게 살 수 있을까? 나는 행복한가? 행복이란 무엇일까? 나는 왜 이렇게 괴로운가? 내 슬픔의 원인은 어디에 있는가? 나도 죽는 것일까? 죽은 다음에는 무엇을 느끼고 알 수 있을까? 이와 같이 종교는 자기 자신에 관한 질문과 삶의 목표와 의미를 찾는 '인간의 궁극적인 질문'으로부터 탄생하였으며, 종교는 그런 질문들에 대한 궁극적인 답변을 모색하는 과정이라고 말할 수 있다.[1] 그러므로 의미 있는 인생이 무엇인지를 알고 싶어 한다면 먼저 종교를 통해 접근해 볼 필요가 있다. 종교는 인간 자신과 삶에 대한 궁극적인 질문들에 대답하면서 인간 문화의 한 층을 이루게 되었으며, 따라서 종교를 이해하는 것은 인간 문화와 더불어 인간 자체를 이해하는 하나의 길이 되었다.[2] 이런 점에서 우리가 본 장에서 살펴보려는 종교에 관한 이해는 곧 종교를 낳고 지탱하고 변화시켜 온 인간 문화의 구조와 역동성에 관한 연구가 될 수 있다.

2) 왜 그렇게 많은 사람들이 종교적인가?

실제로 우리는 교회나 성당, 법당을 다니지 않는 사람들조차 '종교적'인 것을 발견한다.[3] 심지어 스스로 무신론자라고 주장하는 사람들조차 절망적인 순간에는 배우지도 않았던 이상한 기도를 하게 된다는 것을 고백한다. 만일 우리가 하나님을 믿는다면, 아마 우리 인간과 신의 특별한 관계를 설명할 수 있을 것이다. 예를 들어, 현재 우리의 모습은 하나님이 그렇게 만드셨기 때문이며 그래서 우리의 마음은 끊임없이 우리의 창조주를 추구하게 된다고. 그러나 만일 우리가 하나님이 실제

---

1 종교와 관련된 인간의 관심사, 인간의 궁극적 질문들에 관해 서광선, **종교와 인간** (서울: 이화여대 출판부, 2009), 18-19를 보라.

2 신학자 폴 틸리히(P. J. Tillich; 1886-1965)는 종교와 인간 문화의 관계를 잘 표현했다: "종교는 인간 문화의 중심이며, 인간 문화는 곧 종교의 표현이다." P. Tillich, *Protestant Era* (Chicago, IL: The University of Chicago, 1948), xvii.

3 '종교적'(religious)이란 형용사는 조직화된 종교(religion)뿐 아니라 인간 생활과 인간 문화의 전 영역에 걸쳐 표현되는 인간 자신과 사회, 우주에 관한 모든 질문과 관심, 태도와 자세와 관련된 것을 의미한다.

로 존재하지 않는다고 생각한다면, 무신론자에게조차 나타나는 인간의 종교적인 사고와 경향을 어떻게 설명할 것인가?

(1) 인간은 날 때부터 종교적이다

우리 인간은 신적인 존재와 내세(죽음 이후의 세계)가 있다는 것을 믿는 경향을 지니고 있는데 이것을 '종교적'이라고 말한다. 참으로 그런 신앙이 부분적으로는 우리를 인간적으로 만드는 것이며 이런 경향은 후천적이기보다는 선천적인 것이다.

영국 옥스퍼드대학교의 인류학 연구소(Institute of Cognitive and Evolutionary Anthropology)에 속해 있는 연구센터(Centre for Anthropology and Mind)가 2011년부터 2014년까지 3년간 4백만 달러를 투자하여 세계적인 프로젝트를 진행했다. 인식, 종교 그리고 신학 연구계획(Cognition, Religion and Theology Project - 이하 CRT 프로젝트로 표기)이라고 불리는 이 거대한 프로젝트에는 20개의 나라들에서 경험이 많은 57명의 심리학자들, 인류학자들, 철학자들이 함께 참여했으며 그들이 진행한 40개 이상의 독립된 연구들(경험적이며 분석적/해석학적인 연구들)이 통합되어 보고되었다.[4] 그들은 이 통합적인 프로젝트를 통해 인간의 생각이 어떻게 종교적인 아이디어들을 받아들이고 제한하는지를 더 잘 이해하고 싶었고, 도덕성, 종교, 사회적 행동 사이에 어떤 관계들이 있는지 밝히고 싶었다. 더 나아가 그들은 이 프로젝트를 통해 자신들이 발견한 것들이 인간에게 어떤 영향을 주는지를 이해하려 했다.

이 CRT 프로젝트를 통해 학자들이 발견한 중요한 사실은 인간이 본래 신들과 내세가 존재한다는 것을 믿는 경향들이 다양한 문화들에 넓게 퍼져 있다는 것이다. 또한 그들의 연구는 인간에겐 본능적으로 이 우주는 하나의 목적을 위해 운행된다고 믿는 경향도 있음을 발견했다. 그 연구의 공동 책임자인 로저 트릭(Roger Trigg) 박사는 CNN과의 인터뷰에서 "우리는 세상에서 목적을 발견하려는 경향을

---

4 University of Oxford, "Humans 'predisposed' to believe in gods and the afterlife," *Science Daily*, 14 July 2011. <www.sciencedaily.com/releases/2011/07/110714103828.htm>. 사이언스 데일리(Science Daily)는 과학에 관한 기사들을 모으는 미국의 웹 사이트이다.

가지고 있다. 우리는 신적 대리인을 발견하려 한다. 우리가 그 대리인을 눈으로는 볼 수 없을지라도 무엇인가가 존재한다고 생각한다....이 모든 것들이 종교적인 사고방식으로 나타나는 경향을 띤다."고 말했다.[5] 그의 말은 인간의 사고가 종교적 개념들에 뿌리를 두었다는 것을 의미한다. 그래서 신학이든 무신론이든 모두 기본적으로는 인간의 생각에 충격적으로 일어난 것, 즉 종교적인 것에 대한 이유 있는 반응들이라는 것이다.

또한 중국 북경에 위치한 칭화대학교의 징추(Jing Zhu) 교수와 북아일랜드의 수도 벨파스트(Belfast)에 위치한 퀸즈대학교(Queen's University)의 나탈리 에몬즈(Natalie Emmons)와 제시 버링(Jesse Bering) 교수들에 의한 연구들(성인을 연구 대상으로 포함한)에 의하면, 서로 매우 다른 문화에서 살아 온 사람들이더라도 그들에게 나타난 공통적인 현상은 자신의 정신, 혼, 또는 영의 어떤 부분은 죽음 후에도 살아남는다는 것을 본능적으로 믿는다는 것이다. 이것은 사람들이 쉽게 정신과 육체의 분리를 자연스럽게 받아들이는 이원론자들이라는 것을 증명하는 것이다.

하지만 이런 연구들의 핵심적인 내용은 하나님의 존재를 증명하기 위해 시작된 것이 아니라, 신들과 내세와 같은 종교적 개념들이 전적으로 배움을 통해 일어난 것인지 아니면 기본적으로 인간의 본성적인 표현들인지, 그런 개념들이 양육의 결과인지 아니면 선천적인 것인지에 관해 좀 더 분명한 이해를 얻기 위한 것이었다.

이와 같은 관심에 대한 연구 결과는 어린 아이들이 본능적으로 슈퍼맨과 같은 초인적인 존재들이 있다는 것을 믿는다는 것이다. 영국옥스퍼드 대학교의 에밀리 버데트(Emily Reed Burdett)와 저스틴 바레트(Justin Barrett) 박사들의 연구에 의하면, 5살 아래 아이들은 주위에서 비슷하게 나타나는 인간의 한계들을 이해하는 것보다 초월적 존재들을 더 쉽게 믿는 경향이 있다는 것이 발견되었다. 아이들은 자신의 엄마가 실제로는 눈으로 볼 수 없는 상자 속의 내용물들을 다 알고 있는지에 관해 질문을 받으면, 3살 아래 아이들은 자신의 엄마가 하나님처럼 항상 그 상자 속의 내용물들을 모두 알고 있을 것이라고 믿는다. 그러나 그 아이가 4살이 되면

5 CNN과의 인터뷰, http://www.womenofgrace.com/blog/?p=8028 (May 13, 2011.).

자신의 엄마가 모든 것들을 볼 수 없고 모든 것들을 알 수 없다는 것을 이해하기 시작한다. 그럼에도 아이들은 신과 같이 모든 것들을 보고, 알고 있는 초월적인 존재들이 있다는 것을 계속 믿는다. 어린아이들이 모든 것들을 알고 계신 하나님과 같은 초월적인 존재들에 대한 믿음을 쉽게 받아들인다는 것은 인간은 태어날 때부터 종교적으로 생각할 수 있는 준비가 되어있다는 것을 의미한다.

(2) 그렇다면 왜 사람들은 그런 믿음을 가지고 있는가?

종교적 믿음을 갖는 것이 바로 인간이 되는 한 부분이기 때문이다. 종교에 대한 신앙은 바로 인간 본성에 나타나는 보편적인 부분이다. 어린아이 때의 종교적 신앙들이 여러 문화들에게로 자연스럽게 확대된다는 것이다. 이런 현상은 어린아이의 종교적 경향이 세상에서 활동하지만 눈에 보이지 않는 신적 대리인을 믿는 어른들의 종교적 경향으로 나타나는 것으로 증명된다.

CRT 프로젝트는 종교가 여러 다른 사회들에서 인간 본성에 관한 공통된 사실로 나타나고 있다는 일련의 증거들을 모았다. 그 프로젝트의 공동 책임자인 바렛(Justin Barrett) 박사는 어린아이 때 경험한 종교적 믿음이 세계 도처에 있는 다양한 문화들에서 지속될 수 있는 이유가 종교적 결속을 공유하는 사람들이 사회적 연합을 구성함으로 더욱 협력적인 관계를 유지할 수 있기 때문이라고 말한다.[6] 이런 현상은 우리에겐 종교가 사적인 것이라고 생각하도록 몰고 가는 본능적인 욕구가 어느 정도 있긴 하지만 그런 믿음이 잘못되었다는 것을 말한다. 종교는 일요일마다 골프를 치는 대신 종교 모임을 갖는 소수의 사람들에게만 나타나는 특별한 관심사가 아니라, 인간에게 기본적으로 나타나는 본성이다. 그러므로 어떤 의미에서 인간 본성에 매우 깊이 뿌리를 내린 종교성을 거부하는 것은 인간의 기본적인 관심들을 성취할 수 없게 하는 것이 될 수 있다.

비록 CRT 프로젝트가 하나님의 존재를 증명하려는 의도에서 시작된 것이 아니라고 하더라도 실제로는 그 연구가 종교적인 감성이 인간에게 보편적이라는 것

6 하지만 흥미롭게도 그 프로젝트는 종교가 이미 강한 사회적 지원 네트워크가 이루어져 있는 개발도상국의 도시에 살고 있는 사람들에게서는 덜 활성화되는 것 같다는 것을 발견했다.

을 특히 신앙인들에게 확신시켜준 것이다. 종교적인 사람들은 신이 존재한다면 그 신이 자신을 찾게 하는 성향들을 인간에게 주었을 것이라고 말한다. 하지만 세속주의자들이나 무신론자들조차 이 연구에서 자신들이 좋아하는 어떤 것을 발견했을 것이다. 그것은 종교적 신앙이 단지 사람들이 성장시켜야 할 어떤 것이거나 시스템에서 일어난 일종의 불합리한 고장(정신병)을 열심히 극복해야할 어떤 것에 지나지 않는다는 것이다. 그럼에도 이 연구는 종교가 인간의 삶 속에 훨씬 더 보편적이고 널리 퍼져있으며 깊이 뿌리를 내리고 있다는 것을 보여준다. 그러므로 인간의 사고가 초월적 존재들이나 신들의 실존, 그리고 죽음 후 세계의 가능성이나 태어나기 전 세계의 가능성과 같이 종교적 개념들에 뿌리를 둔 것으로 나타날 때에는 종교를 억압하려는 시도들은 오래 가지 못하게 된다. 종교는 인간으로 사는 동안 깊이 생각해보아야 할 대상이기 때문에 존재하지 않는 것처럼 여길 수는 없을 것이기 때문이다.

3. 21세기를 사는 우리가 종교를 가지는 이유

인공지능과 가상현실 등으로 상징되는 4차 산업혁명시대인 21세기에도 종교와 신앙은 꼭 필요한가? 세계 인구 70억의 대부분은 세계적으로 알려진 대형교단의 교회로부터 분명치 않은 영적 전통들과 소규모의 지역 교파에 이르기까지 어떤 종류의 종교를 가지고 있다. 어느 누구도 실제로 얼마나 많은 종교들이 이 지구상에 있는지 알 수 없다. 그러나 그 수가 얼마이든지 최소한 우리가 종교를 가지는 이유에 관한 많은 이론들이 있다는 것이다. 한 가지 이론은 사냥을 하는 작은 부족문화에서 큰 경작문화로 진화됨에 따라, 우리 조상들은 서로가 이방인들로서 상대방에게 윤리적인 협력과 배려를 장려할 필요를 느꼈다. 그럴 때 우리를 도덕적으로 만드는 신에 대한 신앙과 함께 종교가 이런 필요들에 대한 하나의 문화적 적응방법으로 나타났다. 그러나 이런 종교의 필요성에 대한 주장은 많은 것들 가운데 단지 하나의 이론일 뿐이다. 종교의 필요성에 대한 다른 많은 이론들에 우리 자신의 이론을 추가할 수도 있을 것이다. 그러나 그런 이론들은 모두 이론들일 뿐이다. 어느

것도 실험으로 구체적으로 시도되지 않았다.

캐나다 퀸즈대학교의 심리과학자들로 구성된 연구팀이 종교의 기원과 필요성에 관한 새로운 아이디어를 제시하였다. 더구나 그들은 자신들의 추론을 뒷받침하는 과학적 증거들을 함께 제시하였다. 책임 연구원 케빈 라운딩(Kevin Rounding)과 그의 동료들은 종교가 인간의 삶 속에 나타나게 된 것을 인간의 자제력(self-control, 자기극복력)을 촉진시키기 위한 하나의 문화적 적응이라고 주장한다.[7] 자제력은 심리학적으로 행동하는 무수히 많은 경향들이 적응될 수 있도록 지탱해 주는 심리학적 기둥 역할을 한다. 만일 이런 주장이 사실이라면, 이해하거나 실천하기 미묘한 종교적 개념들은 더 높은 차원의 자제력을 통해 인식되거나 실천되어야 한다.

심리과학자들은 자제력을 측정하는 4가지의 매우 간단한 실험들을 통해 자신들의 이론을 증명했다. 첫 번째 실험에서 과학자들은 단어 게임을 사용하여 종교에 관해 잠재되어 있는 지원자들의 생각들을 끌어내기 시작한 다음, 자신들의 의도를 숨긴 채 모든 지원자들에게 한 번에 조금씩 오렌지 주스와 식초를 혼합한 고약한 음료수를 마시게 했다. 지원자들은 그 고약한 음료수 마시는 것을 언제라도 멈출 수도 있으며 또한 좋아하는 만큼 많이 마실 수도 있지만, 마신 양 만큼 약간의 돈을 받게 될 것이라는 말을 들었다. 지원자들이 그 고약한 음료수를 마신 양은 곧 그들의 자제력 훈련의 양을 의미했다. 오렌지 주스와 식초를 혼합한 음료수를 더 많이 마실수록, 그들은 더욱 자제력을 잘 보여준 것이다. 예상대로, 자신이 종교를 가지고 있다고 생각한 자들은 그런 즐겁지 않은 과제를 더 오래 참아냈다. 과학자들은 이런 실험의 결과를 특별한 자제력의 증거로 해석하였다. 사회와 종교 모두 공익을 위해서는 우리가 특별히 좋아하지 않는 많은 것들에 대해서도 인내하기를 요구하기 때문이다.

자제력 측정을 위한 두 번째 실험은 차후에 더 큰 보상을 받기 위해서는 지금의 유혹을 거절함으로 욕구를 지연시키는 방식이었다. 과학자들은 다시 지원자들

---

7 K. Rounding, A. Lee, J. A. Jacobson, Li-Jun Ji, "Religion Replenishes Self-Control," *Psychological Science* 23, no. 6 (2012): 635-642.

에게 숨겨진 종교 단어들로 종교성을 자극한 다음, 이미 고약한 음료수를 마시는 실험은 끝났지만 이 실험에 참여한 모든 지원자들에게 그 대가로 돈을 줄 것이라고 말했다. 그런데 그 지원자들이 다음날 다시 실험실로 돌아오면 5달러를 받게 될 것이지만, 한 주간 후에 돌아오면 6달러를 받게 될 것이라고 말했다. 이 방법은 널리 사용된 실험 패러다임으로 유혹 앞에서 얼마나 열심히 자기 극복 훈련을 하는지를 측정하기 위한 것이다. 그런데 정말로 종교를 가진 지원자들은 종교를 가지지 않은 지원자들 보다 거의 2배로 나중에 더 많은 돈을 얻기 위한 길을 선택했다. 이와 같이 자제력은 많은 정신적 자원들을 소비하면서까지 비싼 대가를 치르게 한다.

최근의 연구는 포도당 형태로 된 우리의 인식하는 힘, 즉 두뇌의 연료가 제한적이라는 것을 증명했다. 생각과 두뇌와 같이 '인식하는 힘'도 마치 근육처럼 소모하게 되면 지치게 되고, 고갈되면 정상적인 자제력조차 제 역할을 못하게 만든다. 이런 과정에 대한 이해를 기초로 진행된 세 번째 실험은 종종 '자아 고갈'(ego depletion) 효과라고 불린다.[8] 과학자들은 인식하는 힘이 소모된 사람들에게 종교를 생각나게 함으로 자제력을 위한 "연료가 다시 보급되는지" 알아보기를 원했다. 그래서 그들은 지원자들의 절반에게 시끄러운 음악을 듣는 동안 정신적으로 소모되는 과제를 시행하도록 했다. 그런 다음, 그들은 이 인식력이 소모된 지원자들의 절반에게 종교 단어들로 자극을 주어 자제력을 끌어냈다.

이 세 번째 실험을 통해 네 유형의 그룹들이 나타났다: 정신적으로 소모된 그룹, 정신적으로 소모되었지만 종교적으로 자극을 받은 그룹, 정신적으로 소모되지 않은 그룹, 종교적으로 자극을 받아 자제력을 지닌 그룹. 과학자들은 이 네 그룹의 지원자들 모두에게 처음 해보는, 거의 풀기 어려운 기하학적 퍼즐을 맞추도록 하였다. 이 풀기 불가능한 과제는 큰 어려움에 대처하는 그들의 인내심을 시험하기 위해, 즉 자제력을 측정하기 위한 실험이었다. 그 퍼즐 맞추기 실험의 결과들은 명백했다. 정신적으로 고갈되었던 자들 가운데 자신들의 생각에 종교를 가지고 있다는

8 '자아 고갈' 효과는 케이스 웨스턴 리저브(Case Western Reserve) 대학의 부부 심리학자 로이 바우마이스터(Roy F. Baumeister)와 다이앤 타이스(Diane Tice)가 실시한 자제력에 관한 심리 실험이다.

자들은 그 불가능한 과제를 더 오래 시도하였다. 이것이 제시하는 바는 그런 종교적 자극이 그들의 인식 능력들을 회복시켰으며 그 과정에서 그들의 인내심도 회복시켰다는 것이다. 그들은 기본적으로 결코 이전에 해보지 않았던 과제를 쉽게 포기하지 않았다. 과학자들은 이 실험 결과를 자제력 훈련에 대한 종교의 영향력을 지원하는 강한 증거로 이해했다.

마지막 네 번째 실험은 유일하게 분명하지 않은 결과들을 보였다. 처음 세 가지 실험들은 자제력에 대해 종교가 직접적인 원인이 된다는 증거들을 보여주었고, 불편함을 견뎌내면서 보상을 연기할 수 있었고, 전력을 다해 참아내는 것에 효과적임을 보여주었다. 그러나 그런 종교적인 자극이 도덕적 직관이나 죽음과 관련된 관심들까지 활성화시킬 수 있을까? 이런 가능성들을 판단하기 위해, 그 과학자들은 완전히 도덕적 의미와 무관한 세속적인 자제력 과제를 사용했다. 이 심리학 실험은 '스트룹 효과'(Stroop Effect)라고 불리는 것으로 과제에 대한 반응 시간이 주의력에 따라 달라지는 효과를 말한다. 파랑, 초록, 빨강이라고 쓰인 글자와 이 글자가 나타내는 의미인 실제 색상이 일치하지 않을 경우, 즉 빨강이 빨간색으로 프린트되어 있지 않고 노란색으로 프린트되어 있을 경우에는 글자의 색을 말하는 데 더 오랜 시간이 걸리며 잘못 말하는 경향이 생기는 현상을 말한다. 이 실험은 단어들을 읽기보다는 단어들이 인쇄된 잉크의 색을 빨리 찾아내야하는 과제이다. 이것은 정신적으로 집중해야 하고 자제력을 요구하기 때문에 매우 어려운 과제이다. 그 과학자들은 몇 사람들을 평소처럼 종교적 단어들로 종교성을 인식하도록 준비시켰지만, 다른 지원자들에겐 단지 미덕, 의로움이나 죽음, 무덤 등과 같은 도덕성과 관련된 단어들로만 인식하도록 준비시켰다. 그런 다음, 모든 지원자들은 정확성과 반응 시간을 측정하는 컴퓨터를 통해 '스트룹 효과' 실험을 시도했다. 그 실험 결과는 **심리 과학지**(*Psychological Science*)에 보고된 것처럼, 종교적으로 준비된 지원자들이 도덕성에 관해 생각하도록 준비된 자들보다 자제력이 훨씬 더 많았다는 것을 보여주었다. 그러나 스스로 종교를 지니고 있다고 생각한 자들은 스스로 도덕성을 지녔다고 생각한 자들과 통계적으로는 전혀 다르지 않았다. 이것은 예상하지 않았던 발견이었다. 그리고 이 실험 결과는 암시적으로 도덕적 감수성을 촉진시키는 것이 종교와 동일한 효과들을 지닐 수도 있음을 제시한 것이다.

위의 실험들에서 나타난 것처럼, 종교가 인간의 자제력에 긍정적 영향을 미치게 하는데 먼저 종교성을 인식하게 하는 기능이 효과적이라는 주장은 전적으로 분명하지 않은 것 같지만, 그래도 종교가 사람들로 하여금 계속 지켜보시는 하나님을 잊지 않도록, 즉 인식하도록 만들어 더욱 자신을 감시하고 자제력을 촉구할 가능성이 있다는 것이다. 또한 종교적인 자극이 신이 내리는 초월적 처벌에 대한 염려들을 극대화함으로 유혹에 대한 자제력을 지킬 수 있을 것이다. 세속적인 설명이긴 하지만, 종교적 자극이 사람들로 하여금 공동체 내에서 자신의 평판에 관해 더욱 관심을 갖도록, 자신을 감시하는데 더욱 주의를 기울이도록 만든다는 것이다. 주목할 만한 사실은 이 실험들에 참여한 지원자들의 거의 3분의 1이 자신을 무신론자이거나 불가지론자라고 밝힌 것이다. 이것은 실험들에서 나타난 분명한 결과들이 가장 경건한 자들에게서나 나타나는 특수한 경향들과는 거의 또는 전혀 관련이 없고, 일반적인 현상이라는 것이다.

종교와 인간의 자제력의 관계에 관한 일련의 네 가지 실험들에서 지속적으로 발견된 것은 종교적인 주제들이 분명하게 암시될 때, 사람들은 더욱 자제력을 보였으며, 그 자제력이 주요 종교들과 인간의 성공적인 발전을 위해 적절한 행위들을 취할 수 있는 능력을 증가시켰다는 것이다. 더 나아가 그 실험들은 사람들이 자제력 훈련을 하기 힘들거나 약화될 때에도 종교적 개념들이 그들로 하여금 자제력을 다시 살릴 수 있도록 만든다는 것을 발견했다. 더구나 도덕성이나 죽음과 관련된 상황에서는 종교만큼 인간의 자제력에 영향을 주는 것은 없을 것이다.

4. 현대 사회 속에서 종교의 역할

현대사회 속에서 종교의 역할은 무엇인가? 지금까지는 인간과의 관계에서 종교가 갖는 기능을 주로 개인적인 차원에서 다루었지만, 이제부터는 인간 공동체, 즉 인간 사회에서의 종교의 역할을 살펴보려 한다. 종교 없는 사회는 없으며, 종교가 지닌 기능은 공동체를 통해 그리고 공동체 속에서 가장 잘 나타난다. 그 이유는 종교가 개인보다 신앙공동체 속에서 본질적인 기능을 더욱 분명하게 발휘하듯이, 사회 공동체 속에서도 종교의 역할을 더욱 분명하게 드러낼 수 있기 때문이다.

사회에서 종교가 나타내는 기능적 역할을 강조한 대표적인 학자는 프랑스의 사회학자 에밀 뒤르켐(Emile Durkheim, 1858-1917)이다.[9] 그가 자신의 사회학에서 찾고자 한 궁극적 목표는 도덕과 질서이다. 그는 사회 질서의 본질을 이해할 수 있는 단 하나의 접근방법을 도덕성을 탐구하는 것으로 이해하고 그 도덕과 질서가 있는 사회를 만들기 위해 종교의 중요성을 강조하였다. 그에게 도덕성과 종교사상이 밀접하게 연결되어 있던 '원시사회의 종교성'은 사회를 이해하는 중요한 방법이었다.[10] 그에 의하면, 종교는 가장 원초적인 사회제도이며 가장 강력한 집합 의식(collective consciousness)을 공급한다. 이 집합 의식은 우리의 개인적인 모든 의식들의 융합으로 인간 사회를 이해할 수 있는 의식의 실체를 제공한다. 종교의 기능을 이해하는 것이 곧 사회를 이해하는 것과 밀접하게 연결되어 있다. 이와 같은 종교에 대한 구조적-기능적 접근 방식은 비록 현대사회에서 도덕 질서와 종교 행위의 관계성이 매우 약해지기는 했지만, 여전히 인간사회의 본질을 이해하는 가치 있는 수단이 될 수 있다.

종교는 문화적으로나 사회적으로 보편성을 지니고 있기 때문에 어떤 인간 사회 속에서라도 여러 기본적인 기능들을 발휘한다. 종교는 이해하기 힘들게 보이는 사건들에 대해 분명한 설명들을 제공하거나 어려운 문제들을 해결해 준다. 이런 종교의 기능이 바로 사회의 공동체 생활에 요구되는 기본적인 것이다. 사회학적 용어들로 표현한다면, 이런 종교의 기능들은 드러나기도 하지만 드러나지 않기도 한다. 종교의 기능들 가운데 분명하게 드러나는 것들은 영적인 세계뿐 아니라 일반

9 원래 에밀 뒤르켐은 종교적/인종적 단일성이 깨진 근대 사회가 어떻게 통합과 응집성을 유지하는지에 관심을 가졌다. 그는 근대 사회의 사회 역할을 연구하기 위해 사회 현상에 거의 처음으로 과학적인 접근을 시도하면서 사회의 여러 분야들이 어떻게 일상적으로 기능한지를 밝혀서 그 성격과 존재를 설명하고자 했다. 그래서 그를 '기능주의 사회학의 선구자'로 보기도 한다.

10 에밀 뒤르켐은 자신의 저서, 종교생활의 원초적 형태(1912)에서 인간에 대한 이해를 위해서는 원시(고대) 종교에 대한 연구가 필요하다고 주장한다. 그에 의하면, 현대의 다양한 종교들 사이에는 다양하고도 복잡한 의식, 집단, 이론들이 존재하지만, 원시종교는 동일하고 단순한 사회적 환경과 개인의 덜 발달된 개성, 도덕적 동질성 등이 인간의 종교적 본성, 즉 인간성의 항구적 본질적인 측면을 잘 보여주기 때문이다.

적인 사회에도 의미를 제공한다. 이와 같은 종교의 사회적 역할은 다양하게 나타날 수 있지만,[11] 여기에서는 종교가 사회 속에서 분명하게 드러나는 두 가지 주요 기능들을 중심으로 사회를 유지하고 발전시키는 '긍정적인 역할들', 즉 사회적 응집력(social cohesion)과 사회적 통제력(social control)에 대해 살펴보려 한다.[12]

첫째로, 종교는 그 공동체 안에서 공유되는 종교의식들과 신념들을 통해 사회적 결속력을 유지하는데 도움을 주는 사회적 응집력을 제공한다. 종교의 주된 기능은 사회를 보존하고 견고하게 만드는 것이다. 이 기능은 한 집단의 일치 또는 사회적 결속을 강화시키는 역할을 한다. 삶의 의미에 관해 동일한 종교나 동일한 종교적 해석을 공유하는 것은 사회 속에 도덕적 질서를 세우는데 응집력을 발휘해 다양한 사람들을 결합시킨다. 이와 같은 사회적 응집력은 각기 다른 교회, 절, 사원과 같은 곳에서 공동체에 의해 행해지는 예배, 기도, 계율과 같은 종교의식들을 통해 형성되고 강화된다. 또한 출생, 결혼, 그리고 죽음과 같은 매우 중요한 삶의 통과의례를 위한 종교의식들은 서로 다른 신앙을 가지고 있는 개인들까지 결합시킨다. 이와 같이 통합시키는 종교의 기능은 특별히 전통적인, 산업화 이전의 사회들에서 분명하게 나타났다.

오늘날과 같이 매우 복잡하고 다양한 사회들 속에서 살아가는 우리에겐 하나의 까다로운 질문이 있다: 어떻게 다양한 관심들을 추구하고 심지어 서로 충돌되는 관점들을 지닌 인간 사회(집단)들이 연합될 수 있을까? 에밀 뒤르켐과 같이 종교의 긍정적 기능들을 주장하는 학자들의 관점에서는 종교적 결합이나 연합이 종종 이와 같이 개인적이고 때로는 불화를 일으키는 차이들까지 초월하게 만든다. 종교가 사람들에게 서로 공유할 수 있는 인간의 궁극적 가치들과 목적들을 분명하게 제공하기 때문이다. 하지만 여기에서 서로 다른 사회들을 통합하는 종교의 영향력

11 예를 들어, 종교는 사회 속에서 도덕적 공동체 형성, 통과의례 예식 제공, 정서적 안정 지원, 정체성의 근거 제공, 정신치료, 사회변화 주도 등의 기능들을 나타낸다.

12 종교가 복잡한 현대 사회 속에서 사회적 질서와 결속력을 유지하기 위한 하나의 세계관을 제공한다고 주장하는 에밀 뒤르켐의 종교에 대한 기능주의적 관점은 종교가 역기능적일 수 있다는 비판을 피할 수 없다. 예를 들어, 종교는 근본주의자들의 종교 집단에 집단적 열광을 제공함으로 전쟁, 테러, 또는 폭력을 선동하고 정당화할 수도 있기 때문이다.

이 과장될 수도 있다. 왜냐하면 종교가 유일한 통합적 힘을 가지고 있는 것이 아니기 때문이다. 예로, 하나의 집단으로 결합시키려는 민족주의나 애국주의와 같은 감정들도 종교와 동일한 목적을 위해 남용될 수 있기 때문이다. 또한 현대화된 산업사회에서는 사람들의 소비 형태들, 생활방식들, 선호하는 습관, 활동, 취미들에 의해서도 쉽게 결합될 수 있기 때문이다.

둘째로, 종교는 종교적 도덕성과 규범들을 강화시킴으로 사회 속에서 일치와 통제를 유지하는데 도움을 주는 사회적 통제력을 제공한다. 종교적 신앙은 그 종교 안의 신앙인들의 생각과 행동에만 영향을 주는 것이 아니라, 일반 사람들을 사회적 관습이나 행동들을 통해 일치되도록 만드는 힘을 가지고 있다. 또한 종교는 이미 확립된 사회 질서를 유지하는 기능을 가지고 있어서 사회를 보호할 수 있다. 종교적인 통제력은 사회 속에서 일치된 사회적 관습의 형식들을 지속하려는 어떤 형식의 행동들을 추구하게 된다. 그래서 다양한 문화에서 많은 금기 사항들은 종교적 통제력에 기초한다. 대표적인 예는 유대교와 이슬람교가 자체 교인들에게 돼지고기 먹는 것을 금하고, 힌두교는 교인들에게 소고기를 먹지 못하게 하는 것이다.

하지만 이슬람교 수니파에 속하는 알 카에다(Al Qaeda)에 의한 9·11 테러[13] 또는 IS(Islamic State; 이슬람 테러무장단체)에 의한 테러처럼, 종교가 지니고 있는 사회적 통제력은 종교가 한 특정 사회를 유지하기 위해 테러를 부추기는 하나의 세력으로 나타날 수도 있다. 때로는 종교가 믿는 하나님을 기쁘게 해 드리기보다는 잘못된 생각을 갖고 있는 그 종교 단체의 지도자들의 간절한 부탁들을 들어주는 복종의 수단으로 전락될 수도 있다. 또한 종교가 다양한 그룹들을 통합하는 힘을 압제를 위해 사회적 통제력을 강화시켜주는 수단으로 남용될 수도 있다.

결국, 때로는 종교가 미신으로 취급을 받음에도 불구하고 사회 속에서 응집력과 통제력 같은 다양한 기능들을 통해 개인과 사회 모두의 복지를 위한 역할을 담

13 9·11 테러는 2001년 9월 11일 이슬람 수니파(극단주의 테러단체)에 의해 미국에서 벌어진 항공기 납치 동시다발 자살 테러로 뉴욕의 110층짜리 세계무역센터(WTC) 쌍둥이 빌딩이 무너지고, 버지니아 주 알링턴 군의 미국 국방부 펜타곤이 공격받은 대참사이다.

당했기 때문에 종교는 매우 오랫동안 하나의 사회적인 기관으로 인정을 받아왔다고 말할 수 있다. 많은 경우에 교육을 받은 사람들조차 종교적인 율법이나 관습들을 인간이 만든 것들보다 뛰어나다고 인정한다. 원시적이며 전통적인 사회와 심지어 현대화 된 사회에 의해 사방으로부터 공격을 당함에도 불구하고 인간의 삶과 사회 속으로 스며들어 종교적인 신앙과 의식들이 가족으로부터 직장에 이르기까지 다양한 사회들의 활동 속에서 중요한 역할을 한다. 현대화 된 사회에 거주하는 많은 사람들은 전통적인 종교 관점으로부터 자신들의 도덕적인 사고방식을 유지한다. 이런 현상은 많은 사람들에게 종교적인 권위와 원리들이 세속적인 것들보다 우월하다는 것을 의미한다.

우리는 현대를 종교다원주의 시대라고 부른다. 하나의 사회 속에 여러 종교들이 공존하는 것을 당연한 것으로 생각한다는 말이다. 하지만 종교가 더욱 다양해지고 사회는 더욱 세속화 되어가도 사회에서의 종교의 역할은 줄어들지 않는다. 종교는 오늘날처럼 개인주의가 더욱 심화됨으로 점차 분화되는 사회에서 일어나는 소외와 이기심, 무관심 등의 문제들을 해결하는 실마리를 제공할 것이다. 이와 같이 현대 사회에서 종교의 역할은 약화되는 것이 아니라 긍정적이든 부정적이든 새롭게 이해될 뿐이다.

5. 나오는 말

우리는 지금까지 종교에 대한 인간의 견해들을 살펴보았다. 인류 역사 이래 수많은 종교들이 있어왔다는 사실 자체가 인간에 대한 거부할 수 없는 사실(reality)을 보여준다. 종교가 신에 대한 엄밀한 정보를 가질 수 없다고 해도 최소한 종교는 인간에 대한 아주 중요한 단초를 제공한다. 종교를 통해서 인간을 알 수 있다는 것이다. 그러므로 종교는 인간이 세상에 태어나서 가장 먼저 가르치고 배워야 하는 교육(敎)의 으뜸(宗)이다.

종교는 본래 사람들이 생각한 무엇이 아니라 행한 무엇이다. 운전 교본과 교통

법규집을 읽었다고 운전을 잘 할 수 있다고 믿는 것은 어리석은 짓이다. 교본만 열심히 읽는다고 춤이나 그림이나 요리를 잘 할 수는 없다. 지속적이고 헌신적인 실천을 통해서만 바로 배울 수 있다. 이것처럼 종교의 진실도 단순히 교리 내용에 동의하고 믿음으로써 얻어지는 것이 아니라 실천적 행동으로 얻어지는 것이다. 그러므로 지속적인 종교 행위가 인간다운 인간으로 살아가도록 인도한다.

종교개혁을 이끈 프랑스 출신의 개신교 신학자 요한 칼빈(John Calvin, 1509~1564)은 아담이 타락한 후에도 남아있는 두 가지 주요 부분이 있는데 그것은 모든 사람에게 종교의 씨앗(the seed of religion)이 심겨져 있다는 것과 그들의 양심 가운데 새겨져 있는 선과 악을 구별하는 능력이라고 주장했다. 이러한 타고난 축복이 인류에게 보편적으로 나타나는 현상인 '종교성'의 출처를 증명하는 것이며 동시에 인간이 하나님의 형상대로 지음 받았음을 증명한다.

2장 내 친구의 종교를 만나다

1. 들어가는 말

현대의 다양한 종교들이 반목과 대립, 배타주의의 대상이 되지 않고 인류가 한 가족이라는 보편적인 형제애 실현을 하기 위해서는 종교 간의 대화가 선택이 아니라 필수가 되었다. 특히, 종교 간의 대화가 이뤄지지 않을 경우 몰이해와 무관심으로 기울 수 있고 세계의 평화적 공존에 위협이 될 수 있다는 점을 감안한다면 그 중요성은 더욱 부각된다. 따라서 종교 간의 대화를 위해서는 종교에 대한 공부가 필요하며 특히 종교를 가진 사람은 나의 종교 뿐 아니라 이웃 종교에 대해서도 관심을 가질 필요가 있다. 그에 대한 이유를 저명한 학자들은 이렇게 이야기 하고 있다.[1]

첫째, 내 종교를 더욱 깊이 알기 위해서이다. 현대 종교학의 창시자 막스 뮐러는 괴테의 유명한 말 "하나의 언어만을 아는 사람은 어떤 언어도 모른다."를 종교에 적용해서 "하나의 종교만 아는 사람은 아무 종교도 모르는 것과 같다."는 유명한 격언을 남겼다. 종교를 갖고 있는 사람은 자신의 종교에 대해서 누구보다 잘 알고 있다고 생각하기 쉽지만 뮐러에 의하면 그것은 착각이라는 것이다. 내가 믿고 있는

1 오강남, **세계 종교 둘러보기** (서울: 현암사, 2003), 22-25.

종교에 장점과 단점이 있다면 그것을 분명히 아는 것은 다른 종교를 보았을 때 가능하다는 것이다. 즉 종교에 대해 알아보는 것은 단순히 지적 호기심을 충족시키는 것 이상이다. 그것은 나의 종교를 더욱 깊이 이해하고 진정으로 감사하기 위한 전제조건이 된다.

둘째, 내 이웃의 종교를 더욱 깊이 이해하기 위해서이다. 내 친구와 이웃 등 주변에 있는 사람들이 나와 다른 종교를 가질 수 있다. 그 뿐 아니라 하루가 다르게 발달하고 있는 교통수단과 통신수단을 통해 세계 사람들이 모두 이웃으로 살고 있는 말 그대로 지구촌이다. 이렇게 지구라는 한 마을에 사는 이웃이 어떤 종교를 갖고 살고 있을까에 대해 관심을 갖고 그것에 대해 알아가는 것은 그들을 더욱 깊이 이해하고 사이좋게 지내기 위해 꼭 필요한 일이 아닐 수 없다. 특히, 가톨릭 신학자 한스 큉은 "종교 간의 대화 없이 종교 간의 평화가 있을 수 없고, 종교 간의 평화 없이 세계 평화가 있을 수 없다."고 했다. 이처럼, 내가 사는 마을의 평화를 위해서 종교 간의 대화는 필요하며 종교 간의 대화는 내 이웃의 종교를 더욱 깊이 이해하지 않고는 불가능하다.

셋째, 우리가 누구인지 알기 위해서이다. 영국의 인류학자 마레트는 진정으로 인간을 다른 동물과 구별하는 가장 큰 특징은 인간이 '종교적'이라고 말한다. 지구상에 있는 종족 중에 어떤 형태로든 종교가 없는 종족은 없고, 반면에 동물 중에 종교적 신념이나 제의를 가진 것으로 보이는 동물은 아직 없다. 그런 의미에서 인간을 다른 동물과 구별하는 특징으로 '종교적 인간'이라는 표현이 더욱 적절하다는 것이다. 그런데 동물과 인간을 구별하는 특징을 '종교적 인간'으로 설명할 경우 "교회, 절, 성당에 나가지 않는 사람은 종교적이지 않은건가, 인간이 아닌건가"라는 의문을 가진 사람이 있을 것이다. 그러나 여기서 말하는 '종교적'은 반드시 교회나 절, 성당에 나가는 것만을 뜻하지 않는다. 종교를 어떤 외형적 조직체나 일련의 교리 체계로 본다면 그런 종교는 적어도 일반인의 지적 수준이 높아짐에 따라, 힘을 못 쓰거나 사라질 것이다. 반면에 인간이 당면한 궁극적 물음을 물어 보거나 삶의 참된 의미가 무엇인가를 추구하는 자세를 깊은 의미의 종교적 자세라고 한다면 인간은 누구나 종교적이지 않을 수 없고 시대가 변하더라도 이런 종교적 자세가 약해지거나 소멸되지 않는다.

2. 이슬람교를 만나다

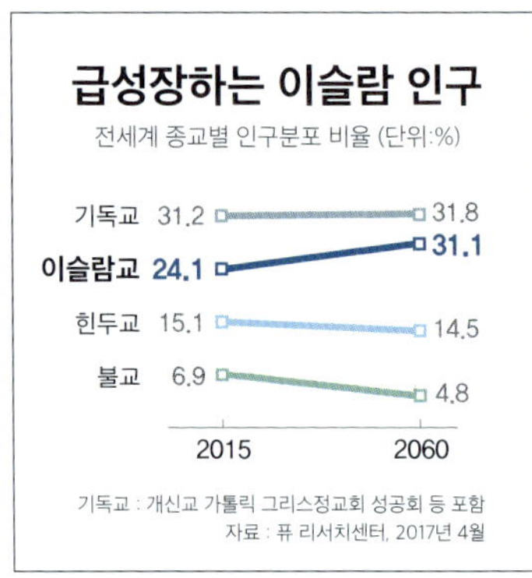

기독교, 불교와 더불어 세계 3대 종교 중 하나인 이슬람교는 현재 공동체의 규모가 빠르게 커지고 있는 추세이다. 실례로, 2017년 미국의 세계적 종교연구기관인 퓨리서치 센터가 발표한 '글로벌 종교지형의 변화' 보고서에 의하면 2015년 전 세계 종교별 인구분포는 기독교(개신교+가톨릭+그리스정교회, 성공회 등 포함)가 31.2%(22억7,625만명)로 이슬람교 24.1%(17억5,262만명)를 압도한다. 그러나 2060년이면 기독교 31.8%(30억5,446만명), 이슬람교 31.1%(29억8,739만명)로 거의 비슷해진다. 이 추세로 가면 2060년 이후 이슬람교가 세계 최대 종교가 되는 것은 명약관화하다. 이렇게 예상하는 주된 이유는 무슬림의 높은 출산율이다. 연구소는 2015년~2020년 종교별 평균 출산율과 관련해 전 세계 무슬림이 2.9명인 반면 비무슬림은 2.2%에 그친다고 전망했다.[2]

1) 기원

이슬람은 아랍어로 '순종', '헌신'을 뜻한다. 즉 이슬람교는 '알라'(아랍어로 '알'은 '그', '라'는 '일라'의 줄임말로 신이라는 뜻이다. 따라서 알라는 '그 신'이라는 뜻)를 믿는 종

2 http://www.sedaily.com/NewsView/1OH6N21RY1/ 2018년 1월 14일 검색.

교이며 그들이 믿는 신에게 순종하는 종교이다. 따라서 이슬람교를 믿는 사람을 지칭하는 '무슬림'은 '순종하는 사람', '헌신하는 사람'이라는 뜻이다.

이슬람교에서 말하는 최종 예언자인 무함마드는 서기 570년 지금의 사우디아라비아 메카에서 태어났다. 아버지는 무함마드가 태어나기 며칠 전에 세상을 떠났으며, 어머니도 무함마드 6세 때 세상을 떠났다. 이후 할아버지에 의해 키워졌으나 9세 때 할아버지도 사망했다. 결국 무함마드는 작은 아버지 집에서 가축 돌보는 일을 하며 지냈고, 25세 때 15세 연상의 카디자와 결혼을 한다. 결혼을 하고 난 후 무함마드는 시간적 여유를 가지고 명상과 기도에 전념할 수 있었다. 드디어 서기 610년 그가 40세 되던 해 극적인 종교적 체험을 한 후 받은 계시에 따라 알라는 한 분 뿐이라는 것, 심판이 임박했다는 것, 평등·박애 등 윤리적 삶을 살아야 된다는 것 등을 가르치고 우상 숭배나 영아 살해를 금하라고 외쳤다. 그 후 일련의 사건을 겪으면서 서기 622년 메디나로 이주해 종교적, 군사적으로 큰 성공을 이룬 후 서기 630년에 메카를 점령하고, 드디어 아라비아 전역에 걸쳐 정치적 권력을 행사하는 실질적 지도자가 되었다. 그로부터 2년이 지난 서기 632년 62세의 나이로 세상을 떠났다.

2) 사상

무슬림이라면 누구나 믿는 여섯 가지 믿음이 있다. 첫째, 알라에 대한 믿음이다. 유일신 알라에 대한 믿음은 이슬람교에서 가장 중요하다. 둘째, 천사들에 대한 믿음이다. 특히 알라의 계시를 무함마드에게 전해 준 지브릴은 가장 중요한 천사이다. 셋째, 경전들에 대한 믿음이다. 알라가 계시한 많은 경전이 있음을 믿는다. 그러나 알라의 계시를 완벽하게 담고 있는 경전은 '꾸란' 뿐이다. 넷째, 예언자들에 대한 믿음이다. 무슬림은 알라가 보낸 많은 예언자가 있다고 믿는다. 다섯째, 심판의 날에 대한 믿음이다. 심판의 날은 반드시 온다. 그때는 잠자던 모든 사람이 부활해 최후의 심판을 받는다. 그러나 지하드에 참여해 순교한 사람은 최후의 심판날까지 기다리지 않고 바로 천국으로 들어간다. 여섯째, 예정에 대한 믿음이다. 모든 일은 알라가 정한 대로 이루어진다. 그의 뜻을 바꿀 수 없으며 사람이 할 수 있는 일은 오직 그의 뜻에 복종하는 것뿐이다.

또한 무슬림이라면 예외 없이 지켜야 하는 다섯 가지 의무 즉 이슬람의 다섯 기둥이 있다. 무슬림은 이 다섯 기둥을 반드시 실천해야 하며 그렇지 않을 경우에는 죄를 지은 것으로 간주한다.[3] 1기둥은 신앙 고백이다. "알라 이외에 다른 신은 없다. 무함마드는 알라의 예언자이다."라고 아랍어로 자주 반복해서 말하는 것이다. 2기둥은 기도이다. 무슬림들은 하루에 다섯 번 메카를 향해 진실한 마음으로 기도해야 한다. 새벽, 정오, 오후, 저녁, 밤 이렇게 하루에 다섯 번씩 매일 기도함으로써 알라에 대한 순종을 표시한다. 3기둥은 자선이다. 재산의 일부를 무슬림 공동체의 가난한 사람들을 위해 베푸는 것이다. 자선으로 이웃에게 우정을 베풀면 돈에 대한 집착에서 벗어날 뿐 아니라 알라의 은총까지 받아 오히려 재산이 증가한다고 믿는다. 4기둥은 단식이다. 성스러운 달 라마단에는 단식을 해야 한다. 해가 뜰 때부터 해가 질 때까지 물을 포함해 아무것도 먹어서는 안 된다. 그러나 해가 지면 충분히 먹을 수 있기 때문에 생활을 하는 데는 큰 지장이 없다. 5기둥은 성지 순례이다. 무슬림은 경제적 여건이 허락하는 한 일생에 한 번은 메카를 순례해야 한다. 메카 순례는 이슬람 달력으로 12번째 달에 하며 이 기간에는 해마다 전 세계에서 모인 약 250만 명의 순례자가 흰 옷을 입고 메카에 모여 카바 신전을 중심으로 순례 행사를 한다. 이를 통해 세상 모든 무슬림들은 형제이며 평등한 존재라는 것을 느낀다.

3) 경전

이슬람의 신앙은 그들의 절대적인 경전 꾸란(Quran)에 전적으로 의존한다. 꾸란은 읽다(Qara'a)에서 나온 말이다. 꾸란은 기독교 신약성경의 약 80% 분량이며 전체 114장으로 구성되어 있다. 하지만 주제별이나 연대순으로 구성된 것이 아니라 분량이 긴 것부터 짧은 것 순으로 편집되어 있는데 1장은 예외이다. 이외에도 이슬람 율법을 통칭하는 '샤리아', 무함마드의 언행록인 '하디스', 이슬람 전통을 지칭하는 '순나'도 이슬람의 원칙이자 가르치는 규례지만 그 중심은 역시 꾸란이다.

---

3 Y. Emerick, **상식으로 꼭 알아야 할 이슬람**, 한상연 역 (서울: 삼양미디어, 2012), 153.

3. 힌두교를 만나다

힌두는 인도와 같은 말이다. 즉 힌두교는 '인도 사람들의 종교'라는 뜻이다. 여러 형태의 종교가 뒤섞여 힌두교라는 이름 아래 조화를 이루며 융합하고 있다. 사람들은 이런 인도 사람들의 종교를 '힌두교'라는 말로 폭넓게 아우르고 있다. 그러므로 힌두교가 어떤 종교인지 간단히 규정하기는 매우 어렵다. 힌두교인은 자신의 종교를 삶과 사고의 방식 즉 '다르마'라고 한다. 삶과 종교가 구분되어 있다고 생각하는 것이 아니라 종교는 삶과 밀접하게 결합되어 있으며 '삶 자체로서 종교'라고 생각하기 때문이다. 힌두교인 중에는 엄격한 종교적 규범을 준수하는 사람도 있고 도덕을 초월해 명상 등의 신비주의에 몰입하는 사람도 있다.

1) 기원

힌두교는 인더스 문명과 베다 문명이라는 서로 다른 뿌리의 결합으로 생겨났다. 철기 문화와 수레바퀴가 달린 전차를 탄 아리아 인이 힘으로 인도 북부 지역을 장악했지만, 인도에 정착하여 환경에 적응하는 과정에서 오히려 오래전부터 그 지역에서 살아온 원주민인 드라비다 인의 문화에 동화되거나 적응하게 되었다. 아리아 인의 베다 문명과 드라비다 인의 인더스 문명은 서로 결합하면서 새로운 문화를 만들어 냈고, 그러면서 인도에는 신들이 셀 수 없이 많아졌다. 힌두교의 신에 대한 다양한 지식은 베다에서 얻을 수 있다. 특히 리그베다에는 많은 신이 등장한다. 힌두교에서 가장 중요하고 존경 받는 신은 먼저 창조의 신 '브라흐마'이다. 브라흐마는 '프라자파티'라고도 하는데 '아이들의 신'이라는 뜻이다. 아이와 더불어 새 생명이 시작되기 때문이다. 브라흐마는 머리 4개에 팔 4개를 가지고 있으며 주로 비슈누의 배꼽에서 자라는 연꽃 잎 위에 앉아 있는 모양으로 표현된다. 그 다음으로 세상을 유지시켜 주는 '비슈누'가 있다. 비슈누는 세상을 유지하고 돌아가게 하는 신이다. 힌두교인들이 가장 좋아하는 신이라고 할 수 있다. 착한 사람을 보호해 주고 나쁜 사람에게는 벌을 주는 정의의 신이기 때문이다. 마지막으로 파괴와 죽음의 신 '시바'이다. 그러나 이 파괴는 새로운 창조와 생명을 위한 파괴로 꼭 필요한 것이다.

2) 사상

힌두교는 현실주의적 성향이 강하다. 인간은 무수한 윤회를 겪으면서 네 가지 삶의 목적을 추구해야 하는데, 처음 두 가지는 욕망을 따르는 것이고 다음 두 가지는 욕망을 절제하는 것이다. 첫째 목적은 '카마'이다. 카마는 애착을 통한 쾌락을 의미한다. 힌두교는 인간에게 욕망이 중요하다는 점을 인정한다. 그러나 쾌락만으로는 구원에 이르기에 충분하지 못하다. 둘째 목적은 '아르타'이다. 권력과 재물 등을 소유하는 것으로 사회적인 지위나 성공도 뜻한다. 아르타는 인간이 가질 수 있는 정당한 욕구지만 이것도 인생 최고의 목표가 될 수 없다. 셋째 목적은 '다르마'이다. 다르마는 종교적, 도덕적 법칙으로 앞의 두 가지 보다 훨씬 가치 있는 생활 기준이다. 이기적인 욕망을 버리고 가족과 카스트, 공동체에 의무를 다하며 경전이 제시하는 윤리 원칙을 준수하고 만인이 행복을 추구하는 것으로, 이를 통해 지극한 즐거움에 도달할 수 있다고 한다. 네 번째 목적은 '목샤'이다. 목샤는 구원 또는 해탈을 말하며, 힌두교에서 추구하는 인생 최고의 경지이다. 목샤에 이르려면 착한 일을 많이 하고, 지혜를 쌓아서 악을 멀리 하고 신을 정성껏 섬겨야 한다.

힌두교에서 구원에 이르는 길은 세 가지라고 한다.[4] 첫째, 행동의 길이다. 이 길은 계율이나 도덕규범을 잘 지키고 이웃에 선행을 많이 하여 구원의 길에 이르려는 것이다. 둘째, 신애의 길이다. 이 길은 어느 신을 마음과 정성과 뜻을 다해 사랑하고 받드는 일이다. 세 가지 길 중에서 가장 많은 사람이 택하는 길이기도 한다. 신을 부모, 주인, 연인, 친구, 심지어 갓난아기로 여기며 경배하고 그 신의 이름을 열심히 불러 더욱 깊이 사랑하려는 것이다. 셋째, 지혜의 길이다. 이 길은 궁극 실재를 직접 꿰뚫어 보는 통찰과 직관과 예지 등을 통해 구원에 이르려는 것이다. 힌두교에서는 무지무명(無知無明)이 모든 문제의 근원이므로 이를 없애야 해방된다고 본다.

---

4 오강남, 58-59.

3) 경전

힌두교의 경전인 '베다'에는 신들에 대한 찬송을 모은 '리그베다', 제사를 지낼 때 사용하는 문장들을 모은 '야주르베다', 제사의 절차를 담고 있는 '사마베다', 마법적인 주문들을 모아 놓은 '아타르바베다'가 있다. 그리고 경전의 가르침을 풀어 쓴 여러 가지 해설서들이 있는데 그 중 가장 중요한 것으로는 '베다의 결말'이라는 불리는 '우파니샤드'가 있다. 이 책은 브라흐마가 다양하고 복잡한 세상 만물을 창조하였으며, 모든 것이 브라흐마의 신성함을 지니고 있으므로 소중하게 생각하고 대해야 한다는 가르침을 담고 있다. 또 힌두교 신자들은 비슈누의 아바타인 크리슈나의 가르침이 담긴 '바가바드기타'라는 책도 중요하게 여긴다.

4. 불교를 만나다

명법 스님[6]이 2013년 미국 유학생활에서 발견한 미국 불교 이야기를 담은 생소하지만 재밌는 제목의 『미국 부처님은 몇 살입니까?』를 발간했다. 이 책을 보면, 불교는 아시아에서 발생했고, 당연히 아시아 사람들이 신봉하는 종교라는 인식이 지배적이었지만 최근 미국, 프랑

미국 오리건 주 포틀랜드 시 소재
Dharma Rain Zen Center 구도자들의 선 수행 장면[5]

5 사진 출처 https://dharma-rain.org/

6 현재 조계종 교수아사리이며 서울대학교와 홍익대학교 대학원 미학과, 동국대학교 불교대학원 명상상담학과에서 후학을 지도하고 있다. 해인사 국일암에서 성원(性源) 스님을 은사로 득도하고 운문승가대학과 동대학원을 졸업했으며 운문승가내학 회주 명성 스님으로부터 전강(傳講)을 받았다. 현재 불교와 미학뿐 아니라 현대 사회에서 불교적 가치를 구현하는 일에 관심을 갖고 연구와 집필 활동을 계속하고 있다.

스, 영국 등 서양인들의 정신세계까지 깊이 파고들어가고 있음을 알 수 있다. 특히 미국에서는 불교가 기독교, 유대교와 함께 미국 최대 종교들 가운데 하나로 급성장 한다는 점이다. 곳곳에 티벳 불교, 일본 불교, 한국 불교 관련 사찰과 선방이 늘어가는 등 서양 사회에서 불교의 영향은 이제 더 이상 간과할 수 없는 실정이다.

1) 기원

불교는 불타(佛陀)를 섬기는 종교이다. 불타는 인도의 고대어인 산스크리트어로는 붓다(Buddha)이다. 붓다는 '깬 사람', '각성하는 사람', '스승'이라는 뜻이며 한자로는 '부처'라고도 한다. 불교를 일으킨 인물은 '석가모니'이다. 인도어인 '사키아무니'의 한자로 그가 속한 '샤카'족의 성자란 의미이며, 그의 본 이름은 고타마 싯다르타이다. 아주 정확한 수치는 아니지만 싯타르타는 기원전 563년 경 인도와 네팔의 국경 지대에 있는 샤카국의 슈도다나 왕과 마야 왕비 사이에서 태어났다. 왕자로 부족할 것 없이 살아가던 싯다르타는 19세에 궁 밖으로 외출했다가 충격적인 장면을 보았다. 지팡이에 몸을 의지하고 힘겹게 걷는 노인부터 병에 걸려 고통 받는 병자, 죽은 사람, 그리고 출가한 승려를 만난 것이다. 마침내 인간사의 생로병사를 목격한 싯다르타는 사물의 본질을 깨닫고 고통에서 영원히 벗어나는 방법을 찾기 위하여 모든 것을 버리고 출가를 하였다. 산에 들어가 고행에 전념하던 싯다르타는 6년 만에 이를 중단하고 다시 보리수 아래에 자리 잡고 깊은 명상에 잠겼다. 그리하여 마침내 깨달음을 얻었다. 속세의 속박과 번뇌를 벗어나 근심이 없는 해탈과 진리를 깨달아 번뇌를 해탈한 최고의 경지인 열반을 맛보았다. 이렇게 부처가 된 석가모니는 처음으로 녹야원에서 함께 고행하였던 5명의 수행자에게 자신이 깨달은 바를 가르쳤다.

2) 사상

부처의 가르침의 중심 내용은 윤회, 업 그리고 해탈로써 당시 인도 고유의 윤회와 업이라는 사상을 받아들이면서도 해탈에 이르는 독특한 방법과 교설을 제시하였다. 부처는 사람의 삶은 수레바퀴처럼 영원히 계속 된다고 했는데 이것이 부처의 가르침의 중심 내용 중 윤회이다. 불교에서의 윤회란 영혼이 다른 육신으로 들어가는 것이다. 전생의 말과 행동, 생각 등이 업(業)이 되어 고통에 찬 삶이 영원히 반복되는 것이다. 업은 중생이 몸과 입과 뜻으로 짓는 선악의 소행을 말하며, 혹은 전생의 소행으로 말미암아 현세에 받는 응보(應報)를 가리킨다. 이 윤회에서 벗어나는 것이 바로 해탈이다.

불교 해탈의 핵심은 부처의 초기 설법인 사성제와 팔정도로 요약된다. 사성제(四聖諦)란 네 가지 진리로, 4제(四諦) 또는 성스러운 네 가지 진리를 말한다. 성(聖)은 온전함을 의미하고, 제(諦)는 살아있는 진리, 깨달은 진리라는 의미이다. 이 제(諦)는 보통 '체'로 발음되지만 현재 한국 불교계에서 '제'로 발음하고 있어 그대로 따른다.[7] 사성제는 괴로움에 대한 온전한 진리라는 뜻의 고성제(苦聖諦), 괴로움의 원인에 대한 온전한 진리라는 뜻의 집성제(集聖諦), 괴로움의 소멸에 대한 온전한 진리라는 뜻의 멸성제(滅聖諦), 괴로움을 소멸시키는 방법에 대한 온전한 진리라는 뜻의 도성제(道聖諦)이다. 이 사성제에 대해 법륜 스님은 다음과 같이 해설하였다.[8]

> 고(苦)는 이것이 괴로움이다. 즉 현실을 정확하게 파악하는 거요. 현상을 정확하게 진단하는 거요. 이게 병이다. 이것을 진단해야 됩니다. 두 번째 집(集)은 그 병의 원인이 뭔가? 원인을 정확하게 진단해야 되요. 세 번째 멸(滅)은 병이란 것은 사람이 처음에 태어날 때는 건강했죠. 건강했는데 중간에 병들었다면 뭔가 잘못이 있어서 병들은 거 아니겠어요. 그죠? 그러니까 이것은 원래대로 돌아갈 수가 있다. 이거죠. 치유하면 원래대로 돌아가죠. 그러니까 이것은 나을 수 있다. 이게 멸(滅)이에요. 그러면 어떻게 하면 낫느냐? 그 치료법이 뭐다? 그것이 바로 도(道)란 말이오.

---

7 오강남, 84.

8 법륜 스님 강의 동영상, http://egloos.zum.com/buddhastudy/v/4136948 2018년 1월 14일 검색.

불교의 가장 핵심적인 교리는 연기법(緣起法)이다. 부처는 인생과 우주의 진리를 깨친 분이며, 그 진리의 내용은 바로 '연기'이다. 부처는 '경'에서 이 연기법을 아는 것이 바로 부처를 보는 것이라고 하였다. 연기란 모든 것은 원인과 조건이 있어서 생겨나고 원인과 조건이 없어지면 소멸한다는 것이다. 부처는 이를 아래의 시로 짧게 표현하였다.[9]

> 이것이 있기 때문에 저것이 있고 此有故彼有
> 이것이 생겨나기 때문에 저것도 생겨나며 此生故彼生
> 이것이 없으면 저것도 없으며 此無故彼無
> 이것이 없어지면 저것도 없어진다 此滅故彼滅

『잡아함』 15권

생성과 소멸의 과정에서 항상 서로 의지하여 관계를 맺고 있다 하여 연기법을 '상의성(相依性)의 법칙'이라 말하기도 한다. 모든 존재는 그 존재를 성립시키는 여러 가지 원인이나 조건에 의해서 생겨나게 된다. 서로는 서로에게 원인이 되기도 하고 조건이 되기도 하면서 함께 존재하게 되는 것이다. 즉 모든 존재는 전적으로 상대적이고 상호의존적이다. 이렇게 자각을 통한 인격완성을 목표로 하는 불교와 신을 통해 구원을 얻으려는 종교와는 근본적으로 차이가 있다. 그래서 불교에서는 전통적으로 구원이란 말보다는 해탈이나 열반이란 말을 사용한다.

3) 경전

세계 3대 종교는 모두 경전을 갖고 있다. 그러나 기독교의 경전인 구약성경과 신약성경, 이슬람교의 경전인 꾸란은 하나의 책으로 묶어져 있는 반면, 불경의 경전은 하나가 아니다. 부처의 가르침은 84,000가지에 이르며 경전도 무수히 많아 4-6세기 중국에서 번역된 경전만 다 합해도 3,000종이 넘는다고 한다. 부처의 가

9 이찬수, **종교로 세계 읽기** (서울: 이화여자대학교 출판부, 2011), 89.

르침은 제자들이 구전으로 전수하다가 200년 이상 지난 후 문자로 기록되었다. 그 기간 동안에 3번의 부처의 말씀을 모으는 작업이 있었다. 1차 작업은 부처 입멸 직후 제자 아난다가 약 500명의 제자들 앞에서 부처에게 들은 말씀을 외운 것을 후대에 기록한 경(經)이 있다. 우팔리라는 제자도 부처의 말씀 중 승단의 운영과 규칙에 관계된 것을 외웠다. 그것을 율(律)이라고 한다. 이후 두 번의 부처의 말씀을 모으는 작업을 통해 구전을 통해 내려오던 경과 율이 문자로 기록되었다. 그리고 훗날 경과 율에 대한 해설이 모아졌는데 이것을 논(論)이라고 한다.

5. 나오는 말

서울의 한 호텔 레스토랑 입구에 오른쪽의 마크가 붙어 있는 것을 보았다. 이는 무슬림에 대한 친근감을 표현한 것이며 그들을 위한 서비스를 최대한 제공하겠다는 뜻이다. 예를 들면, 돼지고기를 먹지 않는 종교적 규범을 존중하여 그 외의 다양한 메뉴를 제공하고 있으며 그들에 대한 어떠한 차별도 하지 않겠다는 식당의 뜻을 마크로 표현한 것이라고 볼 수 있다. 여기서 우리가 이슬람교에 대한 기본 정보를 갖추고 있지 않다면 무슬림이 무엇을 뜻하는 용어이며, 왜 굳이 이런 마크를 붙여 놨는지 알 수 없을 것이다. 이처럼, 우리가 살아가는 세상은 다양한 종교를 가진 사람이 더불어 살아가는 세상이 되었고 그들이 믿는 종교에 대한 지식을 갖고 있을 때 서로 배려하고 이해할 수 있게 되었다. 또한 종교에 관심조차 없거나 종교를 갖고 있지 않는 사람이라도 우리와 또 우리나라와 밀접한 관련이 있는 종교에 대해서 알아보는 것은 풍요롭고 신나는 종교 여행이 될 것이다.

| 기독교와 대화하기 |

| 2부 |

기독교와 대화하기

3장 삶의 현장에서 소리치는 지혜 : 구약성경의 지혜

1. 들어가는 말

구약성경은 하나님의 뜻이 담긴 책이다. 그래서 하나님께서 모세에게 그리고 예언자들에게 보여주시고 말씀하신 내용이 담겨 있다. 그런데 구약성경에는 사람들의 목소리도 들어있다. 하나님의 마음을 느끼면서 하나님을 향하여 찬양하기도 하고 기도하기도 하는 시편이 있다. 또한 하나님의 은혜로 살아가면서 나름대로 깨달은 바가 있어 그 내용을 기록한 것이 있는데 그것이 바로 지혜서들이다.

예를 들어 "게으르지 말고 부지런하게 살아라"라든가 "정직하게 살아라"하는 말이 지혜서에 담겨 있는 것이다. 이러한 내용은 성경에만 있는 것이 아니라 다른 종교의 경전에도 있고 속담과 격언에도 있다. 이처럼 널리 퍼져 있는 보편적인 것이 지혜이기에 누구나 쉽게 이해할 수 있다. 본 장에서는 이러한 지혜에 대해서 살펴볼 것이며 구약성경의 독특한 지혜가 우리의 생각과 삶에 새로운 깨달음과 비전을 줄 수 있기를 기대해본다.

2. 지혜가 무엇이기에

구약성경에 들어있는 대표적인 지혜의 책들은 잠언, 전도서, 욥기, 아가 등이다. 그런데 지혜는 사실 이러한 책 외에 성경 전체에 녹아있다고 볼 수 있다. 예를 들어 창세기에 들어있는 요셉 이야기는 대표적인 지혜 이야기다(창세기 37-50장). 그리고 드고아에서 온 지혜로운 여인의 이야기도 있는데 다윗 왕의 아들 압살롬을 다시 불러들이기 위해 지혜롭게 이야기하는 내용이다(사무엘하 14:1-24).

성경은 거룩한 하나님의 말씀이라고 알고 있는데 이 지혜 부분은 조금 특이하다. 지혜의 책을 살펴보면 하늘의 하나님으로부터 내려온 것이라는 뜻으로 사용되어 온 전형적인 말인 "여호와께서 말씀하시기를"이라고 시작하는 내용이 없고 인간이 경험할 수 있고 체험할 수 있는 내용으로 가득 차 있다. 그래서 지혜가 거리에서 소리친다고 하는 것이다; "지혜가 길거리에서 부르며, 광장에서 그 소리를 높이며, 시끄러운 길 머리에서 외치며, 성문 어귀와 성 안에서 말을 전한다."(잠언 1:20-21). 어떻게 인간의 경험과 말이 하나님의 거룩한 말씀이 될 수 있는가? 그것이 바로 모든 것을 포용하는 성경의 특징이다.

사실 인간의 마음과 뜻과 감정으로 하나님께 올려 드리는 것이 있다. 바로 기도와 찬양이다. 비록 예배 시간에 인간의 말로 기도를 하고 찬양을 하지만 이들이 하나님의 말씀을 선포하는 설교보다 거룩하지 않다 라고 말하는 사람은 없다. 동일하게 거룩하며 귀하게 여긴다. 성경에는 곡조 없는 찬송인 시편도 있고 수많은 기도문이 들어있다. 이처럼 사람의 입으로 사람의 마음을 표현하는 것을 거룩하게 여기는 것이 예배의 전통이요 성경의 전통이다.

성경의 지혜 전통을 보면 사람이 이 세상을 살아가면서 깨달은 것을 결코 가볍게 여기지 않음을 알 수 있다. 뿐만 아니라 평범하게 일상적으로 살아가는 모든 모습을 귀하게 여긴다는 사실도 발견할 수 있다. 성경의 지혜문학에는 이러한 내용이 하나님의 뜻과 일치할 수 있다는 점을 보여주고 있다. 예를 들어 전도서에는 다음과 같은 구절들이 있다.

> 사람이 먹고 마시며 수고하는 것보다 그의 마음을 더 기쁘게 하는 것은 없나니 내가 이것도 본즉 하나님의 손에서 나오는 것이로다. (전도서 2:24)
> 너는 가서 기쁨으로 네 음식물을 먹고 즐거운 마음으로 네 포도주를 마실지어다. 이는 하나님이 네가 하는 일들을 벌써 기쁘게 받으셨음이니라.
> (전도서 9:7)

일상적으로 일하며 살아가는 모습이 하나님께서 손수 창조하신 세상의 한 모습이라는 것이다. 그리고 즐겁게 먹고 마시며 일상적으로 살아가는 것을 마치 제사를 받으시듯이 그렇게 귀하게 하나님께서 받으신다는 것이다.

성경에서 지혜를 소개할 때 여성의 삶을 제시하면서 이상적인 지혜자의 상을 제시한다. 바로 잠언 31장에 나타나는 '위대한 지혜로운 여인의 이야기'가 바로 그 이야기다. 왜 지혜를 여성의 이야기로 소개하고 있는가? 그 이유는 성경의 원문인 히브리어에서 지혜를 '호크마'라고 하는데 이 단어가 여성형 단어이기 때문이다.

잠언 31장 10-31절에 나타나는 '위대한 지혜로운 여인의 이야기'를 보면 한 남편의 아내로서 가정의 모든 일을 주도적으로 이끌어 가고 있는 모습을 보여주고 있다. 가정의 경제를 이끌고 있는데 부동산을 매매하기도 하고 장사와 무역을 하며 하인들을 거느리는 일도 모두 관장하고 있다. 새벽부터 밤늦도록 열심히 일하는 모습을 보여주는데 포도원을 경작하고 베를 짜며 가난한 사람들에게 손을 펴서 자선을 베풀기도 한다. 또한 자녀들을 양육하는 일에도 손색이 없을 정도로 지혜롭게 양육하고 있다. 이렇게 가정의 모든 일을 담당하고 있었기에 남편은 성읍의 장로들 사이에 앉을 수 있었다. 언뜻 보기에 여성이 너무 많은 짐을 지고 있고 과중한 노동을 하는 것이 아닌지 하는 의구심이 들 정도다. 그러나 고대 사회에서는 출중한 남성일수록 남성의 역할이 외적을 물리치는 전사로서 주로 활동하였으며 공동체의 지도자로서의 임무를 수행하였기에 가정의 일을 여성이 담당할 수밖에 없었다. 중요한 것은 여성이 억지로 이러한 일을 하고 있는 것이 아니라 책임감을 가지고 주도적으로 지혜롭게 수행하고 있다는 점이다. 이러한 모습이 바로 지혜자의 모델이라 할 수 있다.

3. 인생을 행복하게 살아가는 방법 - 천년과 순간의 비밀

시편에는 "주님(하나님) 앞에서는 천년도 지나간 어제와 같고, 밤의 한 순간과도 같습니다."(시편 90:4)라는 구절이 있다. 먹으면 죽지 않는다는 불사약을 찾아 헤맨 진시황도 결국 죽을 수밖에 없었다. 그 누구도 영원히 사는 사람은 없다. 우리 모두 이 세상에 태어났고 언젠가는 죽게 되어 있다. 반면에 하나님의 차원은 영원이며 시간에 구애받지 않는 차원이다. 따라서 우리는 한 없이 길게만 느껴지는 '천년'이란 세월도 영원에 비교해본다면 한 순간이요 찰나에 불과할 뿐이다.

이와 더불어 누구나 알고 있는 또 다른 진리는 언제 죽을지 모른다는 사실이다. 대부분의 사람들은 평균수명 정도는 살겠지 하는 생각을 가지고 산다. 그러나 그것은 평균일 뿐 나의 수명이 보장된 것은 아니다. 따라서 나의 죽음에 대한 경각심을 가져야 하는 것은 당연한 일이다.

가만히 생각해보면 시간이야 말로 생명처럼 귀중하다. 우리에게 과거가 있다고는 하지만 추억일 뿐 과거의 시간에 뛰어들 수가 없다. 후회하고 한탄을 해보아도 과거는 이미 흘러가버리고 우리가 어떻게 할 수 있는 시간대가 아니다. 혹시나 잘못한 일이 있으면 그 대가를 치러야할 뿐이다. 다만 우리가 잘못한 일에 대해 용서를 받을 수만 있다면 그보다 좋은 일은 없다. 성경의 내용을 '복음' 즉 '기쁜 소식'이라고 하는 이유가 여기에 있다. 왜냐하면 과거에 잘못한 일에 대해 용서받을 수 있는 길을 가르쳐 주기 때문이다. 바로 예수님이 대신해서 우리의 죄를 짊어지시고 결과적으로 우리가 용서를 받는다는 소식이다. 그래서 시편에는 "날마다 우리의 주님을 찬송하여라. 하나님께서 우리의 짐을 대신 짊어지신다."(시편 68:19)라는 구절이 나타난다. 우리가 잘못한 일에 대해 대가를 치르고 형벌을 받는 것이 당연한데 하나님이 우리는 용서해 주신다면 정의로우신 하나님은 난처한 입장에 서게 된다. 결국 하나님이 대신 우리의 죄의 짐을 짊어지시고 고초를 겪기 때문에 우리가 용서를 얻게 되는 것이다. 마치 자식의 죄를 대신해서 부모가 고초를 당하는 것과 같다. 죄인으로서 용서를 받는 것은 참으로 기쁜 소식이지만 대신 짐을 짊어지시는 하나님을 보면 너무너무 죄송한 마음이 들 수밖에 없다.

그러면 미래는 어떠한가? 우리는 경험을 토대로 미래를 예측한다. 그러나 미래는 열려져 있으며 전혀 새로운 일이 일어날 수도 있다. 따라서 미래가 완전히 보장된 사람은 아무도 없으며 미래를 손 안에 쥐고 있는 사람도 없다. 그래서 정도의 차이는 있지만 누구나 미래를 보면서 불안해한다. 앞으로 50년 정도는 충분히 살 수 있다고 장담하는 청년도 갑자기 교통사고로 혹은 암으로 생을 마감할 수도 있는 것이 미래라는 영역이다. 그래서 잠언에는 "내일 일을 자랑하지 말아라. 하루 사이에 무슨 일이 생길지 알 수 없다."(잠언 27:1)라고 충고한다. 천년만년 살 것 같지만 당장 내일을 보장받은 사람은 아무도 없다.

따라서 남은 것은 '현재'라는 시간뿐이다. 생명은 선물과 같은 것이며 시간 역시 선물인데 내 손 안에 들어온 것은 '현재' 뿐인 것이다. 그리고 '현재'가 모여서 평생을 이룬다. 결국 평생을 어떻게 살 것인가는 '현재' 어떻게 살 것인가에 달려있다. 사람들은 모두 행복하게 살기를 원한다. 그러면 '현재'를 행복하게 살면 된다. '현재'를 어떻게 살 것인가? 핑계를 대고 불만스러워하면서 세상 탓을 하고 원망하면서 살 것인지 혹은 생명이 있음에 감사하면서 가족과 이웃과 친구가 있음에 감사하면서 삶의 의미를 찾으면서 살 것인지는 자신에게 달려있다.

전도서에는 "살아 있는 사람에게는, 누구나 희망이 있다. 비록 개라고 하더라도, 살아 있으면 죽은 사자보다 낫다."(전도서 9:4)는 구절이 있다. 이와 비슷한 우리의 속담으로 "개똥 밭에 굴러도 저승 보다는 이승이다."라는 말이 있다. 조금이라도 더 많은 돈을 벌기 위해 악착같이 살아가야 하고, 조금이라도 더 높은 지위와 권력을 차지하려고 싸움도 불사하지만 정작 가장 귀중한 것은 생명이다. 예수님은 "사람이 온 세상을 얻고도 제 목숨을 잃으면, 무슨 이득이 있겠느냐? 또, 사람이 제 목숨을 되찾는 대가로 무엇을 내놓겠느냐?"(마태복음 16:26)고 하셨다. 그래서 생명이 있고 살아있다면 온 세상을 모두 가진 것이나 다름이 없다. 생명이 있다면 감사하며 행복한 마음으로 살아가는 것이 자연스럽고 당연한 일이다.

4. 신나는 성경읽기 - 질문하며 대화하며 토론하기

성경은 경전이기에 성경 내용대로 순종하고 실천하는 것이 전부라 생각하기 쉽다. 그러나 욥기를 읽어보면 성경 내용에 대해 대화하며 토론하는 것도 필요하구나 하는 생각을 갖게 된다. 왜냐하면 기존의 전통적인 생각에 대해서 의문을 제기하고 질문하며 대화를 요청하고 토론하기를 원하는 욥을 하나님께서는 칭찬하시고 전통적인 생각을 고수한 욥의 친구들은 하나님으로부터 책망을 들었기 때문이다.

우리는 어릴 때부터 하나의 정답을 찾는데 익숙해져 있으며 그 정답은 언제나 정답일 것으로 생각하는 경향이 있다. 그러나 이 세상의 여러 가지 문제들을 대해보면 과연 정답이 어디 있는지 찾기 어려운 문제도 있고, 정답이 여러 개 있을 수도 있으며, 세월이 흐르면 과거의 정답이 이제 더 이상 정답이 아닌 경우가 있다는 사실을 발견하게 된다. 그래서 질문과 대화와 토론이 필요한 것이다.

우리의 도서관에 가보면 조용하다. 책읽기 좋은 환경이 만들어진 것이다. 그러나 이스라엘의 도서관인 예시바 도서관에 가보면 시끌벅적하다. 왜냐하면 모두들 두세 명씩 서로 토론하기에 여념이 없기 때문이다. 유대인들의 제2경전이라고 하는 탈무드를 공부하는 방식인데 단순히 내용을 읽고 이해하는 수준이 아니라 토론을 통해서 탈무드의 내용을 새롭게 해석하는 방식이다. 이러한 방식으로 공부한 유대인들은 그 수가 세계 인구의 0.2%이지만 노벨상 수상자 중 22%를 차지하고 있다. 1973년 물리학상을 받은 이바르 게이바 미국 렌슬러공대 명예교수는 "유대인이 인구가 적지만 노벨상 수상률이 높은 이유는 항상 궁금증을 갖고 질문을 많이 하기 때문"이라고 분석하였다.[1]

성경을 읽어보면 때로는 하나님께서 질문하시는 모습도 보인다. 예언서 요나를 읽어보면 마지막에 하나님이 예언자 요나에게 질문하는 것으로 끝맺음을 하고 있다(요나 4:10-11). 원래 요나는 하나님이 부르셔서 앗시리아의 수도인 니느웨에 가서 하나님의 말씀을 전하라는 사명을 받았다. 그러나 요나는 철천지 원수의 나라를 위해 하나님의 말씀을 전하기 싫어서 배를 타고 멀리 도망하려 하였다. 이러한 요나를 하나님께서는 다시 강제로 니느웨로 가도록 하셨다. 요나는 하기 싫은 예언을 억지로 전했는데 그 결과는 놀라웠다. "40일이 지나면 니느웨가 무너지리라"(요나 3:4)고만 전했는데 니느웨에 있는 사람들이 왕으로부터 백성에 이르기까지 모두 금식하며 회개하였고 하나님의 자비를 간절히 구하는 기적이 일어난 것이다. 이에 하나님께서는 원래 니느웨에 내리기로 하셨던 형벌을 내리지 않고 니느웨 백성을 용서하시려 하셨다. 이 모습을 본 요나는 하나님께서 마음을 바꾸셔서 그들을 용서하는 것이 부당하다면서 분노하고 있었다. 이러한 요나에게 하나님은 니느웨 백성을 용서하면 어떻겠느냐고 질문하신 것이다. 그러나 요나의 대답은 성경에 기

---

1 "올해 노벨상도 유대인이 휩쓸어…수상자 8명 중 6명," 연합뉴스 2013. 10. 10일자 http://www.yonhapnews.co.kr/it/2013/10/10/2403000000AKR20131010082800009.HTML (2015년 12월 4일 검색)

록되지 않았다. 이러한 이상한 모습으로 끝맺음을 한 요나 예언서의 의도는 무엇일까? 이 요나를 읽는 독자가 대답해 주기를 요청하는 것이다. 아니 독자에게 말을 거는 것이다. 그리고 대화와 토론을 제의하는 것이다. 이것이 성경의 한 모습이다.

하나님은 자신에게 질문하고 토론하려는 태도를 대견해 하신다. 따라서 오늘날 성경을 읽을 때도 질문하고 토론해야 하는 것이 당연하다. 그러한 과정이 있어야만 성경의 말씀이 오늘날 우리의 마음으로 이해되고 깨달음이 오고 확신이 서면서, 그 다음 삶의 현장에서 행동으로 나타나게 되는 것이다.

5. 신유목민 시대에 필요한 지혜

역사를 살펴보면 유목민으로서 유라시아 대제국을 건설했던 흉노, 돌궐, 몽골 등의 세계제국은 사라지고 농경 위주의 문화가 발전되었다는 사실을 발견할 수 있다. 그 후 산업혁명을 거쳐 과학과 기술의 경이적인 발전을 구가하였고 교통은 비약적인 발전을 하여 세계가 좁아지게 되었다. 이제는 정보시대가 되면서 누구나 손에 스마트폰을 들고 다니는 시대가 되었다.

세계가 좁아지고 즉각적인 통신이 가능해지면서 이동성도 급격하게 증가하였다. 국경을 넘나드는 수많은 비즈니스들이 출현하였으며 여행하고 이주하는 사람들의 숫자도 날로 늘어나고 있다. 세계 어느 곳을 막론하고 여러 다양한 사람들이 함께 살아가는 다문화 사회로 변모되고 있으며 서로 영향을 주고받는 지구촌의 모습을 보여주고 있다. 그래서 현대를 신유목민 시대라 부르기도 한다.

신유목민 시대를 어떻게 지혜롭게 살아갈 수 있을까? 우선 구약성경에서 해외로 이주하여 살아간 경험담을 살펴 볼 필요가 있다. 창세기에 나오는 요셉의 이야기가 대표적이며 에스더 이야기도 중요하다. 요셉에 관한 이야기는 창세기 37장에서 50장까지 이어진다. 요셉은 야곱의 12형제 가운데 11번째 아들로 아버지로부터 사랑을 많이 받았지만 형들의 미움을 샀다. 그래서 형들이 요셉을 들판에서 노예상인에게 팔아버리는 비극이 일어났다. 요셉은 이집트 고위관리의 노예로 지내게 되었는데 노예임에도 불구하고 성실하고 지혜롭게 일을 하여 주인의 총애를 받고 주인의 재산을 관리하는 책임을 맡게 되었다. 요셉이 하는 일마다 지혜롭고 성공적으로 수행하였기에 요셉에게는 하나님이 함께 하신다고 믿게 될 정도였다.

그런데 이러한 요셉에게 불행이 닥쳐왔다. 요셉을 유혹하려다 실패한 주인의 아내가 오히려 요셉을 성폭행범으로 주인에게 고자질하는 바람에 요셉은 억울한 누명을 쓰고 감옥에 갇히게 되었다. 요셉은 억울하였지만 좌절하지 않고 감옥 안에서도 성실하게 행동하였기에 간수들도 요셉을 신뢰하고 일을 맡길 정도가 되었다. 이러한 요셉에게 뜻밖의 기회가 다가왔다. 감옥에 갇힌 죄수 가운데 왕의 측근들이 들어왔는데 그들의 꿈을 해몽해 주었던 것이다. 그리고 그 꿈대로 그들 중 한 사람은 사형을 당하고 한 사람은 복직이 되었다.

당시 이집트 왕 파라오는 괴상한 꿈에 시달리고 있었다. 이집트의 모든 지혜자들을 불러 모아 꿈의 의미를 물었지만 시원한 해몽을 해준 사람이 없었다. 이러한 모습을 보고 요셉의 해몽대로 복직한 신하가 파라오에게 요셉을 추천하였다. 파라오는 반신반의하면서 요셉을 불러 꿈의 해몽을 들었는데 정말 요셉은 속 시원하게 해몽을 해주었다. 그 내용은 이집트에 7년 풍년이 들고 난 후 7년간 흉년이 들것이라는 예언적 해몽이었다.

너무나 기쁜 나머지 파라오는 요셉을 총리대신으로 임명하고 풍년과 흉년에 관한 모든 정책에 대한 책임을 맡겼다. 죄수인 노예 청년이 일약 이집트의 제2인자가 된 것이다. 요셉은 정직하고 성실하게 그리고 지혜롭게 맡은 바 직무를 충실히 수행하였다. 7년간 풍년이 들 때 곡식을 사들여 저장하여 7년간 흉년이 들 때 백성들이 굶지 않고 살 수 있도록 정치를 펼쳤다. 뿐만 아니라 동일하게 흉년이 들어 굶주리는 이웃 나라 백성들에게도 식량을 팔아 그들을 살렸으며 이집트를 부유하게 만들었다.

이러한 와중에 흉년이 들어 굶주리던 요셉의 형들이 요셉이 총리대신인 줄 모르고 이집트에 찾아와 양식을 사려고 하였다. 요셉은 처음에는 복수하지는 않고 형들을 외면하려고 했지만 결국 형들을 용서하여 깨어진 가정의 화목을 회복시켰다. 요셉이 자신을 노예로 팔아버린 형들을 용서할 때, 어떻게 내가 하나님의 선하신 뜻을 거역하겠느냐고 하면서 하나님의 마음으로 형들을 용서하였던 것이다(창세기 50:19-20). 요셉의 위대한 점은 자신의 마음으로 판단하여 행동하지 않고 하나님의 마음으로 느끼며 분별하여 행동하였다는 사실이다. 그래서 지혜로운 사람은 하나님의 뜻을 거스리지 않고 하나님의 뜻을 깨달아 그 뜻대로 살려고 하는 사람이며 이러한 사람을 하나님을 경외하는 사람이라 한다(잠언 1:7; 31:30).

이주민 가운데도 노예로 팔려온 요셉이 자신의 처지를 비관하거나 절망하지 않고 성실하고 지혜롭게 개척해 나가는 모습에서 우리는 신유민 시대의 지혜를 발견할 수 있다. 또한 자신을 노예로 팔아버린 형들에게 복수하지 않고 하나님의 마음으로 용서하여 깨어진 가족을 회복시키는 모습을 보면서 우리는 다양한 사람들이 함께 살아가야 하는 다문화 사회를 위한 공동체적 지혜를 발견할 수 있다.

예측할 수 없는 어려움에 빠질 수 있는 상황이 신유민들이 겪는 현실이다. 그래서 모험과 도전과 용기가 필요한 사람들이 신유목민들이다. 동시에 개척자의 보람과 더 넓은 선택권을 누릴 수 있는 기회를 얻기도 한다. 미래학자들은 아시아와 유럽과 미주지역을 반나절 안에 갈 수 있는 날도 그리 멀지 않았다고들 한다. 이미 직업을 선택하는 것이 국경 안에서만, 한국이라는 지역 안에서만 가능하다고 생각하지 않는다. 열려진 세계의 문을 여는 용기가 필요한 시대가 되었다.

한국인들도 이미 외국에 750만 명이 넘게 진출하고 있다. 이 숫자는 중국, 이탈리아, 이스라엘 다음으로 많은 수다. 우리 역사를 살펴보면 한국인은 갇혀있지 않았음을 확인할 수 있다. 고구려는 만주 지역을 중심으로 대제국을 형성하였으며 다문화적 삶을 살았고, 백제는 요서지역과 산동 반도 지역 등 중국의 동해안 지역을 다스렸으며, 신라의 장보고는 아시아의 해상활동을 주도하였다. 이미 역사적으로 한국인은 개방적이었고 세계와 호흡을 같이 하였으며 다문화적 삶에 익숙해져 있었던 것이다. 다만 조선 시대에 이르러 잠시 외부와의 교류활동이 주춤했을 뿐이었다.

이제 신유민 시대에 이르러 다시한번 한국인의 개척정신과 도전정신, 그리고 세계를 무대로 활동하는 용기를 되살릴 필요가 있다. 또한 모든 사람들에게 유익을 끼친다는 홍익인간(弘益人間)의 정신을 바탕으로 세계 사람들과 어울려 새롭고 평화로운 공동체를 만드는 일에 선구자 역할을 할 필요가 있다. 홍익인간의 정신은 하나님께서 이스라엘 민족의 선조인 아브라함을 부르실 때 하신 말씀과도 유사하다(창세기 12:1-3). 하나님은 아브라함에게 고향을 떠나 이주민으로 새로운 지역으로 가라고 명령하시면서 세계 모든 민족들에게 복을 나눌 수 있는 삶을 살도록 사명을 주셨다. 아브라함과 그의 후손인 이스라엘 사람들을 특별히 선택한 목적이 이스라엘 민족 뿐만 아니라 세계 만민들을 위한 것임을 분명히 밝혀 주셨다.

사실 이주민이라면 사회에서 소수이기에 가장 가난하고 약하며 보호받기 힘든 사람들이 되는 경우가 많았다. 때로는 쉽게 착취당하며 때로는 목숨을 잃는 경우가 비일비재하였다. 고대 사회에서는 이주민이 땅을 소유할 수 없었기 때문에 대대로 가난에서 벗어나기 힘들었고 사회에서 가장 낮은 계층을 형성하는 일용노동자로서 살아가는 경우가 많았다. 그런데 놀라운 것은 이스라엘 사람들은 자신들의 조상인 아브라함이 이주민이라는 사실을 자랑스럽게 이야기 한다는 것이다: "내 조상은 떠돌아다니면서 사는 아람(시리아) 사람으로서..."(신명기 26:5-9).

비록 이주민은 가난하고 약한 사람들이지만 이렇게 모인 이주민들이 그 지역에서 지도적인 역할을 담당할 수 있다는 사실을 이스라엘 역사에서 찾아 볼 수 있다. 따라서 오늘날과 같은 신유목민 시대에는 이주민과 같이 이동하는 사람들이 세계 역사를 주도할 가능성이 있는 것이다.

6. 솔로몬의 지혜 - '듣는 마음'

지혜의 왕이라면 많은 사람들이 솔로몬 왕을 떠올린다. 왜냐하면 판결하기 힘든 재판 사건을 현명하고 올바르게 판결한 적이 있기 때문이다(열왕기상 3:16-28). 그리고 이러한 지혜가 하나님으로부터 왔기 때문에 더욱 솔로몬은 지혜로운 왕으로 칭송을 받고 있다. 그러면 솔로몬 왕이 어떻게 지혜로운 왕이 되었는지 그 과정을 추적해보자.

솔로몬은 다윗의 아들 중 나이가 어렸음에도 형들을 제치고 왕위에 올랐다. 솔로몬이 왕위를 계승하는 과정을 살펴보면 눈에 띄는 점이 있다. 솔로몬을 지지하는 세력들이 전부 예루살렘과 관련이 있는 사람들이라는 점이다. 그리고 당시 반대파였으며 솔로몬의 형인 아도니야를 지지하는 세력들은 지파 백성들, 즉 지방 사람들이었다는 점이다. 솔로몬은 예루살렘 호족의 딸이었던 밧세바의 아들이었고, 예루살렘 출신의 제사장인 사독과 예루살렘 출신이었던 예언자 나단, 그리고 다윗 왕실의 경호대장이었던 브나야 등 솔로몬을 지지하는 세력 모두가 예루살렘 출신이거나 예루살렘 중심의 인물임을 알 수 있다. 반면에 아도니야를 지지하는 세력들은 지방 백성들로 구성된 민병대 대장이었던 요압 장군과 지방 출신 제사장 아비아달이었다. 솔로몬이 왕위에 오르자 요압장군은 숙청당했고 제사장 아비아달은 고향으로 추방당했다(열왕기상 1-2장).

그리고 솔로몬 왕은 지방 성전인 기브온 성전에 행차하여 거기서 성대한 제사를 하나님께 드렸다. 예루살렘에도 제단이 있었지만 굳이 지방 성전에 행차하여 제사를 드린 이유는 지방 백성들과 좋은 관계를 만들기 위해서였다. 다시 말하면 예루살렘 중심 세력이 왕권을 획득했지만 지방과의 간격을 줄이기 위해, 즉 사회통합을 하기 위해 지방 성전으로 행차한 것이었다. 그리고 거기서 솔로몬 왕은 하나님께 '듣는 마음'을 주시기를 기도하였다(열왕기상 3:8-9). 백성에게 귀를 기울이는 왕, 백성들의 소리를 듣는 왕, 판결하기 전에 면밀하게 관찰하고 그 소리들을 듣는 마음을 주시기를 하나님께 기도하였던 것이다. 다른 말로 한다면, 예루살렘 왕궁에 있는 왕이 지방의 백성과 소통하겠다는 기도인 것이다. 이러한 솔로몬의 기도를 들으시고 하나님은 흡족히 여기시며 솔로몬에게 지혜 뿐만 아니라 부귀와 장수도 선물로 주셨다. 솔로몬이 간구한 '듣는 마음'은 단순한 지혜가 아니다. 통치자인 왕이 사회통합을 위해 노력하겠다는 기도요, 예루살렘과 지방 백성들 사이의 간격을 좁혀 보겠다는 기도였던 것이다. 이러한 기도를 하나님께서 귀중히 여기셨고 그것을 지혜로운 마음이라고 하셨다.

7. 공동체를 이루며 더불어 살아가는 지혜

우리의 선조들은 정겨운 마을 공동체를 이루며 살아왔다. 모심기도 공동으로 하고 추수도 공동으로 하며 농악소리에 맞춰 모두들 어울려 어깨춤을 출 때도 있었다. 그런데 농업사회에서 산업사회로 변모하면서, 또한 농민들이 도시로 몰려들고 아파트가 들어서면서 이러한 마을 공동체는 사라지고 개인주의가 팽배한 사회로 변하였다. 시멘트와 철골로 지어진 아파트 만큼이나 딱딱하고 삭막한 도시사회가 되어 버렸다. 벽 하나를 두고 살고 있는 이웃집에서 무슨 일이 일어나는지 도무지 알 길이 없는 동네가 되었고, 이웃집에서 홀로 살다가 죽어도 몇 주일 혹은 몇 달 뒤에야 그 사실이 알려지는 일이 다반사가 되어 버렸다.

또한 세계는 테러로 몸살을 앓고 있다. 국가들마다 불안해 하면서 경계를 강화하고 있지만 여기저기서 폭탄이 터지고 있다. 더구나 폭탄을 몸에 두르고 자폭하는 처참한 테러가 빈번히 일어나고 있다. 결코 일어나서는 안 되는 일이 일어나고 있는 것이다. 어떤 사람들은 이것이 종교적인 문제라고 하지만 결코 종교적인 문제로 단정 지을 수 없는 핵심적인 문제가 도사리고 있다. 바로 빈부격차의 문제이며 착취당하고 억압당하는 사람들의 분노가 그 안에 숨어 있다.

1971년부터 세계경제가 나가야할 방향을 제시하기 위해 세계경제의 현안을 논의해 온 다보스 포럼이 2015년에는 '깊어지는 소득 불균형'과 '고용 없는 성장 지속'의 주제를 가장 중요한 주제로 채택하여 논의하였다. 일자리가 부족하고 빈부격차가 커지는 문제가 가장 중요한 문제로 등장한 것이다. 더욱 심각한 것은 이러한 문제가 시간이 갈수록 더 악화된다는 사실이다. 역사적으로 살펴보아도 빈부격차가 없는 시대는 없었다. 문제는 너무 심하게 차이가 나고 있다는 점이다.

정말 따뜻하고 인정이 오가는 공동체를 재건할 방도는 없는가? 그러한 지혜를 어디서 발견할 수 있는가? 빈부격차는 경제의 구조적 측면을 면밀히 검토하여 경제정책을 통해 조절해 나아가야 한다. 구약성경 레위기 25장에는 희년이라는 제도를 이야기 하고 있다. 가난한 사람이 흉년이 들어 농토를 저당잡고 빚을 얻었는데 계속 흉년이 들어 빌린 돈을 갚을 방도가 없을 때 농토는 채권자의 손에 넘어가고 가난한 농부는 대대로 가난할 수밖에 없게 된다. 그런데 50년마다 희년을 실시하여 빚을 모두 탕감 받고 잃어버린 땅을 되찾을 수 있도록 제도화 하였다.

자본주의의 구조적 문제는 부자가 쉽게 더 돈을 벌 수 있는 구조라는 점이다. 눈 뭉치를 굴릴 때 큰 눈뭉치를 굴리면 작은 눈 뭉치를 굴릴 때보다 몇 배나 더 커진다는 것은 상식에 속한다. 부자가 욕심을 절제하지 않으면 언젠가는 혁명이 일어나게 되어 있고 모두가 크게 상처를 입는 파국을 맞이하게 된다. 이러한 일이 일어나지 않도록 미연에 방지한 역사적 사건이 있었다. 바로 해방 후 한국에서 단행된 농지개혁 사건이다.

해방 직후 남한의 농부들은 가난하였다. 대부분 자기 소유의 땅이 없어 부자의 땅을 빌어 농사를 짓는 소작인들이었는데 소작지는 총 경지면적의 80%에 달했다.[2] 따라서 토지를 재분배해야 한다는 요구가 거세졌고 이러한 요구가 받아들여지지 않으면 남한이 공산화될 위기에 봉착하게 되었다. 결국 이승만 정부가 농지개혁을 단행했는데 지주들도 이 개혁안에 동의할 수밖에 없었다. 지주들도 공산주의 사회가 되는 것보다 토지를 재분배 하는 것이 낫다고 판단했기 때문이다. 농지개혁법안은 1950년 국회에서 통과되어 신속하게 시행되었고 큰 성공을 거두었다.[3] 밀그롬(J. Milgrom)이라는 학자는 농지개혁 사건이야말로 세계 역사상 희년이 실제적으로 실시된 경우라고 하였다.[4] 그리고 권병탁은 "농지개혁의 한국사적 의의는 8.15 광복에 버금갈 만큼 큰 것"이라 높이 평가하였다.[5] 농지개혁 사건이야말로 해방 후 한국 사회가 더불어 살아가는 공동체가 될 수 있는 기틀을 마련한 것이다.

8. 삶의 지혜, 행복하게 더불어 살기 위한 지혜, 땅과 하늘을 관통하는 지혜

지혜는 온 누리에서 발견할 수 있다. 성전에서도 거리에서도 발견되고, 지혜는 국경을 넘나들 수 있고 다양한 문화의 차이에도 유사한 지혜를 발견할 수 있다. 심지어 다양한 종교 가운데서도 유사한 지혜를 발견할 수 있다.

지혜는 개인을 살리고 행복하게 만드는 힘도 있지만 공동체를 살리는 힘도 있다. "네 이웃 사랑하기를 네 자신과 같이 사랑하라"(레위기 19:18)라는 말씀 속에 지혜의 정수가 들어 있다. 더불어 함께 살아가는 기쁨 속에 지혜는 빛을 발하는 것이다.

또한 잠언에는 하나님께서 만물을 창조하시기 전에 지혜가 있었고(잠언 8:22-

---

2 조선은행 조사부, **조선경제연보** (1948), 28-29. 김승욱, "이승만 정부의 농지개혁에 대한 기독교적 평가," **신앙과 학문** 16, no. 4 (2011): 37.에서재인용

3 김성호, "이승만과 농지개혁," **한국논단** 239 (2009): 175-176.

4 J. Milgrom, *Leviticus 23-27* (New York: Doubleday, 2001), 2271.

5 권병탁, **한국경제사** (서울: 박영사, 1984), 507.

29), 만물을 창조하실 때 "나(지혜)는 그분 곁에서 창조의 명공이 되어, 날마다 그분을 즐겁게 하여 드리고, 나 또한 그분 앞에서 늘 기뻐하였다"고 기록되어 있다(잠언 8:30). 이처럼 지혜는 사람들이 경험할 수 있고 깨달을 수 있으며, 동시에 하늘에서도 지혜가 있기에 땅과 하늘을 관통할 수 있는 것이 지혜라고 할 수 있다.

그래서 "여호와를 경외하는 것이 지혜의 근본이요, 거룩하신 이를 아는 것이 슬기의 근본이다."(잠언 9:10)라고 하는 것이다. 하나님이 지혜로 이 세상을 창조하셨고 지혜가 하나님으로부터 나온 것이며 동시에 사람도 지혜를 깨닫고 경험할 수 있으니 이 오묘한 지혜는 하나님을 경외할 때 비로소 온전히 알게 되며 깨달아지게 되는 것이다.

9. 나오는 말

지혜란 무엇이며 지혜롭게 살아간다는 것이 어떤 삶인가에 대해 살펴보았다. 시간과 공간의 한계가 있는 인생의 테두리를 바라보며 한번 밖에 기회가 없는 나의 인생을 다시 점검해 본다. 그리고 함께 살아가는 공동체를 바라보며 내가 무엇을 해야 할까를 고민하게 되는 것이다.

세계의 흐름은 급변하고 있다. 4차 산업혁명 시대의 문이 열리면서 상상을 초월하는 세상이 하나하나 눈앞에 펼쳐지고 있다. 몇 년 앞에 다가올 세상이 충분히 짐작되는 격랑의 소용돌이를 벌써 조금씩 느낄 수 있는 지점을 지금 걸어가고 있다. 좀 더 정신을 차리고 주위를 돌아보면서 무엇이 지혜롭게 사는 것인지를 찾아야 할 것이다.

그리고 창조주이면서 우주를 이끌고 계시는 하나님을 바라보며 이 시대의 하나님의 뜻이 무엇인지를 찾아야 할 것이다. 성경에는 "구하라 그리하면 너희에게 주실 것이요, 찾으라 그리하면 찾아낼 것이요, 문을 두드리라 그리하면 너희에게 열릴 것이니…"(마태복음 7:7)라는 구절이 있다. 금과 다이아몬드보다 귀한 지혜를 얻기 위해 끊임없이 노력하는 땀흘리는 과정이 필요하다. 절실히 구하는 자에게, 몰입해서 추구하는 사람에게 지혜가 주어진다.

4장 구약의 다문화 감수성 : 내 인생에 나 그리고 함께

1. 들어가는 말

우리는 거주의 이유와 목적은 다르지만 여러 나라에서 온 외국인, 다문화 배경을 가진 가정의 자녀들, 한국으로 유학 온 학생들과 함께 더불어 살아가는 시대에 있다. 또한 우리 대학생들은 인종, 종교, 문화 등이 다른 또래의 친구들과 같은 강의실에서 수업을 듣고 외국인 교수의 강의를 수강하기도 한다. 우리나라의 대학생들도 해외 교환학생, 어학연수, 해외에 체류하면서 여행과 일 등을 병행 할 수 있는 워킹 홀리데이(Working Holiday)와 청년교류제도(YMS) 등 다양한 프로그램에 지원하여 글로벌 인재로 성장하고자 한다. 이처럼 오늘날 세계는 국가 간 이동이 일상화되어 다양한 문화와 생활을 경험할 수 있게 되는 이주민의 시대, 다문화의 사회로 진행되고 있다. 그렇기 때문에 대학 생활을 통해 학생들이 다문화 시대를 살아가는 사람들을 이해하는 감수성과 교양을 갖추고 사회로 진출할 수 있도록 돕는 것은 미래 사회를 준비하는 대학교육의 중요한 목표 중 하나라고 할 수 있다.

2. 다문화 사회의 개념

문화란 생활양식의 총체 즉 언어, 음식, 주거방식, 종교, 예술, 제도 등을 포함한다. 가정, 마을, 민족, 국가는 고유의 문화와 생활양식을 갖고 있으며, 공동체 내의 구성원들은 문화 속 사고방식과 행동을 공유하거나 재구성한다. 문화는 사회화와 문화화 과정을 통해 다음세대로 전승되며, 구성원들이 관심을 갖거나 허용하는 만큼 오래 지속되기도 하고, 소멸되기도 하고, 의미가 변화하기도 하여 재의미화

되기도 한다. 즉 문화는 고정된 것이 아니라 시대와 공동체의 내·외 상황에 따라 변화된다.

그렇다면 다문화 사회란 무엇인가. 다문화 사회에 대한 개념은 학자들 수만큼 다양하지만 여기서는 몇 가지 개념만 소개하겠다.

- 다문화 사회는 두 개 이상의 문화공동체가 있는 사회이다.[1]
- 다문화 사회란 언어, 종교, 관습, 가치관, 국적, 인종, 민족, 직업, 계층 등 다양한 문화적 배경을 지닌 외국인 등이 사회구성원으로 차별 없이 참여하여 이루어진 사회를 의미한다.[2]
- 다문화 사회는 기존의 사회에 다른 문화를 흡수하거나 통합하는 사회이다. 세계를 오직 자신이 속한 문화적 관점에서만 파악하는 것은 편협하게 이해한 것이며 동시에 자신의 문화를 충분히 인식하지 못한다.[3]

정리하면, 다문화 사회는 한 공동체에 다양한 문화가 함께 공존하는 것이다. 기존의 공동체나 사회에 새로운 문화가 유입되어, 구성원들의 문화가 다름에도 불구하고 상호의 문화를 존중하고, 다양한 관점을 갖고 함께 살면서 새로운 문화를 만들어가는 사회이다.

3. 한국에서의 다문화 사회

한국에서 다문화 사회를 살아가고 있는 사람들은 크게 국제 이주로 한국에 유

---

1 고숙희, "한국의 다문화사회 진행에 따른 접근방안 모색: 한국인과 외국인 여성결혼 이민자의 태도조사를 중심으로," **한국사회와 행정연구** 19, no. 1 (2008): 217.

2 차용호, **다문화 사회통합프로그램 이수제 개관** (법무부 출입국외국인정책본부, 2008), 1.

3 J. A. Banks, *An Introduction to Multicultural Education* (Boston: Allyn & Bacon, 2007), 11-32.

입된 이주민과 한국 문화배경을 가지고 있는 한국인이다. 먼저, 국제 이주로 한국에 유입된 이주민들은 한국에 온 이유에 따라 분류할 수 있다.

첫째, 외국인 노동자가 있다. 현재 한국에 체류하는 외국인은 2007년 107만 명을 넘어섰고, 그 숫자는 급속히 증가하여 10년이 지난 2017년 4월말 2배 가까이 증가한 2,024,813명에 이르고 있다. 숫자의 증가에 가장 큰 영향을 끼친 사람은 취업을 목적으로 한국에 유입된 근로 이주민들이다. 2017년 4월 법무부 출입국 통계자료에 의하면 등록 외국인은 1,142,446명이며, 취업 자격 체류 외국인은 524,357명으로 전체 등록 외국인 중에 약46%를 차지한다. 미등록 근로자인 불법 체류자가 2017년 4월말 기준으로 220,510명이다. 앞으로 취업 관련 외국인의 등록인원은 외국인 수의 증가와 함께 계속 증가할 것으로 전망되고 있다. 외국인 노동자의 국내 유입이 산업현장과 농·어업 현장에 부족한 노동력을 해결해 줌으로서 국내 경제에 기여하는 장점이 있음에도 불구하고, 사회내부의 갈등과 취업절벽의 시대에 이들을 부정적으로 바라보는 시각과 인식이 있는 것이 사실이다. 특히, 외국인 노동자들의 임금수준은 동일한 조건의 내국인 노동자에 비해 낮았으며 상용직에서 내·외국인 노동자의 임금격차가 크게 나타나고 있고[4] 여전히 한국사회에서 내국민과 근로 이주민간의 차별이 존재하고 있다.

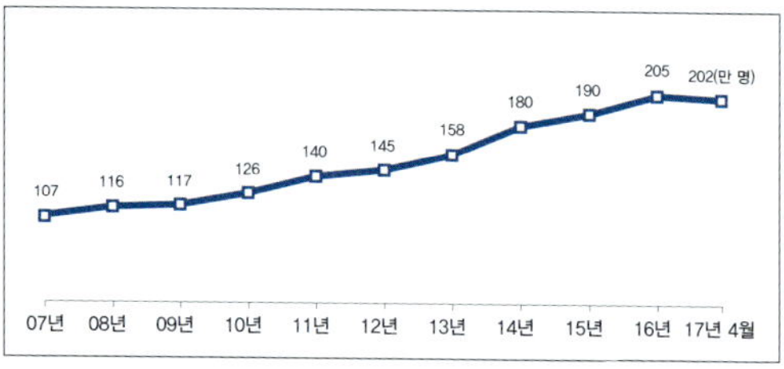

둘째, 결혼 이주민이다. 결혼 이주민은 혼인을 위해 국내로 유입된 사람과 혼인유지를 위해 귀화하여 대한민국 국민이 되거나 영주하는 사람들이다.[5] 1990년대 초만 하더라도 외국인과의 국제결혼은 1%대에 지나지 않았다. 그러나 2002년 이

4 문영만, "외국인노동자의 종사상 지위별 임금격차 및 임금결정 요인에 관한 연구," **산업노동연구** 22, no. 2 (2016): 107.

5 결혼 이주민들은 결혼 이주 후 2년이 지나면 한국 국민으로 수용되면서 새로운 시민이 되는 존재이다.

후 급격히 증가하였으며 2007년 104,749명이었고 10년이 지난 2017년 4월 153,672명까지 이르렀고, 혼인 귀화자는 116,588명이다.[6] 그러나 이들이 한국 사회의 구성원으로 살아가기 위한 법적 제도적 지위는 매우 취약하다. 즉 결혼 이주민의 절대다수를 차지하는 여성들은 개인의 존재 그 자체보다는 남편에 종속되어 있거나 자녀들의 어머니라는 존재로 인정하는 경향이 강하다. 한국에서 결혼 이주 여성이 시민으로서의 권리를 누릴 수 있는 것은 이들이 한국 사회가 기대하는 가사노동과 출산 및 양육에 얼마나 기여했느냐에 달려 있다는 것이다.[7] 이처럼, 결혼 이주민들은 한국사회의 구성원이 되었음에도 불구하고 외국인이라는 인식이 강해 주변인으로 존재하고 있다.

셋째, 다양한 학문적 목적과 욕구 또는 호기심으로 한국에 온 국제 유학생들이다. 유학생은 1992년 982명에서 2013년 81,634명, 2017년 4월 123,462명으로 매년 증가하고 있다. 전문적 활동을 위해 교육을 받고 있는 유학생은 예비적 인재의 특성을 띄고 있다. 유학생들은 자신이 원래 속한 문화와 다른 문화 사이에 어려움을 겪는 경우가 많음에도 불구하고, 한국의 대학문화와 한국 사회에 대한 비판적 시각이 두드러진다.[8] 특히 한국의 대학이 유학생들을 단기적 관점에서 도구적으로 여기고, 한국사회의 유학생에 대한 폐쇄성이 유학생의 한국사회에 대한 부정적인 인식을 갖게 한다.

마지막으로, 21세기에 진입하면서 급격한 증가세를 보이고 있는 난민들이다. 난민은 인종, 종교, 정치적 차이 등의 다양한 원인으로 인해 박해(persecution)나 공포(fear)를 피해 외국이나 다른 지역으로 탈출하는 사람들이다. 전쟁, 테러, 정치적 탄압, 환경파괴의 증가로 생과 사의 기로에서 최후의 선택으로 분쟁지역을 벗어나거나, 기근이나 천재지변으로 생활의 어려움에 빠진 이재민이라고 할 수 있다. 유엔난민기구(UNHC: United Nations High Commissioner)에 따르면 2014년

6 출입국, 외국인 정책본부, 통계월보 자료 참고.

7 조희원, "결혼이주여성의 사회적 수용성 강화와 사회통합," **분쟁해결연구** 14, no. 3 (2016): 169.

8 김지훈, 이민경, "외국인 유학생들의 한국유학 동기와 경험 연구," **동아연구** 30, no. 2 (2011): 87-95.

595,000,000명의 난민이 있는 것으로 파악되었다. 앞으로 줄어들 가능성보다 늘어날 가능성이 나날이 높아지고 있다. 우리나라도 6.25전쟁으로 인해 대량의 난민이 발생한 역사를 갖고 있다. 그럼에도 불구하고 난민에 대한 관심이 낮고 난민에 대해서 무지하다. 또한 난민들은 한국사회가 갖고 있는 구조적 배타성의 직·간접적인 피해자일 수 있다. 1975년의 베트남 전쟁의 난민들은 당시 한국사회에 입국하지 못하고 한국을 거쳐 제3국으로 보내지면서 처음 국민들의 관심을 끌었다. 이후 2001년에 첫 난민을 인정했을 정도로 난민에 대한 배타적이고 무관심으로 일관했다.[9] 최근 난민에 대한 사회적 관심도 조금씩 늘어나고 있지만 난민의 존재감은 상대적으로 미미하다. 이주민 안에서도 소수자로서 다문화 사회의 국가정책이나 논의의 사각지대에 놓여있다.[10]

반면, 한국 문화 배경을 가지고 있는 한국인의 대표적인 예로, 북한 이탈 주민이 있다. 북한 이탈 주민의 경우는 국제 이주민과는 다르게 인종적, 문화적 특징을 지닌 외국인은 아니지만 이들 못지않게 한국 사회에서 적응하는 것을 어려워하고 있다. 북한 이탈 주민은 남북 분단으로 서로 다른 사회적, 이념적, 경제적, 문화적 환경에 살다가 남한에 정착한 이주민이기 때문에 국제 이주민과는 다른 어려움을 겪고 있다.[11] 북한 이탈 주민의 규모는 1950년부터 1989년까지 누계 607명이었다. 또한 1993년까지 누계 641명이었으나 1994년부터 그 수가 꾸준히 증가하여 2000년에는 누계 1,405명이었고, 2017년에는 누계가 31,340명이나 되면서 마침내 북한 이탈 주민 30,000명의 시대를 맞이했다.[12] 북한 이탈 주민은 개인적으로 북한에서 가졌던 직종에 종사할 수 없기 때문에 새로운 직종에 적응하여 경제적인 기반을

9 박순용, "난민문제를 통해서 본 세계시민교육의 과제에 대한 고찰," **한국국제이해교육학회** 10, no. 2 (2015): 78-87.

10 사유별 난민인정(보호) 신청 현황은 2017년 4월 누적 25,510명이며, 이 중 심사결정 종료건이 15,947건이며 불인정 된 것이 13,938건이다. 난민 신청 이유는 종교, 정치적 사유, 특정 구성원, 인종, 국적 순이다.

11 최봉도, "다문화 이주민에 대한 기독교인의 인식과 기독교교육의 과제," **대학과 선교** 21 (2011): 209.

12 위키 백과(https://ko.wikipedia.org/wiki) 2018년 1월 15일 검색.

구축하지 못하고 있다. 특히, 타지로의 이주이기 때문에 사회적인 인간관계에서의 어려움은 존재할 수밖에 없고, 이 사회적 인간관계에서의 문제점이 경제적 적응과 직결되는 경향이 높다. 또한 북한 이탈 주민은 국내에서 사고의 상이함과 사회적 편견을 견뎌야 한다. 이는 개인의 문제가 아니라 집단적 차원의 욕구불만으로 비화되고 있다.[13]

정리하면, 한국사회에 다양한 목적으로 유입된 이주민들은 내·외국인간의 차별과 편견, 부정적 인식, 경제적 어려움, 사회제도와 국가정책의 사각지대에서 오늘도 살아가고 있다.

4. 구약성경에서의 다문화 사회

한국의 이러한 변화에 대해 즉 내국민들이 이주민과 함께 살아가기 위해 우리는 어떤 점을 고려해야 할 것인가에 대한 대답을 구약 성경에서 찾아보고자 한다.

1) 구약성경의 이주민

이주민을 뜻하는 히브리어 중에 '게르'가 있다. '게르'는 전쟁, 기근, 전염병 등으로 인하여 다른 곳에서 삶의 터를 잡고 정착한 사람들을 가리킨다. 그러나 그들은 재산이나 결혼, 사법권, 제의, 전쟁에서의 권리가 축소된 채 살아가기 때문에, 매우 가난하며, 경제적으로 착취당하거나 어려움을 겪는 자로 분류되기도 한다. 한편, 넓은 의미에서는 인종이나 국가의 문제를 넘어서 자신이 태어난 지역을 떠나 그것들이 지닌 보호나 권리를 포기한 채 노동력을 팔기 위하여 떠돌아다니는 사회 계층의 사람들을 의미한다. 따라서 구약성경에서의 '게르'는 이주민, 나그네로 번역할 수 있으며, 다양한 이유와 목적으로 다른 곳에서 살며, 권리를 누리기보다는 제한

13 신율, "탈동독 주민들과 탈북자들의 사회적응에 대한 사례연구," **평화학연구** 16, no. 3 (2015): 146-148.

된 채 살아가는 사회적 약자이다.

이주민을 뜻하는 또 하나의 히브리어로 '토샤브'가 있다. '토샤브'는 '게르'와 비슷한 개념이지만 특히 '땅을 소유하지 못한' 이라는 의미를 갖고 있으며, 이들은 신분상 '게르' 보다 훨씬 더 취약한 것으로 사용되었다. '토샤브'가 '게르'와 비슷한 의미를 가지기 때문에 동의어 반복 현상으로 함께 나타나는 경우가 대부분이다. 예를 들어 아브라함이 가나안 땅에서 사라의 묘지를 위해 땅을 구입하려고 했을 때 자신을 소개하기를 '게르'요 '토샤브'라고 소개하였다. 다만 '게르'와 '토샤브'를 구별한 경우로는 도피성에 피할 수 있는 사람을 가리킬 때와 할례 후 유월절 음식 허용에 대한 것으로 두 번 나타나고 있다.

2) 구약성경에서의 다문화 사회

구약성경에 나타난 이스라엘 사람들은 자신들의 정체성을 신앙에 근거한 선택받은 민족으로 여기며, 이방 국가들 혹은 이방인들에게 배타적이었다. 그러나 구약성경은 '게르'라고 불리는 이 그룹의 사람들을 독특하게도 이스라엘 공동체의 일원으로서 보호하고 돌봐야 할 대상으로 다루고 있다.[14] 그 이유는 이스라엘 민족 자체가 나그네이고 이주민이기 때문이다. 하나님의 명령에 따라 이스라엘 백성이 말하는 자신들의 믿음의 조상인 아브라함도 자기 고향 땅을 떠나 타국에서 생활하였다. 또한 야곱의 집안은 이집트로 이주하여 살았고, 그곳에서 출애굽 전까지 약속의 땅을 기다리면서 타향살이를 경험하였다. 이후 바벨론 포로시대에 자신의 땅을 빼앗기고 남의 땅에서 고향으로 돌아갈 날만을 기다리는 나그네의 삶, 이주민의 삶, 때로는 종의 삶을 경험한 민족이다. 또한 유대인이 나그네를 돌보는 것은 유목민의 사회관습에 뿌리를 두고 있다.[15] 고대 팔레스타인을 여행하는 여행자나 나그네에게 물과 음식 그리고 쉴 수 있는 그늘이 제공되지 않으면 여행자들은 생존

14 *Ibid.*, 187.

15 J. Koenig, *New Testament Hospitality: Partnership with Strangers as Promise and Mission* (Philadelphia: Fortress Press, 1985), 18.

하기가 어려울 것이다. 이들을 대접하고 환대(hospitality)하는 것은 일부의 사람이 아닌 모든 사람, 마을이 제공하는 것이 아니라 사회의 미덕이라고 할 수 있다.[16] 오늘날도 유목민들은 여행자, 이주민과 나그네에게 환대를 제공하고 있다.

그렇다면 이스라엘 사람들은 어떻게 이주민을 보호하고 돌보았는가. 이스라엘의 삶의 기준이었던 계약의 법전에 보호하는 규정을 두고 있다. 이스라엘은 자신들이 이집트 땅에서 이방인이었다는 사실을 기억하여 이방인을 억압하거나 학대해서는 안 된다고 생각했다. 또한, 타지에서 온 이방인과 나그네는 성이나 마을에 그 주민들과 함께 살면서 법의 보호를 받을 수 있었다. 그리고 계약의 법전에서 가난한 자들을 더욱 가난하게 만드는 고리대금업을 금지하고, 경제적으로 이삭줍기와 같이 추수할 때도 나그네와 고아와 과부를 배려하도록 하였다. 특히 이스라엘 역사 중에서 '게르'의 지위가 가장 향상된 시기는 포로 후 이스라엘 사회가 가장 어려운 시기였다. 정치적으로는 독립된 국가가 아니라 페르시아의 통치를 받던 식민지 상태였다. 경제적으로는 가뭄과 빈곤으로 인하여 세금조차 제대로 낼 수 없는 상황이었다. 사회적으로는 바벨론 귀환파와 가나안 잔류파 사이의 갈등이 있었고, 에스라 및 느헤미야의 종교개혁으로 이방인과의 갈등과 어려움이 존재했던 시대이다. 그러나 이 시기에도 '게르'에 대한 지위를 축소하거나 이들을 배척하지 않았다. 오히려 그들을 하나님의 뜻 안에서 포용하고 그들을 포함한 사회 통합의 이상을 꿈꾸고 가르쳤다. 출신 지역과 인종의 차이를 넘어 거대한 비전 가운데 통합의 이상을 추구하고자 하였다.[17] 이스라엘 백성은 하나님을 섬기는 민족이다. 하나님에 대한 경전인 구약성경에서 이주민들을 보호하고 관심을 가지라는 메시지의 핵심은 하나님께서 그들에게 관심을 가지고 있기 때문이다. 하나님께서 말씀하시는 '정의'의 핵심은 이스라엘 공동체 전체가 가족과 같은 마음을 가지고 서로 사랑하고 도와가며 살아야 한다는 것이다. 그 전제는 모든 영역에 적용될 수 있다. 그리

16 임봉대, "구약성서에 나오는 환대에 대한 소고-다문화 사회에서의 성경이해," **구약논단** 18, no. 3 (2012): 35-36.

17 유윤종, 석말숙, "구약 성서의 입장에서 본 이주 노동자 복지에 대한 교회의 개입 방안들," **구약논단** 15, no. 1 (2009): 195.

고 시간과 공간을 뛰어넘는 모든 사람이 바라는 보편적 가치인 것이다.

5. 내 인생에 나 그리고 함께

한국사회는 다문화사회로 진입하였고 자신과 다른 문화적 배경을 가진 사람들과 상호작용하기 위해 다양한 문화에 민감한 청년들이 요구되고 있다. 그렇다면 청년들이 문화적 다양성과 차이에 대한 정보와 지식, 관점과 태도 그리고 행동 등 구체적으로 어떤 특성을 증진시키는 것이 좋은가. 이에 대한 답은 오늘날을 살아가는, 미래를 준비하는 청년들에게 '다문화 감수성'이 필요하고 갖춰줘야 한다는 것이다.

1) 다문화 감수성의 정의

다문화 감수성(Intercultural sensitivity)의 정의에 대해 많은 학자들은 다음과 같이 개념을 정리한다.

- 다문화 감수성이란 다른 문화에 대하여 효율적이기 위해 사람들은 다른 문화에 관심을 가져야 하고 문화적 차이에 대하여 민감하게 지각해야 한다. 또한 자신과는 다른 문화에 속한 사람들을 존중하기 위해 자신의 행동을 그 문화에 적절하게 수정하고자 노력하는 것이다.[18]
- 다문화 감수성은 나와 다른 문화 또는 그 문화를 가진 사람들과 접했을 때 효과적으로 의사소통을 하고 문화적 맥락에서 적절하게 대응할 수 있도록 문화

18 D. P. S. Bhawuk & R. W. Brislin, "The measurement of intercultural sensitivity using the concepts of individualism and collectivism," *International Journal of Intercultural Relations* 16, no. 4 (1992): 413-436.

의 차이를 인식하고 존중하는 정서적 준비상태의 민감한 정도이다.[19]

- 다문화 감수성은 국가 또는 민족 간에 문화의 장벽을 넘어서 자민족 중심주의를 초월하여 효율적이고 긍정적인 관계를 수립함으로써 문화적 차이를 경험하고 인정하는 능력이다.[20]

학자들의 의견을 정리하면, 다문화 감수성은 다른 배경을 가진 사람들과 접할 때 나와 다른 문화와의 차이를 민감하게 인지하고, 존중하고 효율적이고 긍정적인 관계를 맺고, 행동하도록 하는 개념이라고 할 수 있다. 즉, 다문화 감수성에서 '감수성'은 사회문화 속에서 나타나는 다양성, 서로 다른 다양한 문화들과의 관계성, 서로 다른 문화의 차이에 대한 공평성에 대한 개개인의 지적, 정적, 의지적인 경향성을 의미한다고 할 수 있다.

2) 다문화 감수성의 영역

다른 문화와의 상호작용에 대한 관심이나 참여, 문화 차이에 대한 존중과 같은 측면에서 문화간 감수성 즉 다문화 감수성에 대한 영역은 크게 다섯 가지로 구분할 수 있다. 이 구분의 기준은 다문화 감수성의 측정 도구를 고안한 Chen과 Starosta의 ISS(Intercultural Sensitivity Scale)를 근거로 한다.

각 영역에 대한 구체적인 내용을 살펴보면 다음과 같다.

(1) 상호작용 참여도(interaction engagement)

상호작용 참여 영역은 개인이 타문화 집단의 개인과 교류하는 동안 참여하는

19 이규림, 김영옥, "유아교사의 다문화 감수성, 다문화교육 이해 및 태도의 관계: 다문화 교수효능감의 매개효과," **유아교육연구** 32, no. 3 (2012): 199.

20 M. R. Hammer, M. J. Bennett, and R. Wiseman, "Measuring Intercultural sensitivity: The Intercultural development Inventory," Ed. R. M. Paige, Special issue on the *Intercultural Development, International Journal of Intercultural Relations* 27, no. 4 (2003): 421-442.

정도를 의미하는 것이다. 현대 사회에서 살아갈 때 다른 문화의 사람들 즉 외국인과 교류하는 것을 좋아하고, 교류할 때에 가지는 선입견이나 개인의 외국인과의 소통에 대한 생각들과 관련된 영역이다.

(2) 문화차이 존중도(respect for cultural difference)

문화차이 존중 영역은 개인이 자신과 다른 문화를 존중하는 정도를 의미하는 것이다. 다른 문화적 배경을 가진 사람들과 교류할 때 그들의 문화를 배우고 존중하는 지 여부, 자신이 속한 문화의 우월성과 관련된 영역이다.

(3) 상호작용 자신도(interaction confidence)

상호작용 자신 영역은 자신과 다른 문화의 사람과 교류할 때 개인이 갖게 되는 자신감 정도를 의미하는 것이다. 다른 배경을 가진 사람과 접촉하거나 교류할 때 언어뿐만 아니라 다른 이유로 위축되거나 피하는지 아니면 자신감 있게 대하는지와 관련이 있다.

(4) 상호작용 향유도(interaction enjoyment)

상호작용 향유 영역은 개인이 자신과 다른 문화의 사람들과 교류하는 것을 즐기는 정도를 의미하는 것이다. 사람을 만나는 것이 부담스러운 성향이 있다. 그런데 다른 문화적 배경을 가진 사람과 같은 한국 사람을 만날 때에 재미있게 시간을 보내는지 아니면 상대적으로 더 힘들어하는지와 관련된다.

(5) 상호작용 관심도(interaction attentiveness)

상호작용 관심 영역은 개인이 타문화권의 개인과 상호작용할 때 타문화권의 개인에게 기울이는 주의력의 정도를 의미하는 것이다. 모든 사람은 미묘하지만 서로 다르다. 같은 문화권의 있는 사람과 비교해서 다른 문화적 배경을 가진 사람의 행동이나 태도에 더 주의를 기울이고 관찰하는 지와 관련된다.

6. 나오는 말

구약의 유대 신앙공동체는 모두가 서로 관계하고 함께하는 공동체이다. 마치 가족과 같은 상호관계를 보여준다. 신앙의 존재인 하나님을 아버지라 부르며 관계를 형성하는 가족과 같은 신앙공동체이다. 이 공동체의 특성은 하나님이 리더이며 중심점이 하나님에게 있지만 공동체의 행복과 불행이 사람에게 많이 달려있다는 것이다. 즉 하나님의 인도하심에 전적으로 의존하는 존재가 아니라, 하나님의 인도와 다스림에 인간의 역할과 행함으로 하나님과 인간의 함께함과 인간과 인간의 함께함으로 이루지는 신앙공동체인 것이다. 이러한 관계는 식구라는 개념 -하나님께서 창조하신 피조물이 있는 이 세상에 하나님께서 스스로 들어오셔서 한 가족으로 지내시는 모습이며, 인간과 인간, 나아가 인간이 속해 있는 자연과 연결되어 상호소통하면서 함께 하나의 공동체를 만들어 가고 있는 모습이다-으로 더 명확해진다. 구약성경에서는 '이웃을 사랑하라'는 지상 명령에서 더 나아가 '이주민을 사랑하라'고 명령한다. 이러한 파격적인 명령을 할 수 있고 이주민에 대해 긍정적 관심을 갖는 것은 이스라엘 백성의 종교와 그들의 특수한 역사인식에서 찾아 볼 수 있다. 다시 말해 이스라엘 백성은 자신들을 이주민의 후예로 고백하며 자신들이 하나님의 소유인 이스라엘 땅에서 이주민으로 살아가는 사람들이라고 고백하기에 이주민에 대해 특별한 관심을 더 보일 수 있었던 것이다.[21] 이러한 삶의 태도는 현재를 살아가는 우리에게도 적용해 볼 수 있다. 우리가 속한 곳, 땅, 터전이 우리의 것이 아니라 하나님에게 속한 것이며, 우리를 이 땅에 거류하는 이주민으로 본다면, 내가 주류이며 이주민이 비주류라는 인식에서 벗어나 같은 나그네로서 하나님의 땅에 함께 거하는 공동체로서 동반자의 삶을 모색할 수 있을 것이다. 따라서 이주민들을 환대하라고 명령하신 하나님의 말씀에 따라 믿음의 공동체 안에서 성서적인 전통, 구약성경에서 말하는 전통을 새롭게 해석하여 오늘 우리 현실의 도전에 대한 대답이 되도록 해야 할 것이다.

---

21 정중호, **다문화 사회를 위한 새로운 성경해석** (대구: 계명대학교 출판부, 2015), 54.

5장 예수 이야기

1. 들어가는 말

기독교는 전 세계의 대략 1/3의 인구를 교인으로 보유하고 있는 세계 종교이다. 세계의 숱한 종교가 있지만 세계 종교라는 이름을 가진 종교는 많지 않다. 그 중 불교, 기독교, 이슬람교는 세계 3대 종교로 꼽힌다.

기독교는 오랫동안 동아시아 지역에서 큰 영향력을 끼쳤던 불교, 중동 지역에서 주도적인 역할을 담당했던 이슬람교와 달리 서양의 지배적인 종교였다. 기독교는 주로 서양 지역의 대표적인 종교로 있다가 근대의 선교를 통해 아시아와 아프리카 지역으로까지 확장되면서 비로소 명실상부하게 전 세계에 퍼진 종교가 되었다.[1]

이 장에서는 세계 3대 종교 중 하나이며 현재까지 최대의 종교인구수를 보유하고 있는 기독교의 출발점, 기독교의 기원(Origin)인 예수 그리스도의 이야기를 소개하고자 한다.

예수 이야기의 시간적 공간적 배경은 2000여 년 전 팔레스타인 지역이다. 아직 대부분의 경우에 우리는 서기를 사용한다. 서기 2018년이라고 할 때 그것은 예수 탄생 시점으로부터 2018년이 흘렀다는 말이다. 역사의 시점을 기원전(B.C.)과 기원후(A.D.)로 나누거니와 기원전이란 다름 아닌 Before Christ '그리스도 이전의 시대'를 말하는 것이고, 기원후란 라틴어로 Anno Domini, 즉 '우리 주님의 시대'를 뜻한

1 보컴(R. J. Bauckham)에 따르면, "예수를 따르는 이들은 점점 더 늘어나고 있으며, 과거 그 어느 때보다 세계 인구에서 커다란 비중을 차지한다. 하루에 약 7만 명이 새롭게 예수를 믿는 것으로 추정된다." R. J. Bauckham, **예수: 생애와 의미**, 김경민 역 (서울: 비아, 2016), 11.

다.[2] 서기 몇 년을 살고 있다고 할 때 우리는 이미 예수와 무관하지 않다. 예수 이야기의 공간적 배경이 되는 팔레스타인 지역은 오늘날에도 여러 가지 사건 사고가 많은 지역이다. 예수 시대에도 그랬다. 팔레스타인은 경상남북도를 합친 것보다 조금 더 큰 규모의 작은 땅이지만, 세계사적으로는 중요한 의의를 지닌 장소이다. 예수 이야기에서는 갈릴리와 예루살렘이라는 곳이 특히 중요한 의미를 가진다.

예수는 몹시도 흥미롭고 매력적인 분이다.[3] 기독교인에게는 물론 그렇거니와 비기독교인들도 예수에 대해서 관심이 많다. 예수 사건이 발생한지 2000여 년이 지났지만 여전히 예수에 관한 책들이 쏟아지고 있으며 영화도 계속해서 생산되고 있다. 예수의 이러한 매력은 어디에서 발원하는 것일까? 예수의 매력적인 면모는 다양하지만 그 중 한 예를 들라면 그의 연민과 분노라고 할 수 있을 것이다. 예수는 놀라운 공감과 연민의 사람이었다. 예수에 관한 기록 중 복음서를 살펴보면 그리스어 스플랑크니조마이(σπλαγχνίζομαι)라는 단어가 많이 등장한다. 이 말의 어근이 되는 스플랑크나(σπλάγχνα)는 창자(bowel) 혹은 심장(heart)을 말한다. 예수는 가난하고 병든 사람을 만날 때, 이른 바 '단장(斷腸)의 고통'을 느꼈다.[4] 그냥 불쌍하고 가엽다고 느끼는 정도를 넘어서 그들과 함께 아파했다. 히브리인들은 사람의 마음과 감정이 내장에 있다고 생각했다. 그 내장이 끊어지고 깨어지는 고통을 느꼈다는 것은 예수의 연민과 사랑이 얼마나 크고 깊었는가를 보여준다. 이러한 사랑과 연민은 분노와 연결된다. 흔히 예수는 사랑과 연민의 모습만 있고 분노의 모습은 없다고 생각된다. 그러나 복음서 곳곳을 보면 예수의 분노한 모습을 보게 된다. 위선자들과 정의롭지 못하게 백성들을 억압하는 자들에 대해서 예수는 의로운 분노

2 역사 구분에서 기독교 중심적인 명칭을 싫어하는 사람들은 B.C.E.(Before Common Era) 와 C.E.(Common Era)를 사용한다. 그러나 아직까지 여전히 많이 사용되는 용어는 B.C.와 A.D.이다.

3 예수의 인간적 매력에 관해서는 고재식, **예수는 멋쟁이** (서울: 대한기독교서회, 2004). 박태식, **넘치는 매력의 사나이 예수: 새로 쓰는 메시아 이야기** (서울: 들녘, 2013) 참조.

4 단장의 고통은 **세설신어** "출연편"에 원숭이 새끼와 이별하는 어미 원숭이가 슬피 울다 죽었는데 그 배를 갈라보니 창자가 조각조각 끊어졌다는 고사에서 유래하는 말이다.

를 터트렸다.[5] 이러한 연민과 분노의 (부)조화는 예수의 인간적인 매력을 발휘해 사람들을 예수에게로 끌어당긴다.

예수의 매력의 또 다른 예를 들라면, 자유와 치열함의 대비를 언급할 수 있겠다. 예수는 자유로운 분이었다. 케제만(E. Käsemann)이라는 학자는 **자유의 부름**(*Der Ruf der Freiheit*)이라는 책을 썼다. 이 책의 영어 번역자는 이 책을 **예수는 자유를 의미한다**(*Jesus Means Freedom*)고 책 제목을 바꾸었다. 예수는 자유를 의미한다. 예수는 자유였고, 자유이며, 자유롭게 하는 분이다. 그래서인지 자유롭게 되기 위해서 예수를 믿는다는 사람도 있다. 예수는 모든 인습과 굳어진 전통을 넘어서는 대(大)자유인의 면모를 지녔다. 예수는 유대교의 정치 종교 지도자들이 그어 놓은 경계선들을 거침없이 돌파했다. 당대의 고정관념을 훌쩍 뛰어넘은 예수는 그야말로 '자유의 천재'의 면모를 보여주었다. 그의 자유는 인습과 굳어진 전통을 중시하는 자들에게는 위협을 의미했고, 당연하게도 커다란 분노를 불러일으켰다.[6] 예수는 그러한 자유의 모습과 더불어 율법의 일점일획도 놓치지 않는 엄격하고 치밀한 모습을 보였고, 하나님의 나라와 뜻을 온전히 실현하는데 자신의 목숨을 거는 철저한 모습을 보여주었다. 이러한 자유와 엄격함의 대비는 예수에 대한 흥미를 고조시킨다.

예수의 한없이 낙관적인 삶과 비극적 죽음은 또 다른 매력을 불러일으킨다. 예수의 말씀을 살펴보면 예수가 혹독한 일상 속에서도 "심원한 낙관주의"를 설파했음을 알 수 있다.[7] 그는 걱정스럽고 불안한 하루 하루 가운데서도 염려없음(Sorgelosigkeit)을 설파했다. 이처럼 심원한 낙관주의를 견지한 예수였으나 십자가의 죽음 앞에서 극도로 고민하는 모습을 보이기도 했다. 겟세마네 동산에서 기도할 때 그는 괴로워서 죽을 지경에 이르렀고, 땀이 피가 되도록 기도하기도 했다. 그

---

5 박총, **욕쟁이 예수: 교양과 상식 너머, 길들여지지 않는 예수의 맨얼굴** (파주: 살림, 2010), 15-34.

6 F. G. Downing, *Jesus and the Threat of Freedom* (London: SCM Press LTD, 1987), 1-7.

7 조태연, **예수운동: 그리스도교 기원의 탐구** (서울: 대한성서공회, 1996), 384-385. 조태연은 초기 예수 운동의 심원한 낙관주의가 반문화적 급진주의를 가능하게 했다고 본다.

리고 비극적 수난을 경험했었고 결국 처형당했다.

예수의 매력에 대해서 이야기할 거리는 너무나도 많다. 짧은 글에 다 담을 수도 없다. 그래서 여기에서는 무한한 매력을 담고 있는 예수 이야기의 큰 틀을 소개하고자 한다. 여기에서는 예수 이야기의 대강을 소개하면서 그 이야기의 뼈대를 크게 8단계로 나누어 설명하고자 한다.

2. 수태고지와 성탄

1) 1단계 : 수태고지(受胎告知, Annunciation)

예수는 탄생하기 이전에 천사의 특별한 고지가 있었다. 천사 가브리엘이 예수의 어머니 마리아에게 아들을 낳을 것이라고 전하는 사건을 수태고지라고 한다. '수태'라는 말은 임신을 한다는 말이고 '고지'는 알린다는 뜻이다. 수태고지는 일반인과 다른 예수의 비범한 탄생을 알려준다. 예수 이야기는 '수태고지'로부터 시작된다.

2) 2단계 : 성탄(聖誕)

천사의 예고대로 마리아는 임신을 하게 되고 아이를 낳는다. 그런데 그 아이는 마구간에서 태어나 말구유에 누워있게 된다. 이는 예수의 출생이 지극히 비천했음을 뜻한다. 마구간은 도저히 사람이 태어나기에 적당한 곳이 아니고, 말구유는 말의 여물통으로 아기를 담기에 적당하지 않은 물건이다. 마구간 탄생과 말구유 이야기는 낭만적이고 목가적인 이야기로 읽기보다는 슬픈 이야기로 읽어야 할 것이다. 예수가 태어났을 때 목자들이 찾아왔

고, 천사들이 "하늘에는 영광 땅에는 평화"라고 노래했다고 한다.

3. 세례와 시험

1) 3단계 : 세례

예수는 30세 정도 되어서 세례자 요한에게 세례를 받는다. 세례라는 것은 단지 깨끗하게 씻는다는 의미를 가진 것이 아니라 침수되어 수장되고 새롭게 태어나는 것을 의미한다. 예수가 침수된 후 물에서 올라오실 때 하늘에서 "너는 내 사랑하는 아들이요 내 기뻐하는 자다"라는 소리가 들렸다.

2) 4단계 : 사막에서의 시험

세례 이후에 예수는 곧바로 사막으로 이끌리어 40일간 악마에게 시험을 받았다. 예수는 40일간 금식을 했었는데, 낮에는 극히 뜨겁고, 밤에는 몹시 추운 사막에서 40일을 보내며 단식상태로 있었다. 이는 그야말로 목숨을 건 단식이라고 할 수 있을 것이다. 예수는 악마에게 세 가지 시험을 받는다. 마귀는 예수에게 돌을 빵으로 만들라, 성전에서 아무런 상처 없이 뛰어내리는 기적을 행하라, 내게 절하면 천하 만국을 다스릴 권세를 주겠다는 세 가지 시험을 한다.

마귀가 예수에게 행했던 시험은 돈과 명예와 권력의 시험으로 볼 수 있다.[8] 돌을 빵으로 만들라는 요구는 먹거리와 경제의 시험이다. 먹거리와 경제문제만큼 기초적이고 중요한 일이 있을까? 마귀는 예수에게 가장 기본적인 시험으로 접근한 것이다. 성전에서 뛰어내리라는 시험은 공개적인 장소에서 큰 기적을 일으켜 추종자를 모아 보라고 권한 것이다. 이는 인기와 명예의 시험이라고 할 수 있다. 놀라운 일을 행해서 사람을 모아서 큰일을 도모하라는 것이다. 예수는 이것 역시 거부한

---

8 강원용, **내가 믿는 그리스도** (서울: 대한기독교서회, 2003), 93-129.

다. 자신에게 절을 하면 천하만국을 다스릴 권세를 주겠다는 시험은 권력의 시험이다. 예수는 이 모든 시험을 구약성서의 말씀을 통해 거부한다. 마귀는 예수에게 돈과 명예와 권력의 시험으로 접근했고, 예수는 이를 성서의 말씀을 극복하고 물리쳤다. 모든 활동의 준비를 마친 예수는 공적인 활동으로 들어간다.

4. 사역과 만찬

1) 5단계 : 하나님 나라의 사역

사막에서의 시험을 극복한 예수는 이제 활동을 시작한다. 예수의 활동은 크게 세 가지로 구분될 수 있다. 첫째, 선포의 사역이다. 예수는 '하나님의 나라'를 선포했고, 이것은 그의 활동의 가장 중요하고 기본적인 핵심이다 둘째, 가르침의 사역이다. 예수는 교사로서 가르쳤다. 특히 예수는 비유와 격언을 활용해서 가르쳤다. 가르침의 핵심적인 주제 역시 하나님의 나라이다. 셋째, 치유의 사역이다. 예수는 두루 다니면서 하나님 나라의 복음을 전하면서 많은 귀신들린 자와 병든 자를 치유했었다. 예수의 치유 사역 역시 하나님의 나라를 실증하는 것이었다. 즉, 예수의 모든 활동은 '하나님의 나라'라는 초점으로 모아지는 것이다.

그러므로 예수의 활동과 메시지의 핵심은 바로 "하나님의 나라"이다. 예수가 전파한 하나님의 나라가 바로 기독교의 본질이며 핵심이다. 기독교를 이해하기 위해서는 바로 이러한 하나님의 나라의 성격을 올바르게 이해해야 한다.

그러면 하나님의 나라는 어떠한 나라일까? 하나님의 나라는 사랑과 정의의 나라이다.[9] 하나님의 사랑이라고 할 때 그 사랑은 어떠한 사랑을 말하는 것일까? 신약성서가 기록될 때 사용된 언어인 그리스어는 사랑을 말할 때 크게 4가지로 구분

---

9 하나님의 나라를 사랑과 정의의 나라를 중심으로 이해하는 관점에 대해서는 기독교의이해교재편찬위원회, **기독교의이해: 신앙과 사랑을 찾아서** (대구: 계명대학교 출판부, 2009), 123-130 참조.

해서 표현한다. 스토르게(στοργή), 필리아(φιλία), 에로스(ἔρως), 아가페(ἀγάπη). 스토르게는 아버지가 자녀를 사랑하는 그러한 사랑을 말한다. 육친의 사랑이다. 필리아는 우정이나 친애를 뜻한다. 에로스는 연인 간의 사랑을 말하며, 아가페는 성서적 용례에서는 신적이며 절대적인 사랑을 말한다. 하나님의 나라가 사랑과 정의의 나라라고 할 때 그 사랑은 바로 '아가페'의 절대적인 사랑을 의미하는 것이다.

예수가 말한 하나님의 사랑은 절대적인 사랑인 아가페의 사랑이다. 예수는 이러한 사랑을 전하고 가르쳤다. 예수의 사랑은 상대방의 선악과 호오를 불문하는 사랑이다. 원수마저 사랑하고 그를 위해 기도하는 큰 사랑이다. 이 아가페의 사랑은 모든 구별을 넘어선 그야말로 절대의 사랑이다. 이러한 사랑이 하나님의 나라의 한 축을 차지한다.

예수가 사랑만 말했다면, 그는 십자가를 지지 않았을지도 모른다. 그러나 예수는 정의의 메시지도 선포했다. 예수는 부에 대한 탐욕을 경계했고, "일용한 양식"에 감사하는 사람이 되라고 가르쳤다. 지속가능한 경제정의를 위해서 부자들이 가난한 자들에게 나누어 주어야 한다고 가르쳤다.

하나님의 나라는 원이라기보다는 일종의 타원과 같다. 타원에는 두 초점이 있는데, 하나님의 사랑과 정의가 곧 하나님 나라의 두 초점이다. 예수의 공적인 생애는 이 하나님의 나라를 전파하고 가르치고 실현하는 것에 있었다.

2) 6단계 : 최후의 만찬

하나님의 나라 선포의 활동을 하던 예수는 유대인 종교 정치 지도자들의 미움을 받게 되어 드디어 죽음에 가까워졌다. 그는 죽기 직전에 제자들과 '최후의 만찬'을 가졌다. 원래 예수의 모임은 식탁을 그 특징으로 했다. 예수의 활동과 가르침은 식탁을 중심으로 진행되었고, 많은 일들이 식탁의 자리에서 일어났다. 그만큼 예수와 그의 하나님 나라 운동에서 식탁의 자리가 중요했음을 간파할 수 있다.[10] 사

10 J. D. Crossan, **역사적 예수: 지중해 지역의 한 유대인 농부의 생애**, 김준우 역 (서울: 한국기독교연구소, 2012), 542. 크로산은 기적과 더불어 식탁을 "원래의 예수 운동의 핵심"으로 간주한다.

실 하나님의 나라조차도 잔치의 자리로 간주되었다.

원래 예수는 매일의 삶을 잔치로 여기며 살았다. 예수는 금식하지 않고 잔치를 벌이며 살았기 때문에 엄격하게 금욕적인 집단인 세례자 요한의 제자들에게 핀잔을 받을 정도였다. 예수를 비난하는 사람들은 예수를 "먹보요 술고래"라고 비난했다. 예수의 특징은 금욕과 금식이 아니라 즐거운 식탁자리였다. 그리고 그 식탁에는 죄인과 민족반역자인 세리도 참여할 수 있었다. 그것은 개방된 평등의 식탁이었다.

예수의 식탁모임은 개방된 평등의 식탁모임이었다. 오늘날도 그렇거니와 당시 식탁은 사회적인 신분이 확연하게 드러나는 자리였다. 식탁은 사회계급이 드러나는 가장 대표적인 장소였기 때문에 평등과 개방의 식탁은 그 자체로 사회의 변혁을 상징하는 것이었다.

이러한 식탁의 전통이 있었고, 이는 최후의 만찬으로 이어져 기독교의 예배가 탄생하게 된다. 유월절 체포되기 직전 예수는 제자들과 함께 최후의 만찬을 가진다. 이 최후의 만찬은 기독교적 예배와 제의가 탄생한 자리였다. 식탁에 있었던 빵과 포도주는 그리스도의 몸과 피를 상징하게 된다.

5. 수난과 부활

1) 7단계 : 십자가 처형

이제 예수는 십자가 처형을 당하는 고난의 길을 가게 된다. 십자가 이야기는 예수 이야기의 심장이다. 기독교는 십자가이고 십자가가 곧 기독교이다. 기독교를 이해하는 것은 곧 십자가를 이해하는 것이다. 기독교의 상징이 십자가가 된 것은 우연이 아니다.

십자가의 신학적이며 종교적인 의미를 이해하기 전에 먼저 십자가 처형의 의미를 알아야 할 것이다. 십자가는 처형도구였다. 십자가는 페르시아 시대에 사람을 장대에 매달아 죽인 것에서 그 연원을 찾기도 한다. 이 십자가가 헬라 시대를 거쳐

로마까지 이어졌고, 십자가는 특히 정치적으로 반란을 일으킨 사람들에게 시행되었다. 예외적인 일들이 많았지만 원칙적으로 로마의 귀족들은 십자가 처형을 당하지 않았다. 십자가가 형벌이었다는 점과 능지처참(陵遲處斬)급의 무서운 형벌이었다는 사실을 이해해야 십자가의 잔혹함과 무서움을 이해할 수 있다.

십자가는 보통 우리가 알고 있는 십자 형태(+) 외에도 T자 형이나 X자 형도 있었다. 십자가는 기본적으로 사람을 나무에 매달고 손과 다리에 대못을 박아서 피를 뽑아서 죽이는 형벌이다. 빨리 죽는 경우도 있지만 오래갈 때는 죄수가 며칠씩 십자가에 달리기도 했었다. 십자가에서 죄수가 죽으면 피가 다 빠져 바싹 말라서 죽었고, 새들이 눈을 파먹었다고 한다. 시체는 길가에 버려져 개들이 먹었는데, 고대인들은 이렇게 시체가 매장당하지 못하는 것을 몹시 두려워했다고 한다.

예수의 경우는 통상적인 십자가상의 사망시간보다 일찍 죽었다. 예수는 금요일 오전 9시에 십자가에 달렸는데, 오후 3시에 사망했다. 대략 6시간 동안 십자가에 달려 있었던 셈이다. 너무 빨리 사망했기 때문에 확인 작업으로 옆구리를 찔러 물과 피가 쏟아졌다. 그렇다면 예수는 왜 그렇게 빨리 죽었을까?

예수는 십자가에 달리기 전 체포되어 심각한 심문과 구타를 당했다. 뿐만 아니라 예수는 태형(笞刑)을 당했다. 건장한 로마 병사가 몽둥이를 들고 예수를 때렸다. 또한 예수는 십자가에 달리기 전 채찍형을 당했다. 당시의 채찍형은 동물의 가죽으로 된 끈에 동물의 이빨이나 금속 파편을 달아 죄수의 맨살에 때렸는데, 채찍에 맞을 때마다 살이 찢어지면서 예수의 전신은 피투성이가 되었을 것이다. 예수는 태형과 채찍형을 당한 상태에서 무거운 나무 십자가를 지고 골고다 언덕으로 올라갔다. 예수는 십자가에 달리기 전에 이미 거의 죽어 있었다. 그러한 상태에서 손과 발에 못이 박혔다. 손은 신경이 많이 관류하는 곳이기 때문에 특별히 고통스럽다. 발의 못도 정강이 부분을 교차해서 못을 박기 때문에 보기에도 몹시

끔찍한 장면이 연출된다.

예수는 십자가 위에서 7가지의 말을 했다. 기독교에서는 이를 가상칠언(架上七言, 십자가 위에서의 7가지 말씀)이라고 한다. 십자가 위에서 예수가 하셨던 7가지 말씀 가운데 유명한 말씀은 자신을 박해하는 자들을 위한 기도이다. 예수는 십자가 위에서 "아버지 저들을 사하여 주옵소서 자기들이 하는 것을 알지 못함이니이다"라고 기도하셨다(눅23:34). 예수는 이 기도를 드려서 "너희 원수를 사랑하며 너희를 박해하는 자를 위하여 기도하라"는 자신의 가르침을 몸소 실천했다. 예수의 이 기도는 그야말로 아가페의 실현에 다름 아니다. 잔혹하고 처참한 십자가에 아가페의 사랑이 그려졌다.

오늘날 많은 사람들이 십자가 장신구를 몸에 착용하고 있다. 교회는 십자가를 상징으로 하고 있다. 만약 2000년 전 로마 사람이 십자가 장신구를 보았다면 깜짝 놀랐을 것이다. 왜냐하면 그것은 사랑의 상징이 아니라 공포와 잔인함의 상징이기 때문이다. 십자가의 험악함을 이해하지 못하면 예수도 기독교도 알 수 없다.

예수의 사랑은 세상에서 가장 무서운 상징을 가장 깊은 사랑의 상징으로 바꾸어 놓았다. 로마 제국의 변방 작은 나라, 그것도 식민지로 있었던 팔레스타인 지역에서 발생한 기독교가 로마 제국의 종교가 되고 세계 종교가 될 수 있었던 이유로 많은 것을 거론할 수 있겠지만 예수가 전하고 십자가 위에서 실천했던 아가페 사랑의 메시지가 큰 역할을 했음을 부인할 수 없을 것이다.

2) 8단계 : 부활

기독교에서 십자가가 중요하고 본질적이지만, 예수의 이야기는 십자가로 끝나지 않는다. 예수의 이야기에는 부활이 포함된다. 만약 예수의 이야기가 십자가로만 끝났다면 그것은 비극으로 끝이나고 기쁜 소식, 복음이 되지 못했을 것이다. 예수의 이야기는 십자가로 끝나지 않고 부활로 이어진다. 제자들은 부활사건을 경험했고, 그리하여 부활신앙을 가지게 되었다.

부활은 십자가에 달린 예수가 결국에 무죄였고 옳았음을 하나님이 인정했다는 것을 증명하고, 예수를 그리스도로 고백하는 자들에게 무한한 희망을 주는 사건이다. 또한 예수의 부활은 최후의 부활을 예고하는 희망찬 사건이다. 예수의 이야기는 해피 엔딩이다. 부활은 우리에게 수난과 죽음이 끝이 아니고 부활이 있음을 알려준다.

6. 나오는 말

흔히 그리스 세계의 이상을 '진선미(眞善美)'라고 한다. 그리스인들은 인류에게 철학과 과학을 위시한 학문, 윤리, 그리고 아름다운 예술 작품을 선사해 주었다. 유대-히브리적 세계는 인류에게 '신망애(信望愛)' 즉 믿음, 희망, 사랑을 가르쳐 주었다고 할 수 있다. 예수의 이야기에는 절대적인 믿음, 절대적인 희망, 절대적인 사랑의 가르침이 녹아 들어가 있다. 예수 이야기를 통해서 사람들은 불안과 염려가 가득한 세상에서 창조주 아버지 하나님만을 절대적으로 믿어 어린 아이와 같이 티 없이 맑은 마음으로 하루하루를 염려 없이 넉넉하게 살아가는 절대 믿음을 배웠다. 예수 이야기를 통해서 사람들은 죄와 죽음과 허무가 가득한 현실에서도, 불의가 승리하고 정의가 무너지는 것 같은 현실에서도 결단코 꺾이지 않는 절대 희망을 배웠다. 예수의 부활은 십자가라는 절망 중의 절망을 이긴 희망의 승리다. 예수 이야기를 통해서 사람들은 아무리 나를 아프게 하고 고통을 주는 원수라고 끝까지 사랑하는 절대 사랑을 배웠다. 아무도 미워하지 않는 사랑, 끝까지 용서하는 그런 사랑을 배웠다. 예수의 이야기 가운데 있는 이러한 믿음과 희망과 사랑은 그것에 접하는 사람들로 하여금 새롭게 태어나게 하고, 해방을 경험하게 하고, 자유와 기쁨을 주는 참된 복음(기쁜 소식)이었다. 그 이야기의 능력이 세계의 역사를 바꾸었고 지금도 바꾸고 있다.

6장 예수의 이웃사랑 정신

1. 들어가는 말

기독교의 핵심사상은 사랑이다. 이 사랑은 십자가에서 절정을 이루었다. 하나님의 아들 예수 그리스도는 온 인류의 죄를 대신 지고 십자가에서 죽음으로써 하나님의 사랑을 증명하였다. 십자가는 세로축과 가로축으로 되어 있는데, 세로축은 하나님과 인간의 관계, 가로축은 이웃과의 관계성을 나타낸다. 즉 하나님과의 수직적 관계에서 온 마음과 정성과 힘을 다하여 하나님을 사랑하고, 이웃과의 수평적 관계에서는 '내 이웃을 내 몸과 같이 사랑하는 것'이 십자가의 정신이다. 이러한 이웃사랑의 정신은 산상보훈(山上寶訓, Sermon on the Mount)에서 잘 드러난다.

산상보훈은 약자나 패배자의 윤리로 오해되기도 하였는데, 니체(F. Nietzsche)는 예수를 비현실적인 이상주의자라고 비판하였다. '누구든지 네 오른 뺨을 치거든 왼 편도 돌려대라'는 예수의 교훈은 비겁한 약자의 윤리라는 것이다. 강자라면 오른 뺨을 치는 자에게 그의 오른 뺨뿐 아니라 왼 뺨도 때려주지 않겠는가 하는 것이다. 하지만 산상보훈은 좀 더 평화롭고 행복한 세상을 만들기 위해 이웃을 배려하고 적극적으로 사랑하는 진정한 강자의 윤리이다. 그 실례로 마하트마 간디를 들 수 있는데, 그는 비록 힌두교도였지만 산상보훈의 가르침에 큰 영향을 받아 이를 실천에 옮겼다.[1]

1 간디는 청년기 영국에서 산상보훈을 접했고, 그 후 인도로 돌아와서 이를 실천에 옮겼다. 그는 소극적 저항이나 시민적 반항이 아니라 진리의 힘으로 고난을 견디어내는 아힘사(ahimsa, 비폭력) 운동을 전개하였다. J. R. Stott, **예수님의 산상설교**, 김광택 역 (서울: 생명의말씀사, 1983), 124.

2. 여덟 가지 행복의 길

산상보훈은 여덟 가지 행복을 선언하는 팔복(八福, Beatitudes)으로 시작된다. 팔복은 복에 대한 전통적인 이해를 뒤집는다. 당시 유대인들은 물질의 풍요, 자손의 번창, 사회적 존경, 경건한 삶을 최고의 축복으로 여겼다. 이러한 생각은 우리 조상들이 수(壽, 장수), 부(富, 부요함), 강녕(康寧, 몸과 마음이 평안함), 유호덕(攸好德, 덕스러운 삶을 좋아함), 고종명(考終命, 수명을 다하고 편안하게 죽음을 맞이함)을 다섯 가지 복(오복)으로 여긴 것과 유사하다. 하지만 예수는 전혀 다른 관점에서 가난, 슬픔, 굶주림, 모욕, 박해 등과 같은 우리가 어떻게든 피하고 싶거나 좋아하지 않은 것들을 복이라고 선언한다. 그런 점에서 예수의 교훈은 우리의 마음을 불편하게 만든다. 그럼에도 우리가 그의 교훈에 귀를 기울여야 하는 이유는 무엇일까?

1) 마음이 가난한 사람

마음이 가난한 자는 복이 있다. 하늘나라가 그들의 것이다(마 5:3). 마음이 가난한 자(the poor in spirit)란 어떤 의미일까? 남부러울 것이 하나도 없는 사람을 가정해 보자. 그는 집안 배경이 든든하고, 학벌이나 인물도 좋아 그의 인생에는 탄탄대로가 놓인 듯하다. 하지만 그가 교만하여 자기보다 못한 이들을 무시하고 함부로 대한다면 그는 행복한 사람일 수 없다. 그의 내면은 방치되어 있기 때문이다. 반면에 늘 자신의 약함과 부족함을 자각하면서 겸손하게 살아가는 사람이 있다. 그는 삶이 신의 은총임을 알기에 늘 감사한 마음으로 다른 이들을 존중하며 배려한다. 바로 이것이 마음의 가난이다. 마음이 가난하다는 것은 하나님 앞에서 자신이 내세울 것이 전혀 없고, 아무것도 아닌 존재라는 것을 자각하고 하나님께 전적으로 의존하는 겸손한 상태를 의미한다. 하나님은 이렇게 마음이 가난한 자들과 함께 하시고, 그들에게 하늘나라를 약속하신다.

2) 슬퍼하는 사람

슬퍼하는 사람은 복이 있다. 하나님이 그들을 위로하실 것이다(마 5:4). 자기만족에 빠진 사람은 하늘의 위로를 필요로 하지 않는다. 하지만 스스로의 한계에 부딪히게 될 때 비로소 자신이 얼마나 보잘 것 없는지를 깨닫게 된다. 여기서 슬퍼하는 것은 단순히 슬픈 감정 이상으로서 자신의 죄와 연약함으로 인해 하나님을 향하여 슬퍼하며 구원을 간절히 바라는 마음상태이다. 슬퍼하는 마음을 지닌 사람은 다른 사람들을 함부로 대하지 않는다. 그는 이웃이 겪는 고통과 슬픔에 함께 아파하며 마음을 모은다. 이는 마치 윤동주 시인이 서시에서 '별을 노래하는 마음으로 모든 죽어 가는 것들을 사랑해야지'라고 노래한 마음과 같다. 아랍 속담에 "햇빛만 받는 땅은 사막이 된다"는 말이 있다.[2] 슬픔은 인생을 풍요롭게 만드는 양념과 같으며, 눈물은 영혼을 정화시키는 힘이 있다. 하나님은 참회의 눈물을 흘리는 자들을 용서하시며 위로하실 것이다.

3) 온유한 사람

온유한 사람은 복이 있다. 그들이 땅을 차지할 것이다(마 5:5). 온유(溫柔)라는 말은 '따뜻할 온', '부드러울 유'라는 뜻으로 온화하고 부드러운 성품을 의미한다. 예수의 성품은 부드럽고 온유한 모습이었다. 온유함(meekness)은 연약함(weakness)이나 우유부단함으로 비춰져 남에게 무시당하거나 업신여김 당할 것으로 오해되기도 한다. 치열한 생존 경쟁에서 성공하려면 거칠고 근성이 있어야 하는데, 온유한 사람은 나약하고 착해서 항상 경쟁에서 뒤쳐질 것으로 생각하는 것이다. 하지만 온유란 통제 아래 있는 힘을 의미한다. 온유란 부드럽게 참고 견디는 성품으로서, 이는 마치 성난 사자나 이리 같은 분노를 양처럼 순하게 길들이는 것과 같다.

인생에서 진정한 승자는 군림하는 자들이 아니라 온유한 자들이다. 온유는 내면의 강인함을 외적으로 부드럽게 드러내는 고결한 인품이다. '모루 한 개에 모루

---

2 권성수, **산상수훈** (서울: 생명의말씀사, 2006), 36.

채 여러 개 망가진다'는 말이 있다. 모루채는 때리기만 하고 모루는 맞기만 하지만, 모루채는 망가지더라도 모루는 망가지지 않는다. 마찬가지로 공격적이고 저돌적인 사람이 앞서 가고 성공하는 듯 보이지만 결국에는 온유한 사람이 승리하는 것과 같은 이치이다. 태산은 한 줌의 흙도 물리치지 않아 더 높아지고, 강은 작은 물줄기 하나도 거부하지 않아 넓고 깊은 바다에 이르게 된다. 온유한 사람은 넓은 땅을 차지하게 되는 복을 누리게 된다.

4) 의를 갈망하는 사람

의에 주리고 목마른 사람은 복이 있다. 그들이 배부를 것이다(마 5:6). 사람들은 부와 명예, 쾌락과 성공을 갈망한다. 하지만 이러한 것들은 일시적인 만족을 줄지 몰라도 영원한 만족은 주지 못한다. 이는 마치 소금물을 마시는 것처럼 마시면 마실수록 갈증만 더해질 뿐이다. 또한 부와 명예, 쾌락과 성공만을 추구하다보면 의로운 삶 보다는 불의와 타협하고 유혹에 빠져들 가능성이 더 많다. 따라서 우리가 진정으로 추구해야 할 것은 의로운 삶이다. 의로운 삶이란 하나님과 올바른 관계를 맺고, 이웃과 의롭고 진실 되게 살아가는 것이다. 주리고 목마름은 견디기 힘들 정도의 결핍상태를 의미하는데, 그만큼 의를 간절히 원해야 한다는 것이다. 주리고 목마를 정도로 의를 간절하게 갈망하는 자에게 하나님은 의로움으로 풍족하게 채워주실 것이다.

5) 자비한 사람

자비한 사람은 복이 있다. 하나님이 그들을 자비롭게 대하실 것이다(마 5:7). 자비란 하나님이 사람을 대하는 태도로서 단순한 동정심(sympathy) 이상이다. 이는 불쌍한 사람은 물론 자신에게 해를 끼치는 사람까지도 품는 너그러운 마음이다. 사랑과 자비는 점점 줄어들고 폭력이 난무하는 세상에서 자비로운 사람은 세상을 따뜻하게 보듬는다. 자비로운 사람은 넘어진 자를 짓밟지 않고 오히려 그의 손을 잡아 일으켜 주는 사람이다. 또한 남이 당하는 고통에 깊이 공감하며, 고통을 해결하기 위해 전심전력으로 돕는 사람이다. 자비는 선한 사마리아인이 실천하였던 아름다운 미덕이다. 예수는 자신을 십자가에 못 박는 사람들까지도 자비롭게 여기며 그들의 죄 용서를 위하여 기도하였다(눅 23:34). 자비한 사람은 하나님으로부터 자비를 받게 되는 복을 누리게 된다.

6) 마음이 깨끗한 사람

마음이 깨끗한 사람은 복이 있다. 그들이 하나님을 볼 것이다(마 5:8). 마음이 깨끗하다는 것은 마음속에 거짓이나 간사함이 없는 깨끗한 양심을 가졌다는 뜻이다. 하지만 털어서 먼지 나지 않는 사람이 없듯, 티 한 점 없이 깨끗한 사람이 어디에 있겠는가? 마음이 깨끗하다는 것은 온갖 욕망과 거짓으로 더럽혀진 마음이 깨끗하게 씻겨, 온전한 무결점의 상태(integrity)로 변화되는 것을 의미한다. 죄를 범한 다윗은 자신의 잘못을 깨닫고, 하나님께 깨끗한 마음을 새로 만들어 달라고 기도했다(시 51:10). 깨끗한 마음은 거짓과 가식이 없는 마음이며, 순결하고 신실한 마음이다. 우리는 가끔 눈이 부시도록 푸른 하늘을 보거나 투명한 호수를 볼 때 마음이 정화되는 느낌을 받는다. 깨끗함에 대한 갈망이 우리 속에 있기에 마음을 깨끗하게 닦고 청결하게 유지하기를 힘써야 한다. 잘 닦인 창문이 사물을 선명하게 보여주듯 마음이 깨끗한 사람은 영혼의 눈이 밝아 하나님을 보게 되는 복을 누리게 된다. 하나님을 본다는 의미는 하나님과의 깊은 영적인 친교를 의미한다.

7) 평화를 이루는 사람

평화를 이루는 사람은 복이 있다. 하나님이 그들을 자기의 자녀라고 부르실 것이다(마 5:9). 평화를 이루는 사람이란 단순히 평화를 사랑하는 자 또는 평화를 지키는 자가 아니라 전쟁과 폭력, 차별이나 배제, 소외와 갈등으로 가득 찬 세상을 자기희생과 화해의 정신으로 평화를 적극적으로 증진시키는 사람(peace-maker)을 의미한다. 즉 평화를 이루기 위해 갈등이나 분쟁을 이해와 사랑으로 화해시키며, 차별의 장벽을 허물고 모두가 상생할 수 있도록 선을 적극적으로 증진시키기 위해 힘쓰는 사람을 의미한다. 평화를 위해 힘쓰는 사람이야말로 진정한 하나님의 자녀로 불릴 것이다.

8) 의를 위하여 박해를 받은 사람

의를 위하여 박해를 받는 사람은 복이 있다. 하늘나라가 그들의 것이다(마 5:10). 의를 위하여 박해를 받는다는 것은 이 세상이 악하고 불의하다는 것을 전제하고 있다. 박해는 악하고 불의한 세상에서 의롭고 진실하게 살 때에 억울하게 희생당하거나 고통당하는 것을 의미하기도 한다. 악한 세상에서 불의와 타협하지 않고 진리에 따라 사는 것은 불의한 사회구조나 질서에 균열을 일으키기 때문에 의인들은 박해를 받을 수밖에 없다. 하지만 의를 위하여 받는 박해는 진리와 정의를 위해 당하는 고난이기에 가치가 있고, 그러한 자들에게는 하늘나라가 보상으로 주어지게 된다.

위에서 예수가 가르친 여덟 가지 복은 하늘나라에 대한 약속에서 시작하여 하늘나라에 대한 약속으로 마무리된다. 하늘나라는 가난한 마음, 겸손한 마음을 가진 사람이 소유하지만 의와 진리를 위해 박해를 받는 자들에게도 주어질 것임을 약속하고 있다. 하늘나라는 우리가 죽어서 가는 천국을 의미하기도 하지만, 우리가 이 땅에서 실현해야 할 진리와 정의와 사랑의 나라이기도 하다.

3. 세상의 소금과 빛

1) 세상의 소금

소금은 썩는 것을 막는 기능을 한다. "너희는 세상의 소금"이라는 선언은 부패하고 타락하기 쉬운 세상 속에서 방부제 역할을 할 것을 강조한다. 세상의 소금 역할을 하기 위해서는 스스로 끊임없이 부패와 싸워 이겨야 한다. 또한 소금은 자신을 녹임으로써 맛을 내는 역할을 하기도 한다. 삶의 의미를 잃은 채 무미건조하게 살아가는 사람들 속에서 삶의 참맛을 내는 조미료 역할을 할 것을 교훈한다. 그런데 문제는 소금이 변질되어 맛을 잃을 때이다. 맛을 잃은 소금은 아무 쓸모가 없어 밖에 버려져 사람들에게 짓밟히게 된다. 이는 삶에서 선한 영향력을 잃은 사람은 아무 쓸모없이 버림당하게 되고, 업신여김 당하게 됨을 의미한다.

2) 세상의 빛

빛이 비치면 어둠은 물러가고 모든 것들이 밝게 드러난다. "너희는 세상의 빛"이라는 선언은 희망을 잃어버린 세상에 진리의 빛으로 희망을 밝히는 등불이 되라는 의미이다. 어두운 마음의 상처를 밝은 빛으로 치유하고, 절망 가운데 있는 자들에게는 희망의 빛을 비추라는 것이다. 예수 그리스도는 세상의 빛이다(요 8:12). 예수 그리스도를 따르는 자들은 이 빛을 받게 될 뿐 아니라 이 빛으로 세상의 어둠을 몰아내고 진리로 환히 밝히는 역할을 하게 된다.

너희가 세상의 소금과 빛이라는 선언은 부패하고 어두운 세상에서 소금과 같이 도덕적 부패를 막고, 빛과 같이 세상을 밝히 비추어 어두움을 몰아내면서 선한 영향력을 끼칠 것을 강조한다.

4. 화해와 용서의 길

1) 악한 자를 대하는 방법

눈은 눈으로, 이는 이로 갚아라 하고 말한 것을 너희는 들었다. 그러나 나는 너희에게 말한다. 악한 사람에게 맞서지 말아라(마 5:38). 구약의 율법에는 "눈에는 눈, 이에는 이, 생명에는 생명"이라고 하는 동해복수법(Lex Talionis)이 있다. 이 법의 본래 의도는 가해자에 대한 무제한적인 복수를 제한하기 위한 것이었다.[3] 즉 가해자는 피해를 끼친 만큼 해를 당하도록 재판함으로써 응보적인 정의가 구현되도록 한 것이 본래 목적이었다. 이 때 응보적 정의는 가해자가 더 이상 범죄행위를 하지 못하도록 억제하는 기능을 함과 동시에 피해자로 하여금 가해자에 대한 잔인한 복수를 제한하는 기능을 하게 된다.

하지만 예수는 율법을 재해석함으로써 응보적 정의를 넘어 회복적 정의로 한 단계 더 나아갈 것을 강조한다. '악한 자들에게 맞서지 말라'는 말은 앙심이나 복수심으로 보복할 것이 아니라 적극적인 사랑으로 변화시키라는 뜻이다. 즉 해를 당했을 때 복수를 통해 자기만족을 꾀하는 대신에 최선의 유익을 위해 선을 택함으로써 악을 이기라는 의미이다. 우리는 상대방으로부터 심한 모독을 당하거나 해를 입으면 두 배 이상으로 되갚으려고 한다.

예수는 상대방이 악하게 나온다고 해서 나도 똑같이 악한 마음으로 보복하지 말고, 사랑과 화해의 정신으로 악을 선으로 바로 잡을 것을 강조한다. 악을 악으로 대하면 복수의 감정은 해소될지 몰라도, 보복의 악순환만 되풀이될 뿐이다. 하지만 선으로 악을 이기면 진정한 화해와 평화를 이룰 수 있다. 선으로 악을 이기라는 이 요구는 강자들의 폭력을 원천적으로 해체하기 위한 비폭력적이며 평화적인 방식이다. 예수는 다음 네 가지 사례를 통하여 진정한 평화의 정신을 일깨운다.

2) 네 오른쪽 뺨을 치거든

누가 네 오른쪽 뺨을 치거든, 왼쪽 뺨마저 돌려 대어라(마 5:39). 상대방의 오른 뺨을 치는 것은 왼손으로 치거나 아니면 오른 손등으로 칠 때 가능하다. 상대방이 오른손잡이라고 가정한다면, 오른 손등에 뺨을 맞게 되는 것이다. 당시 풍습에 따르면 상대의 뺨을 손등으로 치는 것은 최고의 인격 모독이었다. 손등으로 칠 때의 벌금형은 보통 사람이 일 년 동안 번 돈 이상이었다. 손등으로 친다는 것은 그만큼 인격을 모독하는 구타행위였던 것이다.

---

3 이승문, **산상수훈과 제자의 삶** (서울: TMIM기획, 2014), 161.

그런데 예수는 상대의 손등으로 뺨을 맞게 된다면 왼편 뺨마저 돌려대라고 한다. 이에 대해서는 두 가지 해석이 가능하다. 첫 번째 해석은 비폭력 무저항의 방식이다. 상대가 때리면 맞고, 왼편 뺨마저 돌려 될 각오로 저항하지 말아야 한다는 것이다. 이는 비폭력적인 무저항의 방식이 되기에 상당히 급진적이다. 두 번째 해석은 상대방이 나를 비인격적으로 모욕할 때, 상대방에게 자신을 인격적으로 대우해 줄 것을 당당하게 요구하는 방식으로, 왼편 뺨을 돌려대면서 비폭력적인 방식으로 저항하라는 것이다.

저항의 방식이든 무저항의 방식이든 왼편 뺨마저 돌려대는 행동은 상식적으로 이해하기 어렵지만 이는 예수가 요구하는 새로운 기준이며 예수 자신이 이를 몸소 실천하였다. 예수는 자신을 때리며 침 뱉으며 인격 모독을 하는 자들에게 저항하지 않고 자신을 그대로 내맡겼다.[4] 실제로 초대 교인들은 이러한 예수의 가르침을 그대로 실천하였다. 로마 제국이 기독교인들을 핍박할 때 그들은 카타콤이라는 지하 동굴로 숨어 들어갔지만, 로마 제국에 무력으로 저항하지는 않았다. 이러한 급진적인 비폭력 방식을 절대 평화주의(Pacifism)라고 하는데, 재세례파가 이러한 전통을 유지하고 있다.

3) 속옷을 가지려고 하거든

너를 걸어 고소하여 네 속옷을 가지려는 사람에게는, 겉옷까지도 내주어라(마 5:40). 당시 기준으로 볼 때, 속옷은 가질 수 있었지만, 겉옷은 손대면 안 될 정도로 중요한 옷으로 간주되었다. 율법에 따르면, 겉옷을 저당 잡았을 경우에는 해지기 전에 돌려주어야 했다(출 22:26). 왜냐하면 겉옷은 낮에는 외투역할을 하였지만 밤에는 담요와 이불 역할을 하기도 했기 때문이다. 그런데 예수는 상대방이 나에게 속옷을 달라고 요구할 때에 겉옷까지도 벗어 주라는 것이다. 이는 벌거벗고 살라는 뜻이 아니다. 가난한 사람들이 필요로 하는 것이 있으면 아낌없이 주라는 것이다.

---

4 J. R. Stott, 120.

4) 오 리를 가자고 하거든

누가 너더러 억지로 오 리를 가자고 하거든, 십 리를 같이 가 주어라(마 5:41). 당시 법에 따르면, 로마군인은 자신의 물건을 유대인들에게 오 리까지 옮겨달라고 정당하게 요구할 수 있었다. 로마의 지배를 받고 있던 시대적 상황에서, 로마군인의 요구에 의해 어쩔 수 없이 물건을 옮길 때 단순히 육체노동을 강요당하는 것뿐 아니라 심리적으로는 피지배 민족으로서 심한 굴욕감을 느꼈을 것이다. 하지만 예수는 타인이 강요할 때 굴욕감을 느끼면서 억지로 하지 말고 오히려 자발적인 마음으로 십 리까지 기꺼이 동행하라고 하였다. 요구한 만큼만 불편한 마음으로 억지로 하기 보다는 즐거운 마음으로 요구하는 것 이상으로 하라는 것이다.

5) 원수를 사랑하고 기도하라

너희 원수를 사랑하고, 너희를 박해하는 사람을 위하여 기도하여라(마 5:44). 경쟁이 치열한 삶의 현장에서 갈등은 항상 도사리고 있다. 하지만 공동체의 성숙함은 그러한 차이나 갈등을 얼마나 잘 조화시키고 해결하느냐에 따라 드러난다. 무저항이 악한 자에 대한 소극적인 태도라면, 원수를 사랑하고 박해하는 자를 위하여 기도하는 것은 보다 적극적인 사랑이다. 하지만 원수는 미워해야 할 대상들이기에 이들을 적극적으로 품고 사랑하는 것은 실행하기 어려운 명령이기도 하다.

원수를 미워하는 것은 정당한 감정이지만 원수를 미워할 때 그 사람 자체까지 미워하게 될 가능성이 많고, 결국에는 분노의 감정만 남게 된다. 따라서 원수를 미워하기 보다는 용서하고 사랑하는 것이 더욱 적극적인 태도이다. 사랑하는 마음으로 저들을 축복하고, 기도하고 적극적으로 선을 베풀라는 것이다. 사랑의 원자탄으로 유명한 손양원 목사는 여순 반란 사건 때 자신의 두 아들을 죽인 원수를 용서하고 자신의 양아들로 삼아 원수 사랑의 정신을 실천하였다.

위에서 복수하지 말라는 교훈은 소극적인 사랑을 강조하고, 원수를 사랑하라는 명령은 보다 적극적인 사랑을 강조한다. 선을 악으로 갚는 것은 사탄이 하는 짓이라면, 선을 선으로 갚는 것은 인간들이 하는 것이다. 반면 예수 그리스도는 십자가의 사랑으로 악을 선으로 갚았고, 궁극적으로는 원수까지도 사랑하였다. 미움을 미움으로 돌려주면 미움이 가중되고, 폭력은 또 다른 폭력을 부른다. 미움은 인격을 분열시키지만 사랑은 인격을 회복시킨다. 이렇게 사랑과 관용의 정신으로 남을 대하는 사람은 복되다. 그는 다른 사람을 사랑함으로써 하나님의 더 큰 사랑을 받게 되기 때문이다.

5. 황금률

그러므로 너희는 무엇이든지, 남에게 대접을 받고자 하는 대로, 너희도 남을 대접하여라. 이것이 율법과 예언서의 본뜻이다(마 7:12). 황금률은 황금 같이 값지고 귀한 규칙이라는 뜻으로서 인간관계에 있어 최고의 원칙이다.[5] 우리는 항상 자신의 관심과 이익, 행복만 생각하지 남 생각은 잘 하지 않는 경향이 있다. 하지만 발상을 전환하여 상대의 입장에서 생각하고, 내가 받고 싶은 대로 상대방을 먼저 배려하고 베풀면 인간관계는 훨씬 좋아진다. 다른 사람이 내게 해 주었으면 하는 방식으로 다른 이에게 먼저 해주라는 것이다. 남에게 존중받고 싶으면 내가 먼저 존중해 주면 된다. 이러한 마음 자세와 행동이 대인관계를 원만하게 하며 서로를 협력하게 만든다.

6. 나오는 말

지금까지 산상보훈을 중심으로 예수의 이웃사랑 정신을 살펴보았다. 예수가 선언한 복은 풍요롭고 안락한 삶을 추구하는 우리의 본성과는 반대된다. 또한 예

5 황금률과 비슷한 교훈으로는 공자의 "자기가 싫은 것을 남에게 요구하지 마라", 스토아 철학자의 "당신에게 행해지기를 원하지 않는 것을 그 누구에게도 행하지 말라" 등이 있다.

수는 이웃사랑의 정신을 적극적으로 실천할 것을 강조한다. 점점 경쟁이 치열해지고 각박해져 가는 세상 속에서 뒤처지지 않기 위해 온 신경을 곤두세우고 살아가도 모자라는 판국에 내가 먼저 양보하고 원수까지 사랑하는 것은 바보처럼 보일 수 있다.

하지만 이것이 진정한 행복에 이르는 길이고, 세상을 좀 더 평화롭고 행복하게 만드는 방식이라면 실천할 가치가 있다. 돈이나 권력이 먼저가 아니라 사람이 먼저라는 생각으로 약자들, 소외된 자들을 품고 이웃사랑을 적극적으로 실천하는 것은 공동체를 든든하게 세운다. 마하트마 간디나 마틴 루터 킹은 산상보훈에서 예수가 가르친 교훈을 실천함으로써 세상을 변화시켰다. 산상보훈이 가르치는 평화와 화해의 정신은 갈등과 폭력을 극복하고, 세상을 화해와 상생의 가치로 변화시키는 놀라운 힘이 내재되어 있다.

7장 기독교의 핵심 교리

1. 들어가는 말 : 영원한 행복에로의 초청

기독교는 인간이 궁극적으로 필요로 하는 바의 인간에게 영원하고 절대적인 행복을 주는 구원을 가르치는 종교이다. 그러나 인간 스스로는 유한하고 죄에 빠져 있기에 영원하고 절대적 행복을 주는 구원을 만들어 낼 수 없는 바, 이 구원을 이루어낼 수 있는 분은 오직 영원하시며 인간과 우주의 창조주 되시는 유일하신 신으로서의 하나님 밖에는 없다고 하겠다. 그러므로 하나님께서는 예수 그리스도를 통하여 이 구원을 실제로 이루셨고, 이제는 그 구원을 우리에게도 주셔서 우리가 영원한 행복을 누리도록 우리를 초청하신다. 여기서 우리는 하나님의 이 초청을 염두에 두고 하나님께서 이루시는 구원을 살펴보고자 한다.

우리에게 영원한 행복을 주는 구원은 성경에 따르면 무엇보다도 먼저 창조주 하나님께서 그의 아들 예수 그리스도를 통하여 이루신 일이다. 그러나 우리가 이것을 진리로 받아들이는 것이 쉽지 않으므로, 하나님께서는 그리스도와 더불어 성령을 보내주셔서, 우리가 그리스도를 나의 구원자로 받아들이게 도와주신다. 이렇게 나는 성령의 도움으로 그리스도를 나의 구원자로 받아들일 때, 나의 죄를 용서받아서 하나님과 재연합되어 새로운 존재가 되는 구원을 받는 것이다. 이로써 그리스도 안에서 성령을 통하여 새로운 존재, 하나님의 아들 혹은 딸로 변화되어 영원하고 절대적인 행복을 누리게 되는 것이다.

기독교는 이렇게 우리에게 영원한 행복을 주는 구원을 창조주 하나님께서 하나님의 유일하신 중재자인 예수 그리스도를 통하여 이루시고, 우리가 그 구원을 받아들이고 이루어가도록 성령께서 도와주신다는 것을 그 주내용으로 가르친다. 그러므로 기독교는 세상의 여러 종교들 중의 하나인 것을 넘어서서 우리의 "궁극적 관심"(폴 틸리히) 혹은 "인생의 궁극적 목적"(웨스트민스터 소요리문답)이 된다. 이것이야말로 우리가 기독교를 한 번 진지하게 배워야 하는 이유이다. 우리가 우리의 궁극적 관심 혹은 목적을 분명하게 알아야, 우리의 예비적 관심들과 목적들을 알 수 있고, 그래야 삶의 방향과 목표를 바로 세울 수 있기 때문이다.

여기서 우리는 기독교에 대하여 조금 더 자세히 알아보기 위해서 첫째 하나님께서 과연 어떻게 당신의 유일하신 아들 예수 그리스도를 통하여 구원사역을 완수하셨는지를 살펴볼 것이다. 또한 예수 그리스도께서 하나님의 아들(성자)로서 완전한 신성(神性)과 인성(人性)을 가지신 분으로서 창조주 하나님(성부)과 동일한 신성을 가지고 계시며, 또한 성령 역시 위 두 분과 동일한 신성을 가지고 계셔서 세 분은 삼위일체시라는 것도 살펴볼 것이다. 둘째로는 우리가 과연 어떻게 믿음을 통하여 하나님의 구원활동에 참여하여 그 구원을 이루어갈 수 있는지를 알아보고자 한다. 여기서는 우리가 구원과정을 시작하고 이루어감에 있어서는 역사적 요리문답들이 가르쳐온 바와 같이 네 가지의 내용, 즉 사도신경, 말씀과 성례, 십계명, 주기도문을 주요하게 살펴볼 것이다. 우리가 자료로 삼고자 하는 것은 역사적 개신교 일반이 주로 사용하는 것들인데, 무엇보다도 먼저 성경(구약 및 신약)이며, 둘째로 종교개혁 및 개신교회의 일반적 교리를 잘 설명하고 있는 "하이델베르크 요리문답"(1563)과 "웨스트민스터 소요리문답"(1647)이다.[1] 그리고 이런 개신교의 교리들을 현대에 잘 해석한 칼 바르트(Karl Barth)와 폴 틸리히(Paul Tillich)의 글들도 유용할 것이다.

2. 예수 그리스도의 구원활동

기독교가 핵심으로 가르치는 것은 하나님께서 당신의 아들 예수 그리스도를 세상에 보내주셔서, 그가 십자가에서 죽으시고, 부활하심으로써 특별히 그를 믿는

1 황재범 편역, **개혁교회 3대 요리문답** (서울: 한들출판사, 2013). 이하에서 "하이델베르크 요리문답"은 HC, "웨스트민스터 소요리문답"은 WSC로 표기될 것이다.

사람들을 구원해주셨다는 것이다(요한복음 3:16). 그런데 이 구원은 우리가 죄 가운데에 빠져있는 실존의 상태로부터의 구원이다. 그러므로 우리는 우리 자신이 과연 어떻게 실존의 상태, 즉 죄 가운데에 빠져 있는지를 살펴보면서, 그리스도의 구원활동을 알아보고자 한다.

인간이 죄에 빠져 있는 상태로서의 실존은 존재의 근거(본질)가 되시는 창조주 하나님으로부터 소외되어 있는 상태이다. 기독교는 이것이 최초의 인간인 아담에게서 대표적으로 일어난 것으로 보고, 아담의 죄를 통하여 인간의 보편적 죄를 설명한다. 기독교는 하나님께서 우주를 창조하신 후 특별히 최초의 인간인 아담과 하와(히브리말인 하와는 영어로는 이브[Eve]로 발음됨)를 창조하실 때는 "하나님의 형상에 따라서"(창세기 1:26-28) 창조하셨다고 한다. 즉 하나님은 인간이 하나님의 형상을 통하여 하나님을 순종하는 가운데 우주의 창조질서와 목적을 알고, 그것에 따라 살아감으로써 완전한 행복을 누리도록 하셨던 것이다. 그러므로 인간은 그의 동물적이며 생물학적 욕구에만 따라서 아무렇게 살 것이 아니라, 하나님을 예배하는 가운데서 그의 창조질서 안에서 살아가야 하는 것이다. 이것이야말로 하나님께서 창조를 6일 동안 수행하신 후 제7일째 되는 날을 "안식일"로 정하시고(창세기2:2-3), 이 날에는 모두가 함께 하나님을 예배하도록 명령하신 이유이다. 인간은 궁극적으로는 하나님을 예배하고, 하나님과 친밀한 관계를 가지면서 살아야 참된 안식(평화)과 행복을 얻을 수 있다는 것이다. 하나님께서는 인간이 파편처럼 홀로 외롭고 비참하게 살 것이 아니라, 창조주이신 하나님과의 관계 안에서 이웃과 사랑을 나누며 행복하게 살도록 해주셨던 것이다.

그러나 인간은 하나님으로부터 하나님의 형상에 따라 창조되어 하나님을 알고 예배하면서 친밀한 관계를 가져야 함에도 불구하고 오히려 하나님을 배반하는 죄를 지었다. 즉 최초의 인간인 아담과 하와가 그랬던 것처럼, 사람들은 하나님이 정해주신 인간의 한계를 인정하지 않고서 오히려 자신이 신(神)이 되려고 하는 죄를 범했고, 또한 이러한 죄를 현재에도 범하고 있다. 이로써 사람들은 계속 죄에 빠져서 스스로를 신격화하므로 이웃을 사랑하지 못한 채 철저하게 외롭고 비참하게 살다가 허무하게 삶을 마치게 되는 것이다. 하나님께서는 이와 같이 죄에 빠져 있는 인간을 구원하고자 하셨는데, 그렇게 하시기 위해서는 먼저 누군가가 인간의 죄에 대한 대가를 치러야 했다. 그러나 죄가 있는 어떤 한 사람이 다른 사람을 대신하여 그 대가를 치를 수는 없었다. 그러므로 어떤 신적인 존재, 즉 한편으로는 죄가 없으시고, 다른 한편으로는 인류전체를 구원할 수 있는 능력이 있는 어떤 신적 존재가 그 대가를 치러야 했던 것이다. 이에 하나님께서는 자신의 아들 예수 그리스도를 보내주시고, 그가 인류의 죄 값을 대신 치르게 하심으로써 결과적으로 인간을 구원하는 구속사역을 완수하셨던 것이다.

기독교는 예수 그리스도는 단순히 한 인간으로 끝나는 것이 아니라, 그는 또한 참 신(神)이심을 가르친다(니케아 신조). 사도신경은 예수님의 본성을 말하면서 "성령으로 잉태되어 동정녀 마리아에게서 나시고"라고 한다. 이것은 하나님의 기적적 사건을 뜻하는데, 예수님께서 신(神)이신 성령을 통하여 인간인 동정녀 마리아에게서 태어남으로, 한편으로는 참 신이시면서, 다른 한편으로는 참 인간-그러나 죄는 없으시고, 또한 짓지 않으시는-이셨다는 것을 뜻한다.

예수께서는 이렇게 참 신과 참 인간으로서 이제 구원활동을 수행하심에 있어서는 두 가지의 상태, 즉 첫째 "낮아지심"(humiliation), 둘째 "높아지심"(exaltation)의 상태에서 그렇게 하셨다(WSC 23). 먼저 낮아지심은 그가 자기를 희생하시는 과정으로, 신으로서 인간이 되신(성육신) 것, 극도의 가난한 삶, 수난, 죽음, 매장되심의 과정이었다. 그리고 그의 높아지심의 과정은 그가 죽음으로부터 부활하셨고, 승천하셨으며, 하나님의 우편(오른쪽)에 앉으시게 된 과정을 뜻한다.

여기서 우리가 특별히 주목해야 하는 것은 그리스도의 죽으심과 부활인데, 이 두 가지 계기야말로 그의 구원활동의 특징을 가장 뚜렷하게 드러내주기 때문이다. 그리스도는 그 스스로 철저하게 "하나님의 나라와 그의 의를 먼저 구하는"(마태복음 6:33) 삶을 사심으로, 그의 삶 자체를 통하여 이미 그의 신적이며 인간적인 본성을 드러내셨다. 즉 그는 신적 능력을 가지고 계셨으면서도, 그것을 결코 자신의 사적인 목적이 아니라, 하나님의 구원을 이루시기 위하여 사용하시되, 그것도 사람들의 믿음을 통하여 사용하셨다. 그는 하나님께 속해있는 참 인간으로서의 본성을 지키고자 하시면서, 그의 신적 본성을 오직 하나님의 영광을 드러내기 위해서만 사용하셨던 것이다. 그러나 그의 12제자들과 더불어 일반 민중과 정치 및 종교 지도자들은 모두 예수님께서 왕 혹은 모세와 같은 위대한 지도자가 되는 것으로 오해하면서 그리스도의 구원활동을 이해하지 못했다. 제자들과 민중들은 예수님께서 신적 능력을 가지셔서 왕같은 존재가 되시는 것으로 잘못 이해하면서 그를 크게 환영했다. 이에 정치 및 종교 지도자들은 예수가 참으로 왕이나 예언자가 되어서 자신들의 권력을 빼앗아갈까 봐 오히려 예수를 제거하고자 했다. 결과적으로 당시 세상 권력의 대표자였던 이스라엘에서의 로마 총독이었던 본디오 빌라도는 예수 그리스도를 십자가형에 처함으로써, 예수께서는 인간적으로 가장 "낮아지심"을 경험하게 된다. 그는 고난을 당하시고 십자가에서 피를 흘리며 죽으시면서, 인간으로서 극단적 고통을 당하셨던 것이다. 육체적 고통은 말할 필요도 없고, 정신적으로도 극단적 고통을 당하셨다. 일반 민중들로부터 뿐만 아니라, 제자들로부터도 버림을 당하셨고, 나아가서 하나님으로부터도 버림을 받으셨기 때문이다. 그는 십자가 위에서 "나의 하나님, 나의 하나님, 어찌하여 나를 버리십니까?"(마태복음 27:46)라고 절규하기까지 하셨다. 이렇게 그는 십자가 위에서 피를 흘리시면서 극단적 고통을 당하신 후 죽으시고 매장되셨다.

그리스도께서 그렇게 고통스럽게 죽으신 후 그의 제자들은 절망에 빠져 있었지만, 삼일 째 되는 일요일 새벽에 예수께서 부활하신 것을 경험하고, 다시 힘을 얻게 되었다. 이제 부활하신 그리스도는 하늘로 오르셨고, 하나님 우편(오른쪽)에 앉아계시게 되었다. 그러나 제자들은 아직까지 그리스도께서 과연 참으로 하나님의 아들로서 구원자이신지에 대하여 확신을 갖지 못했다. 하지만 그들은 얼마 후 오순절에 하나님과 그리스도께서 보내주신 성령을 경험함으로써, 그리스도께서 성경에 예언된 하나님의 아들로서 구원자였음을 분명하게 깨닫게 되었다. 이에 그들은 유대인들과 로마제국의 엄청난 박해에도 불구하고 그리스도의 구원자되심을 용감하게 선포하고 가르쳤다. 이로써 많은 사람들이 제자들의 설교를 받아들여 그리스도인들이 되었고, 예루살렘 교회를 비롯한 여러 교회가 로마제국의 여러 도시들에서 형성되어 기독교가 본격적으로 출발할 수 있었던 것이다.

이 과정에서 신약성경에 나타나 있는 바, 제자들과 초기 교인들이 전한 메시지는 대략 다음과 같다. 하나님께서는 죄에 빠져 허무하게 사라질 수밖에 없는 우리를 사랑해주셔서, 구원해주시고자 그의 외아들 예수 그리스도를 이 땅에 보내주셨다. 영원하신 성부 하나님의 외아들이신 성자께서는 자신을 한없이 낮추셔서 참 인간이 되시고, 십자가 위에서 저주의 죽음을 죽으셨다. 이것은 우리가 받아야 할 심판을 대신 받으시고, 우리가 받아야 할 죄 값(저주의 죽음)을 대신 치러주시기 위함이셨다. 그러므로 사랑이신 하나님께서는 죽으신 그리스도를 죽은 자들 가운데서 부활시키셨는데, 부활로서 그는 구원을 완수하고 영원한 하나님의 아들이요 구원자이심을 입증하셨던 것이다. 부활이야말로 단순히 생물학적 수명의 연장이 아니라, 인간의 죄와 죽음을 이기신 우주적이며 궁극적 승리였던 것이다. 그리고 그리스도께서는 참 구원자로서의 그의 활동을 계속하시기 위하여 하늘로 오르시고, 종말의 때에 다시 오시기까지 하나님의 우편에 앉아계시게 되셨다. 그리스도는 하나님의 권위를 행사하시는 당사자로서 하나님의 우편에 앉아계시면서 우리를 다스리시며, 우리의 중재자와 보호자로서의 역할을 해주시는 것이다.

우리는 그리스도의 죽으심과 부활은 곧 우리의 구원을 완수하기 위한 것임을 받아들여야 한다. 그가 십자가에서 희생제물로 죽으심으로써, 죄와 그 현상인 허무에 빠져 있던 우리의 죄 값을 대신 치러주신 것이다. 이로써 그리스도는 우리의 죄를 용서해주셨고, 부활하심으로써 우리가 그의 죽음을 이기는 능력으로 새로운 존재가 되게 해주신 것이다. 그러므로 사도 바울은 선언한다.

> 그러므로 우리는 [믿음에 근거한] 세례를 통하여 그의 죽으심과 연합함으로써 그와 함께 묻혔던 것입니다. 그것은, 그리스도께서 아버지의 영광으로 말미암아 죽은 사람들 가운데서 살아나신 것과 같이, 우리도 또한 새 생명 안에서 살아가기 위함입니다. (로마서 6:4, 새번역).

3. 구원과정 :
그리스도의 구원이 성령의 도움으로 신도들에게 이루어지는 과정

그리스도께서 완수하신 구원은 그것을 믿음으로 받아들이는 신도들에게서 구체화된다. 즉 우리는 우리의 죄를 깨달으면서, 그리스도를 믿음으로 받아들이고, 이제 이 믿음 안에서 거룩한 삶(성화)을 살아야 하는 것이다. 이와 같은 구원과정에는 네 가지의 필수적 요소가 필요한데, 그것은 바로 사도신경, 말씀과 성례, 십계명, 주기도문이다. 우리는 첫째, 사도신경을 내용으로 하는 믿음을 가져야 하고, 둘째, 그 믿음을 굳게 하기 위하여 하나님의 말씀(설교)과 성례를 받아야 한다. 셋째, 굳게 된 믿음은 성화의 과정, 즉 일상생활에서의 실천으로 나타나야 하는데, 이를 위하여 주어진 것이 바로 십계명이다. 그리고 마지막 넷째, 우리가 십계명을 지키기 어려우므로, 우리는 하나님께 기도함으로써 지킬 힘을 얻어야 하는데, 기도함에 있어서는 주기도문을 따라야 하는 것이다. 이렇게 교회는 전통적으로 교인들이 알아야 할 4가지의 기본 내용으로서 사도신경, 말씀과 성례, 십계명, 주기도문을 유용하게 설명한 것으로 "요리문답"(교리문답)을 제시해왔다. 아래의 설명은 특별히 "하이델베르크 요리문답"(HC)과 "웨스트민스터 소요리문답"(WSC)을 참고한 것이다.

1) 사도신경을 그 내용으로 하는 믿음을 가짐

그리스도께서 이루신 구원활동을 이제 받아들여서 그 구원을 나의 것으로 만드는 것이 중요한데, 그렇게 함에 있어서는 사도신경의 내용을 믿는 믿음이 필요하다(HC 22-64). 사도신경은 2세기 말의 초대교회에서부터 통용된 것으로서 예수 그리스도의 탄생, 수난, 죽으심, 부활, 승천, 하나님 우편 앉아계심을 주요하게 다룬다. 그러나 다만 그리스도만 말하는 것이 아니라, 그리스도와 더불어 그를 보내신 하나님과 그를 믿고 따르도록 도와주시도록 성령을 함께 언급한다. 그리스도에 대한 믿음이 완전하게 되려면, 이 모든 것이 필요하다는 것이다. 현재 세계의 대부분의 교회들이 함께 고백하고 있는 사도신경은 다음과 같다.

> 나는 전능하신 아버지 하나님, 천지의 창조주를 믿습니다.
> 나는 그의 유일하신 아들, 우리 주 예수 그리스도를 믿습니다.
> 　그는 성령으로 잉태되어 동정녀 마리아에게서 나시고,
> 　본디오 빌라도에게 고난을 받아 십자가에 못 박혀 죽으시고,
> 　장사된 지 사흘 만에 죽은 자 가운데서 다시 살아나셨으며,

하늘에 오르시어 전능하신 아버지 하나님 우편에 앉아 계시다가,
거기로부터 살아있는 자와 죽은 자를 심판하러 오십니다.
나는 성령을 믿으며, 거룩한 공교회와 성도의 교제와
죄를 용서 받는 것과 몸의 부활과 영생을 믿습니다. 아멘.

사도신경은 크게 첫 번째로 성부 하나님, 두 번째로 성자 예수 그리스도, 세 번째로 성령을 중요하게 다룬다. 사도신경이 말하고 있는 성부 하나님, 성자 하나님, 성령 하나님은 각각 다른 하나님이신가? 성부, 성자, 성령께서는 인간의 구원을 위하여 각각 다른 신적 실체(Person: 위격)로서 활동하시지만, 본질에 있어서는 모두 동일한 신적 본성을 가지고 연합하셔서 한 하나님으로 계시는데, 이를 삼위일체라고 부른다. 성부 하나님(창조주 야훼)은 온 우주와 더불어 우리를 존재하게 하시고 보존하시고 다스리신다. 하나님의 피조물인 우리 인간은 하나님께 반역하여 하나님으로부터 소외된 죄의 상태에 있으므로, 죄인인 인간을 구원하시고자 성부 하나님께서는 성자이신 예수 그리스도를 보내셔서 구원을 완수하셨다. 성자이신 그리스도께서 이루신 구원은 하나님과 더불어 그리스도께서 보내주시는 성령(the Holy Spirit)을 통하여 특별히 신도들에게서 현실화 된다. 이렇게 성부 하나님, 성자 하나님, 성령 하나님께서는 신도들을 효과적으로 구원하시기 위하여 세 가지의 다른 신적 실체들로 활동하시지만, 동일한 신적 본성을 가지신 한 분의 하나님, 즉 삼위일체로 계시는 것이다(HC 25).

사도신경은 무엇보다도 예수 그리스도를 중심적으로 가르치면서, 그에 대한 믿음을 중시하고 있는데, 그리스도에 대한 믿음은 세 가지 차원을 가지고 있다(HC 21). 첫째는 우리가 하나님의 말씀(성경 혹은 성경에 근거한 설교)을 통하여 그리스도를 알게 되는 것이다(외적인 앎). 둘째는 이렇게 내가 그리스도를 알게 될 때 성령께서 그를 나의 주님으로 받아들이게 도와주셔서 그리스도에 대하여 "진심어린 신뢰"를 가지게 되는 것이다(성령의 내적 조명). 셋째는 내가 그리스도에 대하여 "진심어린 신뢰"를 가지게 됨으로써 그리스도의 공로를 통하여 나의 죄를 용서받고 하나님께로부터 의롭다고 인정받게(이신칭의[以信稱義]) 되는 것이다. 그리그 이 칭의를 통하여 나는 새로운 존재로서 하나님의 아들 혹은 딸이 되는 것이다.

믿음을 통한 구원의 현실화 과정에서 그리스도와 또한 하나님께서 보내주시는 성령께서 "진리의 영"으로서 우리를 도와주시고 이끌어주시는데, 이는 아직 믿음을 가지지 못한 사람들에게 큰 도움이 된다. 나는 "아직 하나님의 명령을 제대로 지키지 못하고, 여전히 모든 악에 이끌릴 소지가 있기" 때문이다(HC 60). 그러나 내가 성령의 도움으로 그리스도를 나의 주님이요, 구원자로 믿으면 하나님께서는 "나의 공로에 따라서가 아니라 순전히 그리스도의 은혜에 의하여 그리스도의 공로와 의와 거룩함을 선사해주셔서"(HC 60), 나를 의롭게 받아주시는 것이다.

2) 말씀과 성례를 통하여 믿음을 굳게 함

우리가 사도신경을 내용으로 하는 믿음을 통하여 하나님과 바른 관계를 가지면, 이제 믿음을 굳게 해야(견진: confirmation) 하는데, 그러려면 우리가 계속 교회에 속하여 하나님의 말씀을 듣고 성례를 받아야 한다(HC 65-85, WSC 85-97). 믿음은 그리스도의 역사적 실체인 교회와의 교제를 통하여 지속적으로 영양을 공급받지 못한다면, 고사당할 수가 있는 것이다. 그러므로 사도신경 역시 "거룩한 공교회를 믿는다"고 함으로써 교회를 강조한다. 우리가 믿음을 가지면 교회에 속하는 것이 필요한데, 교회는 무엇보다도 "거룩한 공교회" 즉 세상과 구별되어 거룩하면서도 공적(公的)인 즉 보편적 교회여야 한다. 세계화되고, 투명하게 알려져서 보편화된 교회여야만 하며, 소위 이단으로 지정되어 있거나 어떤 한 지역에만 통용되는 분파적 교회는 아니 되는 것이다. 우리가 "거룩한 공교회"에 속해 있다면, 정규예배모임에 참석하여 하나님의 말씀을 주의 깊게 들어야만 믿음이 성장할 수 있다. 거룩한 보편적 교회에서 이루어지는 하나님의 말씀을 전하는 설교는 특별하게 "구원에로 이끄는 효력"이 있는데, 그것은 성령께서 설교를 통하여 죄를 각성하게 하고 성화를 촉진하기 때문이다(WSC 89).

다른 한편으로 믿음은 하나님의 말씀을 듣고서 반드시 성례를 받아야 성장하고 굳게 된다. 하나님의 말씀의 보이지 않는 형태가 설교라면 그것의 보이는 형태가 곧 성례인 것이다. 성례(聖禮) 혹은 성사(聖事) 혹은 성예전(聖禮典)을 규정함에 있어서 가톨릭교회(천주교)는 7가지의 성사(세례·견진·성체·고백·병자·신품·혼인)를, 개신교회는 신약성경에 명시되어 있는 바의 2가지(세례와 성찬)를 말한다. 세례는 그리스도의 피와 영을 의미하는 세례의 물이 나의 죄를 씻어주고(HC 73), 나아가서 내가 그리스도에게 접붙임을 당하게 됨을 공인하는(WSC 94) 의식이다. 그리고 성찬 혹은 성만찬은 신도들이 그리스도의 몸을 상징하는 빵을 먹고, 그의 피를 상징하는 포도주를 마시는 것인데, 이는 두 가지의 의미가 있다. 첫째 성찬 예식 중 찢겨진 빵과 잔에 부어진 포도주는, 예수 그리스도의 고난(찢겨짐)과 죽음(피 흘림)을 의미함으로 이를 내가 믿음으로 받아들일 때 나는 죄의 용서와 영원한 생명을 얻는다는 것을 뜻한다(HC 76). 둘째, 빵과 포도주에는 또한 그리스도의 성령께서 임재(영적임재)하시는데, 이 성령을 통하여 내가 그리스도와 연합됨을 뜻한다(HC 76). 이렇게 해서 성찬은 내가 그리스도와 연합되어 그의 모든 혜택을 받음에 있어서 매우 유용한 것이다. 그러므로 하나님의 말씀의 설교와 더불어, 성례는 우리의 신앙을 성장시키고 굳게 해주는 것이다. 이런 점에서 칼뱅(John Calvin)은 교회의 표지 혹은 조건은 하나님의 말씀으로서 성경이 설교되고 성례가 적법하게 실시되는 것이라고 하며 설교와 성례를 강조한 바 있다.

크라나흐(L. Cranach the Elder, 1472-1553) 그림, 1547. 독일 비텐베르크 교회 소장.
종교개혁가 마르틴 루터(오른쪽)가 오른손은 성경 위에 놓고, 왼손은 십자가에 달려 죽으신 예수 그리스도를 가리키며 "오직 믿음을 통한 구원(칭의)"을 설교하고 있다. 왼쪽의 회중들은 그리스도를 바라보며 루터의 설교를 받아들이고 있다. https://gracerector.files.wordpress.com/2014/10/luther-preaching2.jpg

3) 십계명의 실천을 통한 믿음의 확고한 성장과 성화의 삶

사도신경의 내용을 골자로 하는 믿음은 하나님의 말씀을 들음으로 시작하고, 말씀을 계속 듣고 성례를 받음으로 성장하여 굳게 되며, 나아가서 이 믿음은 십계명의 윤리에 따라 일상에서 실천되어야 더욱 성장하여 확고해 진다(HC 86-115, WSC 39-84). 즉 믿음의 대상이 되는 그리스도께서는 그의 피를 대가로 지불하심으로 우리를 구원하셨고, 또 성령께서 우리의 구원을 이루어가심으로 우리는 그에 상응하여 전 삶에 걸쳐서 하나님의 말씀을 실천하며 감사하는 성화의 삶을 살아야 하는 것이다. 이렇게 우리가 하나님의 말씀을 실천(선행)할 때 하나님께서는 우리의 행위를 통하여 찬양을 받으시고, 우리는 우리의 선행을 보고서 더욱더 확신을 가지게 되며, 또한 이를 통하여 이웃을 그리스도에게 인도하는 것이다(HC 86).

그러므로 신자들은 반드시 교회에 속하여 하나님의 말씀을 듣고 성례를 받으며, 나아가서 하나님의 명령(법)을 지킴으로써 선행을 하며 성화를 이루어 나가야 한다. 하나님의 명령(법)은 성경 전체에 나타나지만, 요약된 형식으로 제시된 것이 바로 십계명이다. 개신교에서 통용되고 있는 십계명을 조금 요약하여 제시하면 다음과 같다.

1. 너는 나 외에 다른 신을 네게 두지 말라.
2. 너를 위하여 새긴 우상을 만들지 말고, 또 위로 하늘에 있는 것이나 아래로 땅에 있는 것이나, 땅 아래 물 속에 있는 것의 아무 형상이든지 만들지 말며, 그것들에 절하지 말며, 그것들을 섬기지 말라.
3. 너는 네 하나님 여호와의 이름을 망령되게 부르지 말라.
4. 안식일을 기억하여 거룩히 지키라.
5. 네 부모를 공경하라.
6. 살인하지 말라.
7. 간음하지 말라.
8. 도적질하지 말라.
9. 네 이웃에 대해서 거짓 증거하지 말라.
10. 네 이웃의 집을 탐내지 말라. (출애굽기 20:1-17)

십계명에서 1-4계명은 하나님께 대한 수직적 의무를 말하고, 5-10계명은 이웃에 대한 수평적 의무를 말한다. 여기서 이웃에 대한 계명들은 "…. 하지 말라"의 형식으로 부정적으로 제시되지만, 또 긍정적 의미까지 가르치는 것으로 받아들여야 한다. 즉 제6계명 "살인하지 말라"는 우리가 물론 어떤 수단을 통해서든지 살인하거나 자살하지 않아야 할뿐만 아니라, 또한 살인의 근거가 되는 증오심도 가져서는 아니 되며, 나아가서는 적극적으로 원수까지 사랑해야 한다는 것을 가르친다. 이로써 신도들은 거룩한 삶을 살 수 있고, 그러면 하나님께서 영광을 받으시고, 그들의 믿음은 더욱 성장하며, 이를 통하여 이웃을 그리스도에게로 이끌 수 있는 것이다.

4) 주기도문에 따른 기도를 통하여 성화를 이루어 감

신도들이 십계명을 현실에서 완전하게 지키는 것은 불가능하므로, 보다 더 잘 지키며 성화를 이루고자 하나님께 기도하되, 특별 주기도문에 따라 기도하는 것이 필요하다. 즉 우리가 하나님께 기도할 때에는 아무렇게 하기 보다는 가능한 한 주기도문에 따라서 기도해야 하는 것이다(HC 116-129, WSC 98-107). 우리가 십계명을 완전하게 지키는 것은 불가능하지만, 그것을 최대한 지키려고 노력할 때 우리는 우리의 부족함과 죄성을 더욱 깨닫게 되어서 하나님께서 도와주시기를 기도하지 않을 수 없다. 즉 신도들은 범사에 있어서 하나님께 감사하면서 계속 선행을 행하는 성화의 삶을 살아야 하므로, 그렇게 할 수 있도록 하나님께 은혜와 도움을 주시도록 기도해야 하는 것이다. 또한 우리가 기도할 때, 성령께서 특별히 우리를 도와주시도록 약속을 해주셨으므로 우리는 이 약속을 믿고서 기쁘게 기도할 수 있는 것이다.

그러나 기도는 우리가 하나님께 아무 것이나 달라고 요구하는 것이 아니라, 하나님께서 우리에게 구해도 좋다고 허락하신 것을 구하는 것인데, 이 기도에 대한 모범으로 주어진 것이 "주기도문"이다. 이는 "주님(예수 그리스도)께서 가르쳐 주신 기도"라는 뜻이며, 현재 개신교에서 통용되고 있는 주기도문은 다음과 같다.

하늘에 계신 우리 아버지,
하나님의 이름을 거룩하게 하시며
하나님의 나라가 오게 하시며,

하나님의 뜻이 하늘에서와 같이
땅에서도 이루어지게 하소서.
오늘 우리에게 일용할 양식을 주시고,
우리가 우리에게 잘못한 사람을 용서하여 준 것 같이
우리 죄를 용서하여 주시고,
우리를 시험에 빠지지 않게 하시고
악에서 구하소서.
나라와 권능과 영광이 영원히 하나님의 것입니다. 아멘."
(마태복음 6:7-13).

신도들은 무엇보다도 자신들의 뜻이 아니라, 하나님의 뜻이 먼저 이루어지도록 기도해야 한다. 우리가 기도하지 않더라도 하나님의 뜻이 이루어지겠지만, 그것이 또한 우리에게도 이루어지기를 기도해야하는 것이다. 우리는 하나님의 아들과 딸로서 "일용한 양식"으로 대변되는 바의 우리에게 필요한 것들을 응당 구할 수 있는 권리가 있다. 우리는 하나님의 자녀로서 죄를 짓지 않고, 또 하나님의 영광을 위하여 일하기 위하여 삶에 기본적으로 필요한 모든 것은 응당 기도로서 구하고 또 받아서 유용할 수 있는 것이다. 또한 주기도문은 하나님께서 우리의 죄를 용서해주시고, 이를 통하여 우리 이웃의 죄를 용서해주도록 기도해야 함을 가르친다. 이렇게 우리는 주기문과 같은 기도를 함으로써 성화의 삶을 지속하는 가운데서 하나님과 바른 관계를 계속할 수 있게 된다. 이로써 기독교인들은 거룩한 삶을 살게 되어 하나님께 영광을 돌리고, 자신들의 믿음은 더욱 성장하고, 이웃을 그리스도에게로 인도할 수 있게 되는 것이다. 그리고 마지막으로 그들이 죽으면 그들의 영혼은 그리스도와 함께 있게 되고(빌립보서1:23), 그들의 몸도 그리스도의 영광된 몸과 같게 될 것이다(HC 57, WSC 37).

4. 나오는 말

지금까지 우리는 우리에게 영원하고 절대적인 행복을 제공함으로써 우리의 "궁극적 관심"의 대상이 되는 기독교의 구원을 중점적으로 살펴보았다. 이 구원은 유한하고, 죄에 빠져 있는 인간 자신이 이루어낼 수 없는 바, 오직 유일하신 창조주 하나님께서 하나님 당신의 아들 예수 그리스도를 통하여 이루신 것이었다. 그러므로 먼저 인간이 창조주이신 하나님으로부터 소외되어 있는 죄의 상태에 있음으로 이 죄로부터의 구원을 필요로 한다는 사실과 더불어 과연 참 신(神)이시며 참 인간이신 예수 그리스도께서 어떻게 구원을 이루셨는지를 살펴보았다. 그리스도께서 이루신 구원은 그것을 믿음으로 받아들이는 신도들에게서 구체화되고 완성된다. 우리는 우리의 죄를 깨달으면서, 그리스도를 믿음으로 받아들이고, 이제 이 믿음 안에서 거룩한 삶(성화)을 살아야 하는데, 이것이 곧 영원하고 절대적인 행복을 누리는 것이다.

이와 같은 구원과정에는 교회의 요리(교리)문답들이 가르쳐온 바와 같이 네 가지의 필수적 요소가 필요한데, 그것은 바로 사도신경, 말씀과 성례, 십계명, 주기도문이다. 첫째, 우리는 사도신경을 내용으로 하는 믿음을 가져야 하고, 둘째, 그 믿음을 굳히기 위하여 하나님의 말씀(설교)과 성례를 받아야 한다. 셋째, 굳게 된 믿음을 일상생활에서 실천하여 성화의 삶을 살도록 행동규범으로 주어진 것이 십계명이며, 넷째, 십계명을 잘 지키는 성화를 보다 더 잘 실천하기 위하여 기도해야 하는데, 기도의 모범으로 주어진 것이 주기도문이다.

이처럼 우리는 사도신경이 가르치는 바와 같이 그리스도에 대한 믿음을 가지고, 교회에 속하여 말씀과 성례를 받으며, 십계명을 실천하고, 주기도문에 따른 기도를 할 때, 보다 완전한 신도가 되어 영원한 행복을 누리게 된다. 이렇게 되자면, 그리스도나 기독교에 대한 단순한 지식만으로는 부족하고, 위 네 가지의 단계를 몸소 실천에 옮겨야 하는 것이다. 이 글을 읽으면서, 기독교에 대하여 흥미가 있는 분은 이것을 실천하여 영원한 행복을 같이 누리기를 간절히 바란다.

8장 기독교 역사 개요 : 개신교와 그 문화를 중심으로

1. 들어가는 말

기독교(기독[基督]은 그리스도의 한자말인 基利斯督[기리사독]의 줄임형)는 단순히 하나의 세계종교를 넘어서서 현대 세계 문명의 근간을 이루어온 서양문명의 주요한 근원으로서, 현재의 세계 및 우리의 삶과 사고의 방식을 중요하게 규정하고 있는 요소이다. 그러므로 우리가 지성인으로서 현재 세계에서 일어나고 있는 중요한 일들뿐만 아니라, 우리의 삶과 사고방식을 진지하게 이해하고자 하면, 응당 기독교를 살펴볼 필요가 있다. 현대 세계에 있어서 기독교는 여러 가지의 가시적인 현상들보다는 오히려 우리가 의식조차 못하는 측면에 있어서 오늘날의 세계와 우리에게 더 많이 영향을 미쳐왔다고 보겠다. 예컨대, 역사의 년(年: year)의 계산에 있어서 사용되고 있는 "기원전"(B.C.)과 "기원후"(A.D.) 개념은 말 그대로 '그리스도 전'(Before Christ)과 '그리스도 후'(Anno Domini: in the year of the Lord)를 뜻한다. 그리스도 전과 후로 역사가 양분된다는 것이다. 또한 현재 우리와 더불어 세계가 공통적으로 사용하고 있는 달력(calendar)으로서의 "그레고리력"(Gregorian Calendar, 이는 사실 "기독교력"[Christian Calendar]이라고 불리기도 함)과 더불어 7일을 1주로 하는 "주"(週: week)개념은 유대교·기독교의 절대적 영향을 받아서 성립해온 것이다. 또한 나아가서 현재 우리의 실존을 구성함에 있어서 근본이 되는 인간의 존엄성, 자유, 평등과 이를 사회정치적으로 가능하게 해주는 민주주의 역시 기독교의 절대적 영향을 받아서 성립하고 발전해온 것이다. 나아가서 기독교회는 서구 근현대 국가들의 형성과 발전에 있어서 절대적으로 필요했던 대중 교육과 복지에도 절대적인 역할을 담당했었다. 또한 민주주의와 더불어 근대 과학의 발전과 자본주의의 발전에도 큰 영향을 미쳐왔다. 인류 역사에 있어서 실로 기독교 이상으로 영향을 미쳐온 단체 및 종교는 없다고 해도 과언이 아닐 것이다. 여기서 우리는 지성인으로서 알아야 할 상식적인 내용을 다루는 기독교의 역사와 특별히 기독교가 현대의 지배적인 문화(개인의 자유, 민주주의, 자본주의)의 형성에 끼친 영향을 살펴보고자 한다.

2. 초기 및 중세 기독교

1) 초대교회(30-500) 및 중세 초기(500-1050) : 서양문명의 근간으로서의 기독교

기독교가 그리스-로마 전통과 더불어 서양문명의 2대 근간이라고 하는 것은 이미 정설이 되어 왔다. 여기서는 간략하게 서양문명사를 조감하면서 기독교가 서양문명의 형성에 과연 어떤 역할을 해왔는지를 살펴보고자 한다. 먼저 기독교의 형성과정을 검토하고, 기독교가 그레코로만 세계에 과연 어떻게 확산되고 뿌리내리게 되었으며, 또한 어떻게 그레코로만 문명 자체를 기독교식으로 변화시켰는지를 살펴볼 것이다.

기독교는 오늘날의 이스라엘에서 A.D. 1세기 초에 예수 그리스도와 그의 제자들과 더불어 시작했다. 예수께서는 하나님의 절대적 사랑이 지배하는 '하나님의 나라'를 설교하셨고, 이를 실천하기 위하여 가난한 자들과 함께 하셨으며, 병자들을 고치셨다. 또한 12명의 제자들을 선택하셔서, 함께 활동하셨고, 많은 사람들이 추종했다. 제자들은 예수께서 단순히 한 사람의 위대한 예언자를 넘어서, '하나님의 아들'이요, '그리스도'('기름부은 자'를 의미하는 히브리어 '메시아'의 그리스 말)로 받아들였다. 그러나 예수를 받아들이지 못한 유대교 지도자들과 로마 총독은 그가 신성모독의 죄를 범했다고 판결하고, 당시 중죄인들의 처형방법인 십자가형으로 처형했다. 그러나 절망 가운데 있던 제자들은 십자가 위에서 처형되고, 매장되었던 예수께서 죽으신 지 삼일 째 되던 날에 부활하신 것과 하늘에 오르시어 하나님의 오른 쪽에 앉아계시는 것을 경험했다. 이로써 제자들은 힘을 얻게 되고 나아가서 오순절에 임한 성령의 도움을 통하여 예수께서 확실하게 하나님의 아들이요, 그리스도라는 믿음을 가지게 된다. 즉 예수는 하나님의 아들로서 인류의 죄값을 대신 치르시기 위하여 십자가에 죽으셨고, 신도들을 능력있게 다시 살리시기 위하여 부활하셨다는 것을 확신하게 되었던 것이다. 그들은 성령의 조명을 통하여 이 진리를 확신하게 되고, 나아가서 그것을 용감하게 전파하기까지 이르렀다. 이로써 많은 사람들이 또한 이 믿음을 갖게 되고, 이들은 교회(예루살렘 교회)를 형성하게 되었다. 이 과정에서 제자들은 유대인들과 로마제국 관리들의 엄청난 박해에도 불구하고 예수가 성경(구약성경)에 따라서 구세주(그리스도)요 하나님의 아들이심을 용감하게 설교했고, 교회는 크게 확장되었다. 특히 사도 바울은 이제 이방인들을 대상으로 해서 전도를 하여 소아시아(현재 터키 지역)와 그리스 지역에 많은 교회를 세웠고, 마지막으로는 로마에 압송되어 가서도 전도를 했다. 그러면서 그는 그가 세운 교회들에게 그리스도에 대하여와 그리스도인들의 삶에 대한 가르침을 편지 형식으로 써서 남기게 되었는데, 이들은 나중에 성경(신약성경)으로 인정되었다. 또한 제자들은 예수님의 탄생, 삶, 죽음, 부활, 승천에 대해서도 글로서 기록했는데, 이들은 소위 '복음서'들로서 사도 바울의 편지글과 더불어 성경으로 인정되었다. 이로써 교회는 이제 39개의 소책자로 이루어진 구약성경과 더불어 복음서들과 사도들의 편지글들 27개로 이루어진 신약성경을 가지게 되어 더욱더 발전할 수 있었던 것이다.

초기 기독교인들은 4세기 초까지 당시 로마제국의 통치를 받고 있던 이스라엘, 시리아, 소아시아, 그리스, 이집트, 이탈리아 지역에서 지속적으로 성장했다. 그러나 그들은 한편으로는 유대교인들로부터, 다른 한편으로는 로마제국으로부터 엄청난 박해를 받았고, 실지로 많은 교인들은 순교하기까지 했다. 기독교의 그리스도 예배가 로마제국의 다신사상 및 황제숭배 사상과 충돌했기 때문이었다. 그러나 A.D. 313년에 새롭게 로마제국을 통일한 콘스탄티누스 대제는 '밀라노 칙령'을 통하여 기독교를 용인했고, 나아가서 325년에는 삼위일체를 인정하는 소위 '니케아 신조'를 공인하여 크게 양분되어 있던 기독교를 통일하기에 이르렀다. 380년에는 테오도시우스 대제가 니케아 신조를 받아들이는 기독교를 국가 종교로 인정했다. 이제 기독교는 그레코로만 문명권에서 여러 종교들 중의 하나가 아니라, 유일한 국가 종교가 되어 그레코로만 문명 자체를 완전히 새로운 문명-기독교 문명-으로 변화시킬 수 있는 토대를 마련했던 것이다.

그레코로만 문화를 주류로 하고 있던 유럽이 기독교와 결합하면서 새로운 기독교문명으로 변화하고 그 토대를 완전하게 다진 것은 서양 중세 전반(500-1050) 동안이었다. 테오도시우스 대제 이후 로마제국은 콘스탄티노플을 수도로 하는 동로마(비잔티움, 이는 1453년에 오스만 투르크족에 의해 멸망당함)와 서로마로 분열했다. 서로마제국은 5세기 초부터 시작된 게르만족들의 침입에 의하여 붕괴되기 시작하여 476년에 공식적으로 멸망했다. 지중해 지역과 더불어 유럽 전체를 지배하여 인류역사상 가장 강력했던 로마제국이 멸망함으로써 그 지역의 중앙집권적 통치체제가 와해되었던 것이다. 이런 절체절명의 시기에 로마제국의 중앙집권적 통치제제를 사실상 대신한 것이 로마제국의 전역에 설치되어 있었던 교회였다. 로마가 멸망하고 여러 게르만족들이 상충하는 가운데서 교회가 종교활동은 물론하고, 교육, 문화, 복지뿐만 아니라, 심지어 행정까지도 담당하여 사실상 로마제국의 역할을 했던 것이다. 여기서 로마의 주교의 역할이 절대적으로 중요하게 되면서, 로마의 주교는 교황으로 격상되어 과거 로마제국 영역에 있던 모든 교회들을 지도하게 되었다. 6세기 말의 교황 그레고리우스는 교회와 국가의 상부상조를 강조하면서 교황권의 토대를 확고히 하였다.

중세 초기의 혼란기를 거친 후 유럽은 소위 봉건주의 사회로 진입하면서 교회는 '장원'이라고 알려져 있는 마을 공동체의 중심에 위치하면서 서양의 문명 전체를 기독교식으로 형성해나갔다. 마을의 사람들은 모두 그 마을 교회에 속하여 매주 일요일 예배(미사)에 참석해야 했고, 고해성사를 비롯한 7가지의 성례(성사)를 통하여 교회중심의 삶을 영위했다. 그러면서 한편으로는 절기에 따른 기독교 예배의식 자체가 명절(대표적으로 성탄절 및 부활절)로 정착하는 등 여러 가지 문화 자체가 기독교화 되었다. 다른 한편으로 교회는 공동체의 중심에 자리 잡고 있었던 것처럼, 교육, 의료, 사회복지 등의 활동에 있어서 중심적인 역할을 담당했다. 그러므로 교회역사가 블레이니(G. Blainey)는 중세시대 교회는 "복지국가의 초기 형태"의 역할을 했다고 한다. "교회는 고령자를 위한 요양원, 아동과 청소년을 위한 보육원, 병자들을 위한 병원, 한센병자들를 위한 거류지, 순례자들을 위한 여관이었다."[1] 또한 교회는 가난한 자들에게 식량을 제공했고, 기근이 들면 거의 모든 주민들에게 양식을 공급했고, 이를 위하여 교회는 주민들에게 세금을 받기도 하고 나아가서 대단위 농장들을 운영하기도 했다. 그러므로 이 당시 교회는 사실상 국가의 역할을 대신했다고 볼 수 있다. 특별히 교회법(canon law)은 유럽 전체의 다양한 민족들과 사법체계에 공통으로 통용될 수 있는 단일한 보편법(universal law)이 됨으로써, 교회는 보다 더 큰 영향력을 미칠 수 있었던 것이다.

2) 서양중세 전성기(1050-1300)에서의 기독교 : 스콜라주의와 대학의 발흥

서양중세교회는 특별히 중세의 전성기(1050-1300)에 교육 전반, 특히 대학의 창설 및 발전에 큰 역할을 함으로써, 인류문명사에 중요한 기여를 해왔다. 교회는 이미 로마제국시대부터 성경 및 교부들의 문서를 필사하고, 가르치며, 설교 및 종교의식을 수행하기 위하여 교육(로마제국의 언어였던 라틴어를 통한)을 지속해오고 있었다. 나아가서 교회는 고대 그리스 로마의 고전을 보존하고 가르쳤을 뿐만 아니라, 교회법을 통한 일반 행정적 및 사법적 역할을 담당했으므로, 교육을 중시할 수밖에 없는 위치에 있었다. 그러므로 중세 초기부터 교회(성당)학교(cathedral school)는 성직자 후보생들뿐만 아니라, 귀족 자제들을 교육시킴으로써, 전체 교육에 있어서 중추적인 역할을 담당했다.

중세 전성기에 유럽 전반이 사회적, 정치적으로 혁명적으로 발전했고, 교회 역시 더욱 큰 역할을 담당하는 가운데, 교육의 발전에 획기적으로 기여하게 된다. 12세기경부터 유럽은 한편으로는 농업 및 상업이 혁명적으로 발전하고, 다른 한편으로는 봉건주의가 쇠퇴하는 가운데 프랑스, 이탈리아, 독일, 영국을 중심으로 하는 민족국가가 흥기했다. 교황 그레고리우스 7세(1021-1095)는 황제 하인리히 4세와의 서임권 투쟁에서 승리(카노사의 굴욕)하면서 교회의 위상을 국가와 대등하게 높

---

1 G. Blainey, *A Short History of Christianity* (Penguin Viking, 2011), 214-215.

였다. 나아가서 교회는 2세기동안 9차에 걸친 십자군 전쟁(1095-1291)에서 구심점 역할을 하면서, 자연스럽게 교회의 입지를 높일 수 있었다. 교회 내부적으로는 13세기를 전후하여 소위 탁발 수도회인 프란체스코 수도회와 도미니코 수도회가 설립되면서 교회의 부흥이 일어났다. 이 수도회를 통하여 교회(성당)학교가 더욱 발전하여 전문 교육기관으로서의 '대학'이 설립되고, 신학, 법학, 의학의 교육을 담당하게 되었는데, 이것이 근현대 대학의 모태이다. '대학'(university)이라는 말은 원래 라틴어 'universitas'(우니베르시타스)인데, 이는 길드(guild), 즉 동맹 혹은 연맹을 뜻한다. 법학으로 유명한 이탈리아의 볼로냐 대학은 학생동맹이 중심이 되었고, 신학연구로 이름난 파리대학은 교수동맹이 중심이 되었다고 한다. 당시 대학에서는 교수가 성서나 그리스 로마의 고전을 낭독하여 읽고, 이에 대하여 학생들과 함께 토론하는 교육이 대세였다. 당시 대학에서의 교육방법을 일컬어 '스콜라주의'(Scholasticism)라고 했는데, 학교(schola)의 교육방법이라는 뜻이다. 스콜라주의는 삼단논법에 따른 논술형식의 사고 및 토론방법과 글쓰기를 강조했는데, 이의 전형을 보여주는 것이 13세기 후반에 나온 토마스 아퀴나스(1224-1274)의 신학대전이다.[2]

토마스 아퀴나스가 신에 대한 학문(신학)과 인간에 대한 여러 학문들을 종합하여 웅장한 고딕 성당같은 사상체계를 만들었다면, 동시대의 건축가들과 예술가들은 기독교 진리를 건축형식으로 표현하기 위해 실제의 고딕 성당을 만들었다. 고딕 형식의 교회건물은 보통 성당(cathedral)으로 일컬어졌는데, 성당은 주교좌(主教座: cathedra)가 있는 교회건물로서 대개 한 지역의 중심에 위치하고 있었다. 12세

2 토마스 아퀴나스의 "신학대전"에 분명하게 나타나 있고, 서양에서 오늘날까지 통용되고 있는 바의 논술방법은 대략 다음과 같다. 1. 논제(thesis 혹은 thesis statement)를 그대로 제목으로 제시한다. 논제는 일반적으로 찬성할 수도 있고 반대할 수도 있는 것인데, 나는 과연 찬성할 것이지 혹은 반대할 것인지를 서두에 제시한다. 2. 반론(antithesis)들을 충분하게 검토한다. 나의 논제를 논증하기 전에 먼저 남들의 입장들을 듣고 검토해야 한다는 것이다. 3. 나의 논제를 논증하되, 권위있는 증거들(evidences)을 제시하면서 논증한다. 증거들은 깔때기(funnel) 식 즉 설득력이 약한 것은 앞에, 강한 것일수록 뒤에 두는 형식으로 제시한다. 4. 결론에서 다시 한 번 논제를 강하게 천명하고, 반론들에도 불구하고, 앞에서 제시된 증거들이 충분하게 논제를 확증해줌을 주장한다.

기 중반부터 프랑스에 등장한 고딕 성당은 이전의 로마네스크 양식(건물 앞부분의 돔과 육중한 벽, 그리고 어두운 내부가 특징인)보다 "한층 더 세련되고 기품 있고 우아하게"[3] 건축되었다.

이렇게 중세 전성기에는 유럽 전체가 크게 흥기하면서, 교회의 입지 역시 더욱 발전하게 되었는데, 특히 십자군 전쟁을 통하여 교회가 구심점 역할을 할 수 있었기 때문이었다. 한편으로는 교회에서 탁발 수도회들이 일어나 교육을 주도하면서 대학들이 설립되고 대학의 토론식 학문방법(스콜라주의)이 확립되었으며, 다른 한편으로는 주요도시마다 웅장하고 아름다운 고딕성당들이 건축되었다. 이로써 중세 전성기에 교회는 교육, 문화, 복지, 행정, 등의 유럽의 핵심적 문화의 형성에 결정적 공헌을 한 것을 알 수 있다.

전형적인 교회중심의 유럽 중세도시인 독일 남동부 뇌르틀링겐(Nördlingen)의 모습. 1100년 이상의 역사와 더불어 중세의 성곽과 건물들을 보존하고 있는 것으로 유명함. 중앙에 위치한 교회(성 게오르그 교회: St. Georg)가 예배뿐만 아니라, 교육, 문화, 복지 등의 중심이 되었음을 알 수 있음. http://www.fotocommunity.de/photo/noerdlingen-von-oben-lothar-theobald/16863292

3 E. M. Burns et. al., **서양문명의 역사 II**, 박상익 역 (서울: 소나무, 2001), 442.

3) 중세말기(1300-1500)에서의 기독교: 교회의 타락과 르네상스

중세 말기에는 이탈리아에서 시작하여 북유럽으로 발전해나간 르네상스(Renaissance)라고 하는 문화적 운동이 일어났는데, 이는 개인의 자유를 강조함으로써 곧이어 오게 되는 종교개혁의 토대가 된다. 르네상스는 그 이전에 크게 주목을 받아오지 못했던 고대 그리스·로마 시대 및 기독교의 인간적 요소들을 '재생'(프랑스어로 '르네상스')하고자 한 문화적 운동이었다. 르네상스가 고대 그리스·로마의 고전 및 성경의 인간적 요소를 재생하고자 했던 문화 운동 전반을 지칭하는 반면, 특별히 이 운동에 있어서 지적 및 학문적 활동을 일컬어 인문주의(Humanism)라고 한다. 인문주의는 특별히 유럽 북부에서 종교개혁과 더불어 근현대에까지 큰 영향을 미쳐왔기에 한 번 주목해볼 필요가 있다.

르네상스와 인문주의는 중세 전성기에 권력의 정점에 있었던 교회가 타락하는 가운데서 발흥했다는 점을 먼저 검토할 필요가 있다. 번즈가 말하는 바와 같이 "중세 전성기가 '축제의 시대'였다면 중세 말기는 '기근의 시대'였다."[4] 이 시기에는 지력의 고갈로 말미암아 농업이 약화되었는가 하면, 유럽인구의 거의 절반가량을 죽음으로 몰고 간 흑사병이 있었고, 설상가상으로 전쟁마저 끊이지 않았다고 한다. 그러므로 일반인들의 신앙은 한편으로 깊어지면서도, 다른 한편으로는 교회에 더욱더 맹목적으로 의존하게 되었다. 그러나 교황권은 프랑스 및 신성로마제국(독일) 황제들과의 권력투쟁에 빠지게 되어 크게 타락하게 되었다. 교황은 자신의 신변보호를 위하여 로마를 벗어나 프랑스왕의 보호령 아래에 있던 아비뇽에 파천해 있었으므로(1305-1378) 자신의 역할을 제대로 수행할 수 없었다. 1378년에서 1407년까지 30년간은 로마에서 또 한 명의 교황이 등극하여 아비뇽에 거주하는 교황과 투쟁하므로, 교회가 분열('교회의 대분열')하는 아픔을 겪었다. 이후 "15세기의 교황들은 대부분 세속 제후와 아주 흡사한 방식으로 지배했다. 즉 그들은 군대도 거느리고 동맹을 위해서라면 비열한 짓도 서슴지 않았으며, 거대한 궁성도 축조했다."[5]

4 *Ibid*, 446.

5 *Ibid*, 464, 465.

이와 같은 교회의 타락상이 특별히 지성인들로 하여금 고대 그리스 로마 시대 및 성경의 인간적인 것에 관심을 가지게 했고 결국 르네상스를 태동시킨 주요 원인들 중의 하나가 되었던 것이다.

인문주의는 성경을 비롯한 그리스·로마 시대의 고전에 나타난 인간적 요소들을 중시했기 때문에, 종교개혁의 배경이 되는 두 가지의 근본적인 요소를 내포하고 있음을 알 수 있다. 첫째 인문주의는 고전에 나타난 인간의 위대성과 더불어 개인의 가치와 자유를 강조했다. 개인들이 과거에는 교회의 통제를 받아서 자유가 없었지만(조르다노 브루노, 갈릴레오 갈릴레이), 이제는 인문주의를 통하여 보편법의 근거인 성경에 따라서 자율적으로 판단하고 행동하는 것이 가능하다는 것을 알게 되었던 것이다. 이로써 인문주의는 성경과 더불어 성경에 따른 경건하고 자율적인 삶을 중시하는 태도를 촉진하여 종교개혁의 발판이 되었던 것이다. 둘째, 인문주의는 고전(원전)을 해석하되, 교회의 권위에 따라서가 아니라, 있는 그대로 해석해야 한다는 것을 강조했다. 인문주의를 배웠던 개혁가들은 고전 중의 고전인 신약성경을 그 원어인 그리스어를 통하여 해석하고자 했고, 이에 따라서 교회의 기존의 해석과는 다른 바의 개혁적 해석을 도출하여 종교개혁을 촉발할 수 있었던 것이다.

르네상스 인문주의의 이와 같은 두 가지의 요소들은 대표적인 인문학자인 에라스무스의 **군인과 같은 그리스도인 교본**(1503)에 잘 나타나 있다. 이 책에서 에라스무스는 참된 그리스도인은 군인처럼 두 가지로 무장을 해야 한다고 했다. 그리스도인은 수직적으로는 기도를 통하여 하나님과 관계를 가지고, 수평적으로는 성경의 지식을 통하여 하나님의 진리에 서 있음으로 참된 평화를 가져야 한다는 것이다.[6] 이렇게 에라스무스는 기도와 성경공부에 근거한 개인의 내적이며 영적인 신앙을 강조했고, 이를 통하여 당시 타락이 심했던 사제 중심의 교회를 개혁하고자 했다. 교인들은 교회의 권위에 의지하여 교회가 제공해주는 것만으로 만족해서는 안 되며, 자기 자신이 직접 기도하고 성경을 공부함으로써 자율적 신앙인이 되어야

6 D. Erasmus, *Enchiridion Militis Christiani (Handbook of the militant Christian)* (London: Methuen and Co., 1904), 56.

한다는 것이다. 이로써 우리는 인문주의가 성경에 따른 개인주의적 신앙을 강조하게 되고, 이를 통하여 종교개혁의 토대가 형성됨을 알 수 있다. 이런 점에서 우리는 "에라스무스는 종교개혁의 알을 낳았고, 루터는 그 알을 부화시켰다"는 통설이 진리임을 알 수 있다.

3. 종교개혁과 개신교 문화(개인주의, 민주주의, 자본주의)의 형성과정

16세기의 종교개혁은 이스텝(W. R. Estep)이 말한 것처럼 "혁명"의 역할을 함으로 가톨릭교회 중심의 전체주의적 사회를 해방시켜서 종교의 자유에 수반하는 개인주의와 더불어 자본주의 및 민주주의의 터전을 놓았다. 그러므로 실로 중세 이후부터 종교개혁만큼 심오하게 서양역사와 더불어 인류의 역사를 변화시켜온 사건은 없었다고 해도 과언이 아닐 것이다. 여기서는 먼저 루터, 츠빙글리, 칼뱅을 중심으로 종교개혁이 전개되는 과정을 살펴보고, 그것이 인류문명에 지대하게 끼친 영향들 중에서 세 가지 즉, 개인의 자유를 신장한 것, 민주주의를 낳은 것, 자본주의의 기초를 놓은 것을 검토하고자 한다.

1) 종교개혁의 배경 : 성경의 인쇄를 통한 대중적 보급과 인문주의적 성경해석

종교개혁 지도자들은 르네상스 인문주의와 더불어 인쇄된 그리스어 원전 성경을 유용하는 가운데, 종교개혁을 시작할 수 있었으므로 먼저 이점을 살펴보고자 한다. 르네상스 인문주의자들은 고대 그리스 로마시대의 원전들에서 고상한 문체와 더불어 인간의 위대성을 찾았지만, 신학자들은 원전(그리스어) 성경을 새로이 연구하는 가운데서 개혁적 진리를 찾았다. 물론 르네상스 이전에도 교회는 성경을 사용했지만, 성경의 필사본이 희귀하여 제대로 사용하기가 어려웠는가 하면, 사용할 때도 스콜라주의에 따른 기독교교리의 증빙자료로 사용한 경우가 대부분이었다. 그러나 이제 인문주의를 배운 신학자들은 성경을 있는 그대로 해석하고 실생활에서의 경건한 삶의 지침서로 사용할 것을 중시했다. 15세기 후반부터는 때 마침 구텐베르크의 활판 인쇄술이 발명되고 성경이 인쇄됨으로써 역사상 최초로 대중이 성경을 소유하여 일상생활에서 읽고 실천할 수 있게 되었다. 이로써 개인들이 타율적(교회와 사제들에게 의존하던) 존재로부터 자율적(그 스스로 성경을 읽고 실천하는) 존재로 변화할 수 있게 되었는데, 이것이야말로 종교개혁의 배경이 되었던 것이다. 그러므로 대표적인 르네상스 인문학자였던 에라스무스는 성직자들의 전유물이었던 성경을 대중들이 알아야 교회가 개혁될 수 있다고 믿고, 신약성경의 그리스어(헬라어) 원전을 연구하여 최초로 그리스어 성경을 출판하였다(1516).

이 원전 그리스어 성경의 인쇄 및 출판이 중요했던 이유는 대략 두 가지다. 첫째 그리스어 원전 성경은 과거 1000년간 사용되어온 라틴어 성경(불가타역)의 문제점들을 드러내주었다. 예를 들면 "회개하라"(마4:17)는 말씀은 불가타 라틴어 성서에서는 "고백성사 하라"(paenitentiam agite = do penance)로 되어 있다. 그러므로 종교개혁자들은 그리스어 원전 성서를 읽음으로써 당시 교회가 행하고 있던 고백성사가 성경에 근거하고 있지 않음을 깨달을 수 있었던 것이다. 둘째, 이제 역사상 최초로 원전 그리스어 성경이 출판되어 종교개혁자들은 참된 하나님의 말씀으로서의 성경을 가지게 되었다고 확신할 수 있었다는 점이다. 이는 특히 츠빙글리의 경우에서 잘 드러난 것이지만, 그리스어 성경을 통하여 츠빙글리와 더불어 취리히 시민들은 성경뿐만 아니라, 성경에 대한 설교 역시 하나님의 말씀이라고 받아들일 수 있었던 것이다.[7] 이렇게 인쇄된 그리스어 원전 성경을 통하여 성경과 성경에 대한 설교를 하나님의 말씀으로 받아들인 것이야말로 또한 종교개혁의 원동력이었다고 보겠다.

2) 종교개혁자들(루터, 츠빙글리, 칼뱅)의 개혁운동 전개과정

이와 같이 르네상스 인문주의 및 인쇄를 통한 성경의 대중화가 잘 전개되어

---

7 이와 같은 사정을 잘 반영하는 것이 1536년에 작성된 "제1 스위스 신앙고백"의 제1장이다. "성경은 참된 하나님의 말씀이다. . . . 하나님께서는 과거 족장들[아브라함, 이삭, 야곱 등], 예언자들, 사도들에게 말씀하셨던 것처럼, 이제 우리에게는 성경을 통하여 말씀하신다."

종교개혁의 환경이 무르익은 가운데서 이제 종교개혁운동이 본격적으로 일어나게 되는데, 그 주도자들은 독일의 마르틴 루터(Martin Luther: 1483-1546)와 스위스의 훌드리히 츠빙글리(Huldrych Zwingli: 1484-1531) 및 장 칼뱅(Jean Calvin: 1509-1564)이었다. 루터는 처음에는 가톨릭교회의 수도사 및 신부로서 교회의 '행위에 의한 구원'사상을 누구보다 열심히 수행했다. 교회는 이미 중세 천년동안 신도들이 구원을 받음에 있어서 그리스도의 십자가 공로에 대한 믿음뿐만이 아니라, 그들이 행해온 선행(수행) 또한 필요하다고 가르쳐왔다. 그러나 루터는 아무리 자신의 죄를 고백하고, 수행을 많이 해도 하나님으로부터 의롭다고 인정을 받았다는 믿음이 들지 않아서 번민하고 있었다. 이럴 때, 그는 신약성경 로마서 1:17의 "의인(義人)은 믿음으로 살리라"는 하나님의 말씀을 읽고 '이신칭의' 즉 '오직 믿음을 통한 구원'을 깨닫게 되었다. 여기서 그는 우리가 우리의 어떤 행위(공적)이 아니라, 예수 그리스도에게서 이루어진 하나님의 의로운 행위를 받아들이는 믿음을 통하여 구원받는다는 것을 깨달았던 것이다.

> 나는 깨닫게 되었다. 하나님의 의(義)야말로 하나님께서 [그리스도를 통하여 이루어진] 은혜와 순전한 자비로써 [나의] 믿음을 통하여 [나를] 의롭다고 인정해주시는 것이다. . . 전에는 '하나님의 의'가 나를 증오심으로 가득 채웠다면, 이제는 그것이 내게 엄청난 [하나님의] 사랑 안에서 말할 수 없이 달콤한 것이 되었다. 바울의 그 말씀[로마서1:17]은 내게 천국으로 나아가는 문이 되었다. (루터).

루터가 이렇게 "이신칭의"의 진리를 깨닫고 있던 전후에 교회는 소위 면죄부를 대중들에게 판매하면서, 면죄부의 구입을 통하여 죄를 용서받거나 연옥의 벌을 면할 수 있다고 가르쳤다. 루터는 이것이 성경의 이신칭의 가르침에 위배된다고 보고 면죄부의 효용성에 대하여 문제를 제기하는 소위 "95개조의 논제들"을 써서 1517년 10월 31일에 자신의 소도시 교회였던 비텐베르크(Wittenberg)교회 정문에 게시했다. 이것은 교회가 성도들의 죄를 과연 어느 정도까지 용서해줄 수 있는지에 대하여 문제를 제기한 것으로 단순히 면죄부의 문제뿐만 아니라, 교회(사제중심의)의 본질 자체를 문제 삼은 것이었다. 그러므로 루터의 "95개조의 논제들"은 교회의 개혁을 요청하고 있던 대중들에게 큰 호응을 얻었고, 인쇄를 통하여 단시간에 널리 알려짐으로써 결과적으로 종교개혁운동을 촉발했던 것이다.

1519년부터는 스위스 취리히 시에서 신부였던 츠빙글리가 에라스무스의 그리스어 성경을 풀이하는 설교를 시작했는데, 이것이 결과적으로 그 곳과 스위스 전체의 종교개혁을 촉발했다. 농촌지역이 주류였던 독일(신성로마제국)과 달리 스위스는 같은 신성로마제국에 속해 있으면서도 취리히, 베른, 바젤, 제네바 등의 도시가 잘 발달되어 있었고, 인문주의가 잘 확산되어 있었다. 스위스의 도시들은 여러 종류의 수공업자들이 각각의 길드(guild)를 형성하여 연합하고 있었고, 도시들 사이에도 동맹을 맺어서 신성로마제국의 왕권을 받아들이지 않고, 시의회 중심의 공화정을 실시하고 있었기 때문이다. 츠빙글리는 때마침 인문주의 교육을 잘 받았었고, 에라스무스가 1516년에 출판한 그리스어 원전 신약성경을 구입하여 그리스어로 읽고 공부를 했다. 그는 1519년에는 취리히시(공화국) '국민신부'가 되어서 교회의 관례에 따라서 성례를 집전하는 것으로 만족하지 않고, 신약성경을 처음부터 순차적으로 강해(해당 본문을 읽고, 중요한 개념들을 풀이하는 형식의)하는 형식으로 설교를 했다. 이와 같이 교회 예배에서 설교를 하는 것은 초대교회에서는 사도행전에 따른 관행이었지만, 중세에는 중단되었다가(예배가 성례 중심이었으므로), 실로 천년 만에 새로이 시작되었던 것이다. 그러므로 취리히 시민들은 츠빙글리의 성경에 대한 설교를 참으로 하나님의 말씀으로 듣고 열렬히 반응을 했다고 한다. 그러는 가운데 츠빙글리와 더불어 취리히 시민들은 교회의 관행으로 되어 있던 마리아 및 성인 숭배, 성직자 독신제도, 성찬에서의 그리스도의 육체적 현존(화체설) 등이 성경의 가르침과 위배된다는 것을 발견했다. 이런 문제에 대하여 취리히 시의회는 공개적인 토론을 벌였으며, 결과적으로는 1523년에는 최종적으로 가톨릭교회의 입장을 버리고, 새롭게 개혁된 교회를 시작하기로 의결을 했다. 이것은 한 국가가 민주주의적 합의를 통하여 새로운 종교를 선택한 것으로, 후일에 스위스의 다른 도시들뿐만 아니라, 네덜란드, 스코틀랜드, 미국의 민주주의 발전에 큰 영감을 주는 사건이 되었다.

취리히 시의 흐름을 따라가면서도 종교개혁을 사회적, 정치적, 교육적 측면에서 더욱 발전시켜서 세계 종교개혁의 모델이 된 도시는 스위스의 제네바(공화국)였다. 이곳 시의회는 1537년에 종교개혁을 실현하고자 1년 전에 **기독교강요** 초판을 출판하며 혜성처럼 나타난 장 칼뱅이라고 하는 28세의 청년을 초빙하여 개혁을 실시하고자 하였다. 그러나 제네바 시민들은 칼뱅의 도덕적 기준이 너무 높다고 하여 결국 그를 추방했었지만, 1541년에 다시금 그를 초빙하여 종교개혁을 재개하였다. 제네바 공화국은 칼뱅의 지도하에 20년에 걸쳐서 목사들이 시의원 장로들과 함께 당회(consistory)를 구성하여 시민들의 신앙 및 결혼생활의 일탈에 대하여 제제를 가할 수 있는 치리제도를 운영함으로써, 유럽에서 가장 도덕수준이 높은 국가가 되었고, 모든 개신교 국가들의 모범이 되었다.

칼뱅은 이렇게 제네바의 교회뿐만 아니라, 제네바 공화국 전체를 성경의 가르침에 따라서 새롭게 형성해나가면서, 국민들의 전체 삶 자체가 경건하게 되도록 지도했다. 그는 가톨릭교회의 객관적인 구원과정, 즉 교회의 일곱 가지 성례 중심의 구원과정을 철폐하고, 그리스도의 구원이 개개인에게 이루어지는 개인적이며 인격적인 구원과정을 중시했다. 이로써 그리스도인들은 구원과정에서의 개인의 참여와 자유가 중요함을 깨닫게 되었고 이는 자연스럽게 개인주의를 신장하게 되었던 것이다. 나아가서 칼뱅은 개인의 신앙은 교회와 또 교회를 보호해주는 국가 안에서 가능함으로, 교인들은 교회와 국가에 대하여 충성해야 할 것을 강조했다. 이로써 칼뱅은 신앙의 개념을 통하여 개인의 자유를 신장하면서, 민주주의와 자본주의의 형성에도 크게 기여하게 된다.

3) 개신교 문화(개인주의, 민주주의, 자본주의)의 형성과정

(1) 개인주의 : 개인의 자유와 평등 중시

종교개혁은 국가마다 조금씩 다르게 발전되었지만, 공통적으로 개인의 신앙을 중시하는 이신칭의 사상을 핵심적으로 가르쳤는데, 이것은 개인의 자유와 평등 중시 사상을 낳았다. 그리고 이 사상은 사회적으로 발현되어 자유 민주주의와 근현대 자본주의를 성립시킴에 있어서 큰 공헌을 했다. 종교개혁가들은 우리가 우리 자신의 노력과 선행이 아니라, 단순히 구원자이신 예수 그리스도에 대한 믿음을 통하여 구원을 얻는다고 했는데, 이 믿음은 오직 하나님과 나와의 인격적 관계에서 형성되는 것이다. 그리고 이 믿음은 내가 만들어낼 수 있는 것이 아니라, 하나님께서 주권적으로(성령을 통하여) 주시는 것이므로, 그 자체가 신성하고 확실하며 그 어떤 것에도 흔들릴 수 없는 것이라고 했다. 특별히 칼뱅은 이 믿음을 가지게 됨에 있어서는 하나님의 예정적 선택과 더불어 성령의 도우심이 있어야 함을 강조했다. 우리 인간은 본래적으로 유한하고 하나님께 순종하지 않는 죄에 물들어 있어서 우리 스스로는 무한하시고 영원하시며 은혜로우신 하나님을 분명하게 알 수 없기 때문이다. 그러므로 우리는 하나님의 예정과 성령의 도우심을 통하여 그리스도에 대한 믿음을 가지게 되므로, 이 믿음은 하나님과 나와의 인격적이고 직접적인 관계를 수반하는 것이다. 하나님과의 직접적이고 인격적인 관계는 중세에 있어서는 오직 사제-하나님과 인간들 사이를 중재하는-만이 가질 수 있는 것이었다. 그러나 종교개혁가들은 신도들 각자가 하나님 앞에서 사제처럼 하나님과 직접적이고 인격적인 관계를 가지기 때문에 모든 그리스도인들은 각각 하나님 앞에서 사제라는 소위 만인사제설을 가르쳤다. 이와 같이 개인의 인격적이며 자발적인 믿음을 중시하는 사상은 필연적으로 개인의 자유와 평등을 강조하게 되어 근현대 개인주의의 토대가 되었던 것이다.

그러나 종교개혁의 개인주의는 단순히 개인들 각각의 이익만을 추구하는 파편적 개인주의가 아니라, 공동체에 대한 봉사를 강조하는 개인주의였다. 그것은 믿음의 성장과정에서 잘 드러난다. 믿음은 분명하게 하나님과의 인격적, 직접적 관계인데, 이 믿음은 교회와 더불어 국가(교회와 상부상조하는) 안에서 성장하게 되기 때문이다. 내가 믿음을 가진다 하더라도, 나 혼자 있으면, 이 믿음이 제대로 성장하지 못한다. 그러므로 나의 믿음을 성장시키기 위해서, 나는 그리스도의 역사적 실체(몸)인 교회에 정기적으로 출석하면서 성도들과 교제하고, 설교를 들으며, 성례를 받아야 하는 것이다. 그래서 칼뱅은 신도들에게 있어서 교회는 "어머니"와 같다고 한다.[8] 교회는 신도들이 믿음을 가지도록 이끌어주고 그 믿음이 자라게 도움을 주고 보살펴주기 때문이다. 이렇게 믿음의 문제에 있어서 교회와 국가가 본질적으

8 J. Calvin, **기독교강요** 하권, 원광연 역 (고양: 크리스챤다이제스트, 2003), 4.1.4.

로 중요하므로, 믿음은 단순히 개인의 문제이면서, 또한 동시에 교회 및 국가 공동체의 문제이기도 하다는 것을 알 수 있는 것이다.

종교개혁은 그러므로 개인의 자유를 강조하면서도, 이 자유는 공동체에 대한 봉사를 위한 자유임을 분명하게 밝혔다. 이것을 루터는 그의 유명한 "한 그리스도인의 자유"라는 소논문에서 웅변적으로 잘 밝혔다. "한 사람의 그리스도인은 완전하게 자유로운 만인의 왕으로서 그 누구에게도 예속되어 있지 않은 동시에 완전하게 충직한 만인의 종으로서 만인에게 예속되어 있다."(A Christian is a perfectly free lord of all, subject to none. A Christian is a perfectly dutiful servant of all, subject to all.) 즉 루터는 그리스도인은 완전하게 자유로운 존재이지만, 그 자유를 그 자신이 아니라, 남들을 위하여 사용해야 함을 잘 설명한 것이다. 이처럼 종교개혁은 서구사회가 근대 시민사회-개인의 자유와 공동체에 대한 의무를 중시하는-로 나아가게 하는데 중요한 공헌을 했다고 보겠다.

종교개혁과 개신교회는 이렇게 개인의 인격적인 신앙과 이로 말미암는 개인의 자유 및 공동체 봉사의무를 강조했는데, 이것은 종교개혁이 또한 중시한 교육을 통하여 지속되고 구체화되고 널리 확산되었다고 보겠다. 종교개혁은 그 근본에 있어서 르네상스 인문주의 교육이념, 즉 성경을 비롯한 고전의 교육을 중시하는 과정에서 시작하고 성공했기에, 연구와 교육을 중시할 수밖에 없었다. "개신교회는 사람들이 그들의 믿음을 검증하도록 요구했다. 그러므로 루터는 대중교육을 요청했는데, 이는 사람들이 참 진리를 배우도록 하기 위함이었다. 그와 그의 지지자들은 마을 초등학교와 상류 및 중류층 고등학교(gymnasium)를 창설했는데, 이로써 후일에 독일은 교육에 있어서 최고의 나라가 되었다."[9] 칼뱅 역시 교육의 중요성을 알고서, 1559년에 사회개혁의 일환으로서 아동교육을 위한 학교와 가난한 자들을 위한 병원을 설립했고, 나아가서 제네바 대학을 창설했다. 칼뱅은 제네바에서 교육을 가난한 자들과 특히 많은 난민들에게까지 확대했으므로 "대중 교육

9 I. W. Blayney, *The Age of Luther: The Spirit of Renaissance-Humanism and the Reformation* (New York: Vantage Press, 1957), 469.

의 아버지"라는 칭송을 들어왔다.[10] 개신교회가 개인의 신앙의 자유와 더불어 교육을 중시하는 경향은 청교도들에게서 강하게 나타났다. 이것은 미국에서의 하버드, 예일, 프린스턴대학교뿐만 아니라,[11] 한국에서의 최초의 근대식 대학인 숭실대학(1905)을 비롯한 연세대학, 이화여자대학, 계명대학의 창설에서도 잘 드러난다.

(2) 민주주의

종교개혁과 개신교는 앞에서 살펴본 것처럼 개인의 자발적이며 인격적인 신앙과 더불어 개인의 자유 및 평등 그리고 공동체에 대한 봉사의무를 강하게 가르쳤는데, 이것은 자연스럽게 자유 민주주의(liberal democracy)와 자본주의(capitalism)문화를 촉진하게 되었다. 개신교회 중에서도 특별히 칼뱅주의(Calvinism)와 이를 장로교주의로 발전시킨 청교도들이 대의적인 자유 민주주의를 세계적 확산시켜 왔다는 것이 많은 정치학자들의 견해이다.[12] 그것은 칼뱅주의의 직접적 양향을 받은 스위스와 네덜란드로부터 시작하여 칼뱅주의를 보다 강하게 실현하고자 했던 청교도들을 통하여 영국 및 스코틀랜드, 미국, 호주, 뉴질랜드 등에서 잘 드러났다. 그리고 청교도정신을 이어받은 미국장로교회 및 감리교회 선교

---

10 http://reformed-theology.org/html/books/calvinism-history/9.htm

11 칼뱅주의가 미국의 고등교육에 기여한 것에 대한 설명에 대해서는 다음을 참고하시오. http://reformed-theology.org/html/books/calvinism-history/9.htm

12 칼뱅주의가 민주주의의 발흥에 끼친 영향에 대해서는 여러 연구가 있지만, 대표적으로 20세기의 뛰어난 칼뱅주의 연구가였던 킹던은 다음과 같이 말한다. "칼뱅주의는 교회에 있어서 대의적 정치기구를 창조함으로써 기독교가 민주주의로 진화하게 함에 있어서 결정적인 진척을 이루게 했다." M. E. Hirzel and M. Sallmann (eds.), *John Calvin's Impact on Church and Society, 1509-2009* (Grand Rapids: Eerdmans, 2009), 192. 또한 칼뱅주의가 민주주의의 발전에 끼친 영향에 대해서는 본 책 192쪽 이하를 참조하시오. 유럽과 북미뿐만 아니라, 아프리카, 아시아, 라틴 아메리카에 있어서도 개신교가 강한 나라일수록 민주주의가 강하게 되어왔다고 한다. 개신교가 민주주의 문화 형성에 기여하는 여섯 가지의 중요한 요소들은 다음과 같다. "1) [어떤 한 종교의 독재를 거부하는] 종교다원주의의 등장, 2) 민주주의 이론과 실천방법의 발전, 3) 시민 단체와 독립적인 연합활동, 4) 대중 교육, 5) 인쇄와 공중 영역[여론]의 등장, 6) 경제 발전, 7) 타락의 감소." R. D. Woodberry and T. S. Shah, "Christianity and Democracy: the Pioneering Protestants," *Journal of Democracy* 15, no. 2, (2004): 48.

사들이 19세기 말 20세기 초에 우리나라에 와서 대의 민주주의를 교회와 더불어 전체 한국사회 및 정치에까지 확산시켜왔다고 보겠다.

종교개혁과 개신교, 특히 칼뱅주의 개신교회(장로교회)는 먼저 교회정치를 민주주의적으로 했을 뿐만 아니라, 민주주의적인 교육과 봉사를 통하여 민주주의 문화형성을 촉진했다. 종교개혁자들은 만인이 각각 하나님 앞에서 동일한 인격적 관계를 가짐으로써 만인이 사제임을 분명히 하여 만인이 평등하게 교회의 봉사에 참여하도록 했다. 실제로 칼뱅은 제네바에서 매우 모범적으로 평신도들(장로와 집사)이 교회의 운영과 봉사에 참여할 수 있게 했다. 즉 모든 교인들은 평등하고 또 동등한 자유를 가지면서도, 목사, 장로, 집사, 신학교수로 구성되는 네 가지의 직제에 따라 봉사를 하도록 했던 것이다. 제네바 교회에서는 선출된 평신도 장로들이 목사들과 함께 당회(consistory)를 구성하여 교회의 운영 및 치리를 담당했다. 제네바 교회는 당시로서는 혁명적인 대의 민주주의적인 공동체가 되고 곧 이어 네덜란드로 이식되었다. 17세기에는 칼뱅주의적 민주주의 이념을 따르던 청교도들이 제네바 교회형식을 영국과 스코틀랜드에서 국가적 장로교회로 발전시켰고, 이는 신대륙인 북미에 가서 미국국가 자체를 민주주의적으로 형성하는 데에 큰 도움을 주었다.

칼뱅주의가 민주주의 문화의 형성을 촉진한 것은 특별히 하나님의 절대주권과 성경지상주의에 근거하여 절대독재를 부정하고 권력의 견제 개념을 분명하게 했기 때문이다. 이것은 칼뱅주의 청교도들이 결정적으로 영향을 미친 미국의 민주주의 국가 건립에서 분명하게 드러났다. 정부는 "백성들의 합의를 통하여" 구성하고, 백성은 정부의 권력을 견제할 수 있다는 기본적인 민주주의 이념은 1776년 7월 4일에 공표된 "미국독립선언서"(Declaration of Independence)에 잘 표명되었다고 보겠다.

> 우리는 다음과 같은 몇 가지의 진리를 자명한 것으로 주장하는 바, 그것은 모든 사람은 평등하게 창조되었고, 그들은 창조주로부터 빼앗을 수 없는 권리들을 부여받았다는 것이다. 그 권리들 중에서 몇 가지는 생명, 자유, 행복추구권이다. 이 권리 들을 확보하기 위하여 정부들은 백성들의 합의를 통하여 그들의 정

당한 권력을 부여 받음으로써 조직된다. 어떤 형태의 정부이든지 이와 같은 목적을 파괴하게 되면, . . . 그 정부를 바꾸든지 철폐하는 것은 백성들의 권리이다. . . 깊게 생각해보면 역사가 오래된 정부가 가볍고 일시적인 이유로 바꾸어져서는 안 된다. . . . 그러나 어떤 정부가 장기간 계속해서 학대와 탈취를 일삼고 백성들을 절대적인 독재하에 두려고 계획한 것을 분명하게 드러낼 때에는, 그와 같은 정부를 추방하고 미래의 안전을 위하여 새로운 감시자들을 세우는 것이 그들의 권리이다.

미국독립선언서는 분명하게 백성들이 합의를 통하여 정부를 세우고, 바꾸며, 견제할 수 있다는 민주주의 사상을 보여주는데, 이는 당시 18세기 후반 유럽뿐만 아니라, 전세계가 절대왕권제도 하에 있었음을 감안한다면, 가히 혁명적이었음을 알 수 있다. 이 민주주의 사상의 배경에는 청교도들의 칼뱅주의가 있었는데, 당시 미국의 대부분의 지도자들은 청교도였기 때문이다. 칼뱅은 왕들과 통치자들 역시 성경에 기록되어 있는 바의 도덕법-하나님을 예배하고 이웃을 사랑해야 한다는-을 지켜야 하고,[13] 이 경우 저들은 백성들로부터 가장 큰 존경을 받아야 한다고 한다.[14] 통치자들의 소명은 "그들 자신의 이익이 아니라, 공중의 선(the public good)을 위하여 정치를 하는 것이다." 그러므로 그들은 "무제한적 권력이 아니라, 백성들의 복지를 위한 것에 제한되어 있는 권력을 부여받은 것이다. 한 마디로 통치자들은 그들의 권력을 사용함에 있어서 하나님과 백성들에게 책임을 져야 하는 것이다."[15] 칼뱅은 이렇게 통치자들의 절대권력을 반대하면서, 그들의 의무와 한계를 분명하게 밝히고, 그들이 이를 지키지 못하는 경우에는 백성들이 불복종할 수 있다

---

13 Calvin, **기독교강요**, 4.20.15.

14 "백성들이 그들의 통치자들에 대하여 취해야 할 첫째 의무는 그들이 하나님의 일꾼들이요 대사들인 것으로 받아들이고 존경하면서, 그들의 공직에 대하여 가장 존귀하게 대해야 한다"고 했다(**기독교강요**, 4.20.22.). 또한 "가장 악한 성격을 가지고 존경할 가치가 전연 없다 하더라도.... 가장 선한 왕처럼 존중하고 순종해야 한다"(**기독교강요**, 4. 20. 25.)고 가르쳤다.

15 Calvin, **로마서주석**, 13:3-4.

고 함으로써,[16] 민주주의 사상을 천명했던 것이다. 이와 같이 칼뱅주의의 민주주의 정치이념은 제네바, 네덜란드, 스코틀랜드에 이어서 미국의 건국이념이 되었던 것이다.

이와 같은 민주주의적 청교도 정신은 19세기말 20세기 초 미국선교사들에 의하여 한국에 들어오게 되었고, 한국에서 민주주의 문화형성에도 큰 기여를 하였다.[17] 미국선교사들은 구한말 민주주의 개념조차 없던 한국에서 교회를 세우면서 한국 교인들이 소위 네비우스 선교방법, 즉 자전(自傳), 자급, 자치의 민주주의적 방법에 따라서 교회를 운영하게 했다. 즉 개 교회는 해당 목회자와 교인들에 의하여 선출된 장로들이 대의적 합의체인 당회에 의하여 민주주의적으로 운영 되었던 것이다. 나아가서 한국 장로교회 지도자들은 선교사들과 더불어 이미 1907년에 교회헌법을 통과시켜서, 헌법에 따라서 당회(개교회), 노회(지역 교회들의 연합체), 총회(전국 교회들의 연합체)에 이르는 정치기구를 만들어 의미에서의 자유민주주의 교회정치를 실현했던 것이다.

(3) 근현대 자본주의 : 막스 베버의 이론을 중심으로

개신교는 앞에서 살펴본 것처럼 개인의 자발적 신앙과 더불어 개인의 자유 및 공동체에 대한 봉사의무를 강하게 가르쳤는데, 이것은 한편으로는 자유 민주주의를 낳게 되었고, 다른 한편으로는 자본주의문화를 촉진하게 되었다. 개신교가 자본주의의 탄생과 발전에 지대한 영향을 미쳤다는 것은 이미 고전이 되어온 막스 베버(Max Weber)의 **개신교윤리와 자본주의 정신**이 잘 설명해온 바다. 그러므로 여기서는 이 책의 요점을 중심으로 양자의 밀접한 관계를 살펴보고자 한다.

베버는 현대 자본주의의 형성에 있어서 큰 역할을 한 것이 바로 개신교의 소명

---

16 Calvin, **기독교강요**, 4.20.32. W. S. Hudson, "Democratic Freedom and Religious Faith in the Reformed Tradition," *Church History* 15, no. 3 (1946): 177-194.

17 이에 대해서는 다음의 졸고를 참조하시오. 황재범, "초기 한국 개신교회가 한국 민주주의 문화의 형성에 끼친 영향: 한국장로교회를 중심으로," **신학사상** 159 (2012): 155-190.

(calling)사상과 금욕주의였음을 말한다.[18] 즉 자본주의는 단순히 돈을 최고의 가치로 간주하면서 무조건 돈만 벌고자 하는 태도도 아니요, 개개인의 운명적 조건에 만족하면서 최소한의 노동만 하고자한 중세 기독교적 태도의 산물이 아닌 것이다. 자본주의는 역사의 어느 단계에서나 아무렇게 탄생할 수 있는 사회체제가 아니라, 어떤 특정한 조건하에 일어나는 역사적인 체제인데, 그 조건은 바로 "합리적인 생활태도" 혹은 베버가 자주 사용하는 바와 같이 "경제적 합리주의"(economic rationalism)이다. 그러므로 여기서는 경제적 합리주의가 과연 "소명 사상" 및 개신교 "금욕주의"와 어떤 관계가 있으며, 이들이 과연 근현대 자본주의의 발전에 어떻게 영향을 미쳤는지를 살펴보고자 한다.

베버는 자본주의는 "경제적 합리주의"의 산물인데, 이는 개신교의 직업소명 사상에 근거하여 형성되었다고 한다. 경제적 합리주의는 "생산과정을 과학적 관점에서 통제하여 그것이 인간 개개인의 자연적이며 생물학적 한계에 의존하는 것을 벗어나게 함으로써 노동생산성을 증대시키는 것"(55)이다. 이와 같은 경제적 합리주의는 종교개혁 이전에는 뚜렷하게 존재하지 않다가, 종교개혁과 개신교의 영향으로 탄생한 것이라고 한다. 서양 중세에는 사제직과 더불어 교회와 관련된 직업들은 거룩한(聖)것으로 본 반면에 그 외 상공업등의 일반적인 직업은 속(俗)된 것으로 구분하는 관행이 있었다. 실지로 중세에는 교회법에 따라서 "상인의 활동은 하나님을 기쁘게 할 수 없는 것"으로 정의했고 중세 가톨릭 신학의 최고 권위자인 "토마스 아퀴나스는 이윤 추구를 천한 것"으로 가르쳤다(53)고 한다. 그러나 이런 성속 이분법은 종교개혁의 만인사제설을 근거로 해서 철폐되고, 이제는 어떤 직업이든지 선하고 의미있는 것으로 받아들여졌는데, 이것은 "소명"사상 때문이었다. 즉 내게 주어진 직업이 비록 천한 것이라 하더라도, 하나님께서 나로 하여금 그것을 맡도록 불러 주신 바의 소명(calling)으로서의 직업이라는 것이다. 나는 그 직업을 하나님으로부터 부여받았으므로, 그것의 수행에 최선을 다 해야 하고, 그럼으로써

18 M. Weber, **프로테스탄티즘의 윤리와 자본주의 정신**, 문성화 역 (대구: 계명대학교 출판부, 2017), 168. 인용한 글은 영어판을 참고하여 조금 더 분명하게 번역한 것이다. 이후의 인용문들은 모두 본 책에서 인용한 것으로, 해당 쪽수는 해당 문장의 마지막에 괄호에 제시한다.

하나님께 영광을 돌릴 수 있으므로, 그 직업은 비록 천하더라도 의미가 있다는 것이다. 그러나 그 일을 수행함에 있어서, 그 일 자체뿐만 아니라, 나의 생활까지도 합리적으로 수행하여 최대의 성과를 내도록 해야 하므로, 여기서 자연스럽게 경제적 합리주의가 나왔던 것이다.

개신교의 직업소명설을 잘 실행한 교파는 스위스, 네덜란드, 영국, 미국 등의 칼뱅주의였는데, 이는 칼뱅주의의 예정설과 관계가 있다. 칼뱅주의는 개신교도가 구원을 받는 것은, 그 자신의 선행과 노력 때문이 아니라, 하나님의 은총의 선택(예정)때문이었다고 가르쳤다. 그러나 그는 현실의 삶에서 자신이 과연 하나님의 선택(예정)에 따라서 구원을 받았다고 하는 구원의 확신을 가지는 것이 쉽지 않았다. 칼뱅주의자들과 특별히 이들의 강한 영향을 받은 청교도들은 이 확신을 가지는 문제와 관련하여 두 가지를 가르쳤다. 첫째 내적이며 심리적인 노력은 "그 자신이 하나님으로부터 선택되었고(election), 의롭다고 인정받았음(justification)을 확신하는 것인데, 이는 매일의 투쟁적 삶에서 획득해야 하는 의무"(95)라고 했다. 그는 그 자신의 일상생활에서 그 자신이 "선택된 자인 것으로 받아들이고, 어떤 의심도 악마의 유혹인 것으로 물리쳐야" 했던 것이다(95). 둘째 외적이고 직업에 있어서의 노력은 저와 같은 "자기 확신을 얻는 가장 적절한 방법"인 바, 바로 "강도높은 직업노동"이었다. "오직 강도높은 직업(소명)노동만이 종교적 의심[내가 구원받지 않았을 수도 있다는]을 몰아내고, 은혜[구원]의 확실성을 제공한다."(95). 그러므로 칼뱅주의자들은 단순히 돈을 번다는 목적만이 아니라, 구원의 확신을 가지기 위해서도 자신의 직업(소명)에 최선을 다하고자 했던 것이다.

이렇게 개신교도들 특히 칼뱅주의자들의 일상의 삶에 있어서 저처럼 중요했던 직업소명설은 소위 "세속적 금욕주의"(worldly asceticism)와 깊은 관계를 가지고 있었는데, 이 양자가 함께 건전한 노동윤리-자본주의의 근거가 되는-를 구성했다고 보겠다. 종교개혁 이전에는 오직 사제나 수도사 혹은 수녀의 직업만이 하나님의 소명인 것으로 되어 있었고, 그것을 금욕주의적으로 수행하도록 되어 있었다. 그러나 이제 종교개혁과 더불어 개신교는 모든 직업이 다 하나님의 소명인 것과 그것을 금욕주의적으로 수행하여 하나님께 영광을 돌릴 것을 가르쳤다. 직업은 하나님께서 주신 소명이므로, 단순히 이득을 창출하는 것만이 아니라, 그 직업을 금욕적으로 수행하는 것 자체가 하나님께 영광을 돌리는 것이라고 가르쳤던 것이다. 그러므로 개신교도들은 금욕적으로 자신의 직업(소명)을 수행했고, 나아가서 그 소득조차도 금욕적으로 사용했다. 그런 과정에서 저들은 자연스럽게 근검절약하여 보다 많은 소득을 남기고, 또한 소득의 대부분은 저축할 수 있었으므로, 건전한 의미의 자본을 축적할 수 있었다. 근현대 자본주의는 바로 이와 같은 과정의 산물이었던 것이다.

개신교의 세속적 금욕주의는 개신교도들의 건전한 자본주의적 태도를 야기함에 있어서 결정적으로 중요한 역할을 했기에 그것이 과연 어떠했는지를 간략하게 살펴본다. 개신교도들의 세속적 금욕주의는 첫째로 자신의 직업을 하나님께서 주신 소명으로 받아들여서, 그 일을 수행하는 노동 자체-결과로 주어지는 부가 아니라-를 중시했다. "노동은 .... 그 자체가 하나님에 의해 정해진 인생의 목적이다. 사도 바울의 '일하지 않는 자는 먹지 말라'[데살로니가후서 3:10]는 명령은 만인에게 무조건적으로 적용된다. 일할 의욕이 없는 것은 은총[구원]을 결여하고 있다는 것을 보여주는 징후이다."(146). 청교도들이 자신들의 전문적 직업(소명)에서의 강도 높은 노동을 수행하는 가운데서 자본주의 경제의 특징인 노동의 분업과 전문화가 일어났다고 한다.[19]

개신교의 세속적 금욕주의는 둘째로 부를 축적하여 부에 안주하는 것을 반대하는 가운데서 직업(소명)을 더욱더 의미있게 수행하도록 했다. 청교도들의 생활지침을 보여주는 백스터(Richard Baxter)의 "기독교인의 생활지침"(Christian Directory)은 부에 대한 부정적 태도를 잘 보여준다. "부(富)는 그 자체로서 매우 위험한 것이다. 그에 대한 유혹은 끝이 없으며, 그것을 추구하는 것은 모든 것을 지배하고 있는 하나님 나라의 중요성에 비한다면 의미가 없을 뿐만 아니라, 도덕적으로도 죄가 있는 것으로 의심을 받을 수 있기 때문이다."(143). 개신교도들 특별히 청교도들은 "재산이 주는 안정감을 가지고 편히 쉬는 것(relaxation), 즉 부를 향유하는 가운데서 게으름과 육체의 유혹들, 무엇보다도 의로운[거룩한] 삶을 사는 것

19 베버는 아담 스미스(Adam Smith: 1723-1790)가 주장하는 바의 노동의 분업과 전문화가 이미 17세기 청교도들에게서 시작하고 있었음을 말한다(148).

으로부터 벗어나게 되는 것"을 두려워했던 것이다(144). 여기서 그들은 "시간의 낭비는 모든 죄악의 근원이자 원칙적으로 가장 무거운 죄"(144)이라고 가르쳤다. "사교, 잡담, 사치, 혹은 건강을 위해 필요한 시간(6시간에서 최대 8시간)보다 더 많이 잠을 자는 것을 통하여 시간을 낭비하는 것은 도덕적으로 크게 저주받아야 하는 것이다"(144). 이렇게 청교도들은 자신의 직업을 부의 축적과 부의 향유를 목적으로가 아니라, 하나님께서 주신 것으로서, 하나님의 영광을 위하여 수행하고자 했기에 최선을 다하여 수행할 수 있었다고 보겠다.

개신교도들(대표적으로 청교도들)은 저와 같이 자신의 직업을, 그것이 비록 천한 것이라 하더라도, 하나님의 소명으로 받아들여 세속적 금욕주의의 입장에서 수행했다. 이 과정에서 그들은 베버가 말한 바의 "경제적 합리주의"를 가질 수밖에 없었고, 이를 통하여 노동조건과 생산환경을 계속 개혁함으로 이윤을 최대한 창출할 수 있었다. 그러나 그들은 그 이윤을 자신들의 쾌락과 안주를 위하여 사용하지 않고, 공동선을 위하여 사용하거나 저축을 함으로써 자본주의의 토대를 마련했다고 보겠다.

4. 근현대 개신교 및 한국 기독교

1) 개신교회들의 발전과정과 복음주의적 경향

16세기의 종교개혁은 독일, 스위스, 영국에서 각각 그 나라의 고유한 정치 및 사회 사정에 따라서 다르게 시작하고 발전해 나갔다. 독일에서는 마르틴 루터를 중심으로 1530년부터 루터파 개신교회가 성립했고, 이후 덴마크, 노르웨이, 스웨덴의 스칸디나비아 반도로 확산했다. 스위스에서 츠빙글리로부터 시작하여 1540년대부터 제네바의 칼뱅을 통하여 발전된 개혁교회는 네덜란드, 영국, 스코틀랜드, 프랑스(위그노), 미국으로 확산되어 갔다. 스위스와 독일 지역에서 시작하여 발전한 재세례파(급진적 종교개혁)는 네덜란드, 영국 등으로 확산하면서 소수파였음에도 불구하고, 꾸준하게 발전해 나갔다. 영국에서는 헨리 8세 왕이 자신의 정치적 의도에 따라서 수장령(왕이 교회의 수장이 되는)을 반포(1543년)하고, 국교회(성공회)를 창립하여 종교개혁을 시작했다. 그러므로 영국의 성공회교회는 영국의 국가적 성격이 강하여 영미권 밖으로의 확산은 미미했다.

이처럼 각 국가와 그에 고유한 정치·사회 상황에 따라서 다양하게 발전한 개신교회들은 기성의 정치체제(국가 및 가톨릭교회)와의 관계에서 볼 때 크게 세 가지의 형태로 발전하게 되었다.[20] 첫째는 가장 보수적인 개신교회로서 루터파와 영국 성공회이다. 이 두 교회는 국가와 가톨릭교회에 대하여 매우 보수적이며, 우호적인 입장을 가지고 있었다. 둘째 칼뱅주의와 장로교회를 포함하는 개혁주의는 국가와 가톨릭교회에 대하여 루터파와 성공회보다 덜 보수적이며, 중도적이었다. 개혁주의를 따르면서도 이를 보다 강하게 실천하려고 했던 영국의 청교도들은 성공회교회의 개혁에 만족하지 못하고, 더 철저한 개혁을 하고자 했다. 개혁주의교회들은 국가와의 관계에 있어서 루터파와 성공회교회보다 더 큰 자유를 가졌는데, 그것은 개혁주의 교회 자체가 장로들에 의한 민주주의 체제를 가지고 있었기에 국가를 견제할 수 있었기 때문이다. 셋째, 국가와 가톨릭교회에 대하여 가장 약하게 보수적이며, 진보적이었던 교회는 소위 재세례파 혹은 급진주의 종교개혁파(메노파, 퀘이커, 침례교 등)였다. 이들은 루터파와 성공회, 그리고 개혁교회가 가톨릭교회의 전통인 유아세례를 받아들인 것을 비판하면서, 오직 신앙을 명시적으로 가진 신자들만 세례(침례)를 받아야 한다고 주장했다. 또한 교회는 국가와의 관계에서 상호협력관계가 아니라, 완전한 분리를 해야 한다는 급진주의를 견지했다.

이와 같은 세 가지 형태의 개신교회들(교파들)은 16세기 후반과 17세기 전반까지는 가톨릭교회에 대하여 뿐만 아니라, 개신교회 교파들 상호간에도 여러 가지의 반목과 갈등이 있었다. 그러나 그들은 마침내 1648년의 베스트팔렌 평화조약(Peace of Westphalia)을 통하여 거의 1세기에 걸친 갈등과 분쟁을 끝내고 서로 관용하면서 발전할 수 있었다. 17세기 초부터 18세기 중반 이후의 계몽주의 시대까지 개신교회들은 자기 교회의 정통교리의 수립에 몰두했다. 특히 루터파와 개혁파

20 *The New Encyclopaedia Britannica*, 15th ed., s.v. "Protestantism." Vol. III (Chicago: Encyclopaedia Britannica, 1988), 281.

는 자신의 특징적인 교리를 확립하고자 하면서 루터와 칼뱅의 가르침을 성경에 따라서 더욱 체계적이고 논리적으로 밝히고자 했는데, 이것이 소위 정통주의 신학이었다. 개혁주의 정통주의를 잘 보여주는 문서로서 한국장로교회에 잘 알려져 있는 것이 1647년 영국에서 작성된 "웨스트민스터 신앙고백"이다. 이것은 칼뱅 및 개혁주의 신학의 내용(성경의 권위와 하나님의 주권을 강조하는)을 성경에 근거하여 체계적, 논리적으로 설명한 것이다.

17세기에는 정통주의가 지배적이었다면, 18세기 초부터는 독일에서의 경건주의(Pietism)와 영국 및 미국에서의 복음주의(Evangelicalism) 운동이 일어났다. 먼저 독일에서는 18세기 초부터 경건주의가 일어나서 정통주의를 보완하려고 했다. 정통주의는 신앙의 객관적 측면으로서의 교리를 강조한다면, 경건주의는 신앙의 주관적 측면으로서의 경건한 삶 자체를 강조했다. 즉 경건주의는 교인들이 소규모로 만나서 기도하고, 성경공부를 하며 경건한 삶을 사는 것을 중시했다. 영국과 미국에서는 정통주의 교리와 더불어 경험을 강조하는 소위 복음주의가 발흥하여 앞으로 2세기에 걸친 위대한 기독교시대를 열게 된다. 1730년대부터 칼뱅주의의 휫필드, 감리교의 웨슬리가 영적 부흥을 강조하고 또한 거룩한 성화의 삶을 강조했다. 특히 미국에서는 에드워즈를 중심으로 부흥운동(대각성운동)이 크게 일어나면서 많은 사람들이 교회로 다시 돌아오게 되고, 기존교인들은 활력을 얻게 되었다. 이 과정에서 복음주의는 한편으로는 "웨스트민스터 신앙고백"과 같은 정통주의 교리도 수용하고, 다른 한편으로는 회심과 부흥경험도 강조하여 18세기 후반 이후부터 현재까지 개신교의 활력소가 되어올 수 있었다.

영미권에서의 복음주의가 세계 개신교의 역사에 중요한 역할을 한 것은 19세기와 20세기 초반에 걸친 유례가 없는 세계선교를 통해서다. 특별히 1800년부터 세계 제1차 대전이 발발한 1914년까지의 19세기 전체는 유명한 교회사가 라투렛이 "기독교의 가장 위대한 세기"(the greatest century)[21]라고 부른 것처럼, 영미권의 개신교회들이 복음주의와 그에 따른 부흥주의를 통하여 내적으로 활력을 얻어서 수만 명의 선교사들을 온 세계로 파송했던 것이다. 선교사들은 아시아와 아프리카의

21 K. S. Latourette, *A History of Christianity* (New York: Harper and Brothers, 1953), 1063.

여러 신생국가들에 파송되어 그 곳에 기독교뿐만 아니라, 학교와 병원의 설립을 통하여 서구기독교문명(과학, 개인주의, 민주주의, 자본주의 등)을 이식했다. 이로써 저들은 현대에 있어서 많은 신생국들이 자유민주주의 체제를 확립하게 했고, 그들이 세계와 소통하게 하여 세계평화를 구축함에 있어서 큰 역할을 했다고 보겠다. 19세기 영미국가들의 세계선교는 곧 그들의 제국주의적 팽창이라는 비판도 있다. 물론 그런 점도 없지 않지만, 기독교는 한국 및 인도와 같은 신생국을 인정하고 특히 민주주의와 과학 등의 현대문명의 전파를 통하여 그 곳의 발전을 도운 면이 더 강하다고 보겠다. 이처럼 현대 복음주의 기독교는 영미권 국가들은 물론하고 특히 아프리카 및 아시아 신생국들에서 큰 역할을 했기에 우리는 복음주의를 긍정적으로 평가할 필요가 있다.

복음주의의 특징은 미국의 역사가 베빙턴(David Bebbington)에 따르면, 보통 다음의 네 가지라고 한다. 첫째, 성경중시주의(Biblicism)인데, 성경이야말로 믿음과 행위의 척도라고 믿는 태도이다. 둘째, 십자가중시주의(Crucicentrism)인데, 예수 그리스도의 십자가에서의 대속적 죽으심과 이를 통한 죄의 용서와 새로운 삶을 강조한다. 셋째, 회심경험중시주의(Conversionism)인데, 교인은 중생(born-again)경험을 통하여 변화되어 헌신의 삶을 살아야 한다는 것을 강조한다. 넷째, 행동주의(Activism)로서 복음을 다양한 방법(특히 설교, 사회봉사, 선교)을 통하여 표현하고 나누는 행동들을 중시한다.

우리는 복음주의 기독교를 긍정적으로 보면서도, 다른 한편으로는 그 문제점들도 인식하고 있어야 한다. 복음주의 기독교는 성경중시주의를 통하여 성경의 권위를 강조하지만, 이는 자칫 성경을 절대적으로 강조함으로써 분열적인 근본주의(Fundamentalism)로 치달을 수 있다. 다른 한편으로 복음주의 기독교는 회심경험중시주의를 통하여 지성보다는 감정과 회심경험을 지나치게 강조하여 반지성주의(Anti-Intellectualism)가 될 수 있다. 그러나 이런 몇 가지의 문제들을 잘 극복한다면, 복음주의 기독교는 특별히 비서구권에서 매우 유용한 기독교신학이 될 수 있다. 성경의 권위를 인정하고, 회심 및 부흥을 강조함으로써, 우리가 새로운 존재가 되어 그리스도에게 헌신된 삶을 살 수 있게 해주기 때문이다.

2) 한국 개신교: 복음주의에 근거한 놀라운 성장의 역사

앞에서 살펴본 것처럼 19세기초부터 및 20세기 초반까지 영미권에서 복음주의 부흥운동이 장로교회와 감리교회에서 강하게 일어나면서 세계선교운동이 전개되었고 이에 많은 미국인 선교사들이 한국에까지 오게 되었다. 1884년에 미국 장로교회 의료선교사 알렌으로부터 시작하여 이듬해에 장로교회 언더우드와 감리교회 아펜젤러가 내한하여 본격적인 선교활동을 펼치기 시작했다. 그리고 1910년까지 수백 명의 미국, 캐나다, 호주 선교사들이 내한하여 활동했고, 이들은 중복 전도와 교파간 갈등을 피하기 위하여 소위 "예양협정" 즉 교파에 따라서 선교지역을 할당하여 활동함으로써 보다 더 효과적으로 선교활동을 했다. 그들은 대부분 복음주의 신학을 견지하면서도 특별히 장로교회 선교사들은 교리(웨스트민스터 신앙고백 및 소요리문답과 같은)를 또한 중시한 것을 알 수 있다. 저들은 전반적으로 자신들이 익숙하게 알고 있던 복음주의 신학을 한국 개신교회에 가르쳤던바 오늘날에 이르기까지 한국개신교인들 역시 대부분은 이 신학을 견지하고 있다고 보겠다.

선교사들은 처음부터 세 가지의 선교사업들을 함께 하면서 선교를 수행함으로써 소위 시너지 효과를 가져왔다고 보겠다. 첫째는 그들의 복음주의 신학에 따라서 성경공부를 강조하면서 교회를 세운 것이고, 둘째는 병원을 세워서 사람들의 몸과 마음을 함께 고치고자 한 것이며, 셋째는 각종 학교를 세워서 아동과 청년들을 신식교육을 제공함으로써 그들에게 희망을 주고자 한 것이었다. 구한말 조선정부는 무능하여 특별히 의료와 교육에 있어서 제대로 역할을 하지 못했기에, 선교사들의 활동은 보다 큰 효과를 거두었다고 보겠다. 즉 선교사들은 단순히 교회만 세운 것이 아니라, 병원과 학교들을 함께 세워서 사람들을 통전적으로 성장하도록 했기에 큰 성공을 거둘 수 있었다는 것이다.

이런 시너지 효과에 힘입어, 선교사들의 교회설립 역시 큰 성공을 거두었는데, 이에 있어서는 그들이 복음주의 신학에 따라서 성경공부를 중시한 것이 주효했다고 보겠다. 선교사들은 자신들이 가지고 있던 복음주의의 성경중시주의가 한국인들의 경전중시사상과 일맥상통하는 점을 감안하여 성경공부에 집중했다. 구한말과 일제시대뿐만 아니라, 1960년대까지도 한국장로교회 교인들은 매주 주일 예배뿐만 아니라 매년 한두 번씩 열리는 특별 성경공부(1-2주에 걸친 사경회[査經會]) 를 엄격하게 이수해야 했었다. 교육을 받을 기회가 없었던 아녀자와 가난한 집안의 어른들 및 아이들에게 있어서 교회의 성경공부는 성경과 기독교만이 아니라, 글을 배울 수 있는 좋은 기회였다. 선교사들은 나아가서 아녀자와 가난한 민중의 언어였던 "언문"(한글)을 가르침으로써 더 쉽게 성경공부를 하도록 했다(이로써 선교사들은 후일에 한문이 아닌 한글이 공용어가 될 수 있는 터전을 마련해주었다). 이처럼 낮은 계층의 많은 사람들이 성경공부를 통하여 교회에 입문함으로써, 한국개신교회는 역사상 유래가 없을 정도로 성장하여 전래 후 25년이 되던 1909년에는 교인수가 20만 여명이 되었다고 한다.

한국개신교회는 그 발전과정에서 성경공부를 중시하면서도 특별히 "네비우스 선교방법"을 채택하였는데, 이는 크게 성공한 것으로 증명되어, 세계적으로 알려지게 되었다.[22] 이 방법이 구체화된 과정을 설명하면 대략 다음과 같다. 몇 명의 사람들이 선교사의 성경공부과정을 이수함으로써 무위도식하던 구습을 끊고 헌신적인 교인이 되면, 그들의 가족이나 친구 혹은 친지를 전도한다(자전: 自傳). 이렇게 해서 교인 수가 수십 명이 되면 하나의 교회를 형성하고, 적절한 규모가 되면, 유급 목회자를 모신다(자립: 自立). 목회자와 교인들은 교인들의 대표로서 장로를 선출하고, 목회자와 장로는 대의정치 기구로서 당회를 구성하여 교회를 이끌어나가고 문제가 있으면 치리한다(자치: 自治). 이것이 소위 "삼자"(三自: 자전, 자립, 자치)선교방법인데, 이것을 이론화한 선교사가 네비우스였기 때문에 이 방법을 "네비우스 선교방법"이라고 일컫는 것이다. 이처럼 내한 서양선교사들은 한편으로는 네비우스 선교방법에 따라 곳곳에 교회를 세우고, 다른 한편으로 서울, 평양, 대구 등 요충지에는 병원과 각종 학교들 및 대학을 세움으로 시너지 효과를 얻을 수 있었던 것이다. 구한말 및 일제시대에 한국은 일제를 이기기 위하여 한편으로는 현대화, 서구화가 필요했고, 다른 한편으로는 민족주의적 항일정신이 필요했는데, 교회는 이 두 가지를 또한 잘 충족시켜주었다. 이로써 한국기독교인들은 한편으로는 기독교신앙을

22 참조: 황재범, "한국장로교회의 성서문자주의: 그 기원과 초기 발전과정," **종교연구** 71 (2013): 181-209.

통하여 삶의 의미를 발견하고, 또 개신교의 소명사상에 따라서 열심히 일을 했으며, 다른 한편으로는 현대화 및 서구화를 배워서 합리적이며 민주주의적인 태도를 익히고 지도자가 될 수 있었던 것이다. 이로써 교회는 길선주, 이승만, 안창호, 조만식, 봉경 이원영 같은 서구적이며 민주주의적 지도자들을 배출할 수 있었고, 이들과 더불어 많은 개신교인들이 한국의 민주주의 문화 형성과 현대화, 서구화의 주역이 되어 올 수 있었던 것이다.

5. 나오는 말

지금까지 우리는 2000년간의 기독교 역사를 개신교와 그 문화(개인주의, 민주주의, 자본주의)의 형성과정을 중심으로 조감해보았다. 기독교는 로마제국의 식민지였던 이스라엘에서 미미한 종교로 시작했다. 그러나 기독교의 메시지 즉 예수 그리스도께서 십자가에서 죽으시고 부활하심으로써 신도들의 죄를 용서해주시고, 그들을 다시 살리셔서 새로운 존재(믿음, 소망, 사랑으로 사는)가 되게 해주신다는 메시지는 보편성을 가졌다. 그러므로 기독교는 그 시작부터 현재까지 수많은 세계인들로 하여금 새로운 존재로 살게 해주었고, 또한 새로운 문명(서양문명과 같은)을 창조하도록 해주었다.

기독교는 4세기에는 로마제국의 국교가 되고, 이를 통하여 중세 초기의 혼란기에 서양문명 자체를 기독교문명으로 변화시키는 뿌리를 놓았다. 중세 전성기에는 기독교가 교육, 문화, 사회, 행정, 사법 등의 발전에 결정적 공헌을 하여 그 변화의 줄기가 굳게 세워졌다고 보겠다. 중세 말기에는 교회가 타락하여 르네상스와 르네상스 인문주의를 통하여 이 줄기에 문제가 있음이 발견되었다. 이에 종교개혁이란 새로운 줄기가 접목되어 기독교 나무줄기는 새롭게 발전하여 개신교회가 되었다고 보겠다.

종교개혁은 가톨릭교회의 '행위에 의한 구원'사상의 문제가 여러 가지로 드러나던 16세기 초에 '오직 믿음을 통한 구원'(이신칭의)사상을 깨닫게 된 루터에 의하여 발발했다. 그 배경에 있어서는 물론 르네상스 인문주의와 최근 발명된 인쇄술이 중요한 역할을 했다고 보겠다. 스위스에서는 츠빙글리와 칼뱅을 비롯한 개혁자들이 성경을 하나님의 말씀으로 설교를 하는 가운데서 스위스 국민들이 성경에 따라서 개혁을 하고자 하는 흐름에서 종교개혁을 이루어갔다.

종교개혁과 이에 따라 형성된 개신교회는 개인의 신앙의 중요성과 더불어 만인사제설을 외침으로써 개인의 자유와 평등 그리고 공동체에 대한 봉사의무를 중요하게 가르쳤다. 개신교 특히 칼뱅주의는 하나님의 절대주권과 성경지상주의에 근거하여 절대독재를 부정하고 권력에 대한 견제 개념을 분명하게 함으로써 자유민주주의 국가의 성립에 결정적 역할을 했다. 개신교는 또한 윤리에 있어서 직업소명설과 소명(직업)의 금욕주의적 수행을 강조했는데, 이로부터 '경제적 합리주의'와 이에 따른 자본주의적 태도가 생겨났다.

이와 같은 문명사적 의미를 가진 개신교회는 크게 보면 보수적인 루터주의와 영국성공회(국교회), 중도적인 칼뱅주의(개혁주의), 급진적인 재세례파로 발전해나갔다. 17세기에는 개신교의 특징적인 교리를 확립하고자 하는 정통주의가 있었고, 18세기에는 특별히 영미권에서 성경의 권위와 회심경험을 강조하는 복음주의가 강하게 일어났다. 복음주의 기독교는 19세기에 더욱 강하게 되어 거의 모든 비서구권 국가들에 선교사들을 파송하는 위대한 과업을 이루었다. 이에 1884년부터는 한국에까지 미국, 캐나다, 호주 선교사들이 오게 되고 이들은 성경의 권위를 중시하는 복음주의사상에 따라 특별히 성경공부를 강조했다. 그리고 선교사들은 교회와 더불어 병원과 고등교육기관들을 설립하여 기독교뿐만 아니라, 민주주의, 평등주의, 과학주의, 법치주의 등의 서구적 가치관을 확산시켰다. 이런 서구적 가치관과 배움에 목말라 있던 한국의 대중들, 특히 빈민층, 여성들, 청소년들이 교회에 참여함으로써 한국교회는 놀라운 성장을 기록했다.

이로써 우리는 인류 역사에 있어서 실로 기독교 이상으로 영향을 미쳐온 국가나 단체 혹은 종교는 없다고 해도 과언이 아니라는 것을 다시 한번 확인해 보았다. 여기서 우리는 잊지 말아야 한다. 기독교에 있어서 필요한 것은 단순히 이와 같은 지식뿐만 아니라, 예수 그리스도에 대한 믿음이 필요하다는 것을.

| 기독교와 대화하기 |

| 3부 |

대화를 통한 삶

9장 사람다움을 위한 선택 : 현대사회와 기독교윤리[1]

1. 들어가는 말 : 선택 앞에 서다

주스를 마실 것인가 커피를 마실 것인가? 예능프로그램을 볼 것인가 스포츠 중계를 볼 것인가? 지하철이나 버스에서 교통약자에게 자리를 양보할 것인가 그냥 앉아 있을 것인가? 가성비는 좋지만 생태계를 파괴하는 기업의 제품을 살 것인가 말 것인가? 어떤 정당을 지지하고 어떤 정치가를 국민의 대표로 선출할 것인가? 우리의 일상은 가히 선택의 연속이라 하겠다. 이처럼 우리는 매순간 선택 앞에 놓여 있다. 이러한 선택들을 범주별로 분류하면 다음과 같다. 첫째, 단순히 개인의 기호에 따른 선택이다. 둘째, 관습을 반영한 선택이다. 셋째, 가치기준이 요청되는 이성적 판단과 성찰에 의한 선택이다.[2] 개인의 기호에 따른 선택은, 개인의 만족 또는 불만족의 결과를 낳는다. 관습에 따른 선택은, 타인의 칭찬 아니면 비난이라는 결과를 가져온다. 가치기준이 요청되는 이성적 판단과 성찰에 의한 선택은, '옳다' 또

---

1 이 글은 필자의 "새로운 세상을 향한 비전," 기독교의이해 교재편찬위원회 편, **기독교의이해** (대구: 계명대학교 출판부, 2009)와 "현대사회의 윤리적 문제들에 대한 기독교윤리의 응답," 기독교의이해 교재편찬위원회 편, **기독교와 대화하기** (대구: 계명대학교 출판부, 2013)에서 발췌하여 수정한 것이다.

2 세 가지 범주의 선택이 별개의 경우일 수도 있지만, 현상적으로 볼 때 동일한 행위가 세 가지 범주의 선택을 서로 연관시키는 경우도 있을 수 있다. 예를 들면, 커피를 마시지 않는 것이 단순히 개인의 기호에 따른 선택이 아니라, 커피를 좋아하지만 대부분의 커피가 커피농장 노동자의 노동력 착취에 의해 생산된다는 것을 알고 나서 선택한 행동인 경우이다. 또한 한국사회의 관습에 의하면 부모나 어른의 말을 거역하는 것이 버릇없는 행동으로 보일 수 있지만, 부모와 어른의 말이 사람답게 사는 사회에 역행하는 것이기 때문이라는 이성적 판단과 성찰의 결과로 그러한 행동을 선택한 경우도 있다.

는 '그르다', '선하다' 또는 '악하다'라는 평가를 받는다. 세 가지 중에서 윤리적인 선택에 해당하는 것은 세 번째 범주이다. 어떤 하나의 선택이 윤리적이기 위해서는, 가치기준이 요청되는 이성적 판단과 성찰에 의한 선택이어야 하기 때문이다. 단순히 개인의 기호에 따른 선택이나 관습에 따른 선택을 가리켜서는 윤리적이라고 하지 않는다.

오늘 우리는 급속한 변화 속에 살고 있다. 우리는 전통적인 신념체계와 규범체계만으로는 해석과 판단을 할 수 없는 문제들과 만난다. 전통적인 신념체계와 규범체계만으로는 해석과 판단을 할 수 없는 문제들이란, 첫째, 이미 오래전부터 있어왔지만 변화된 상황에서 새로운 해석과 판단이 요청되는 문제들을 말한다. 현재 우리는 '다원화 사회'에 살고 있다. 다원화 사회란, 다양한 가치와 규범과 종교와 문화가 공존하고, 특정한 가치와 규범과 종교와 문화를 절대적인 것으로 간주할 수 없는 사회를 뜻한다. 하여, 전통적인 신념체계와 규범체계의 구속력과 설득력이 매우 약화되고 있다. 둘째, 전통적인 신념체계와 규범체계만으로는 해석과 판단을 할 수 없는 문제들에는 과학기술의 발전으로 인해 새롭게 등장한 문제들이 있다. 과학기술의 발전은 우리를 기존에는 상상도 할 수 없었던 현실과 문제에 직면하게 만들었다.

이러한 상황은 우리로 하여금 우리의 삶을 구성하고 둘러싼 여러 문제들에 대해 '새롭게 바라보고 새롭게 판단'하도록 이끈다. 새롭게 바라보고 새롭게 판단한다 함은, 첫째 기존 문제들의 경우 그 문제들에 대한 전통적인 해석과 판단을 절대적인 것으로 보는 관점에서 한발 물러나 그러한 해석과 판단을 객관화하는 것이다. 그리고 변화된 현실을 반영한 관점의 새로운 해석과 판단의 자리를 마련하는 것이다. 둘째, 과학기술의 발전으로 인해 새롭게 등장한 문제들의 경우 문제 자체가 새롭기 때문에 그런 문제들에는 어떤 것들이 있으며(영역, 종류 등) 그 문제들이 무엇인지(개념, 쟁점 등)에 대한 이해가 선행되어야 한다.

기존 문제든 과학기술의 발전으로 인해 새롭게 등장한 문제든 그것이 우리의 삶을 구성하고 둘러싼 문제인 한, 우리는 그 문제에 대해 해석과 판단을 내려야 한다. 그런데 이때 우리는 어려움에 봉착한다. 급변하는 상황에서 그 문제에 대한 단 하나의 해석과 판단만 있는 것이 아니라 다양한 관점에서의 해석과 판단이 존재하기 때문이다. 전통적인 신념체계와 규범체계에 따른 관습적 해석과 판단은 더 이상 절대적인 정답이 아니라 여러 답들 가운데 하나일 뿐이다.

그렇다면, 여러 답들 중에서 하나를 선택할 때 우리는 어떤 기준으로 선택할 것인가? 바로, 그 여러 답들 속에 '새로운 세상을 향한 비전'[3]이 있는지를 따져보아야 한다. 새로운 세상을 향한 비전이란, "현실을 당연하게 받아들이는 것이 아니라 현실의 정당성을 되물으며 현실을 넘어서는 새로운 세상을 말하는 것이다."[4] '새로운 세상'을 말한다는 것은 무엇인가? 그것은 '사람이 사람다워야 한다는 것'과 '사람을 사람대접해야 한다는 것'과 '사람이 사람답게 살 수 있는 사회가 되어야 한다는 것'을 의미한다.[5] 사람이 사람다워지기 위해서는 사람을 사람대접해야 하며, 사람을 사람대접하기 위해서는 개인의 차원만으로는 가능하지도 충분하지도 않기에 사람이 사람답게 살 수 있는 사회가 되어야 한다. 즉, 새로운 세상이란 '사람다움'이라는 가치를 중요하게 생각하는 세상이다.

사람다움은 사람을 사람대접할 때 실현된다. 사람을 사람대접한다는 것은 두 가지 의미를 가진다. 첫째, 사람을 '목적'으로 본다는 것이다. 둘째, 사람이 '주체'가 된다는 것이다.[6] 이 둘은 별개가 아니라 서로 연관되어 있다. 왜냐하면 사람을 목적으로 보기 위해서는 사람이 주체가 되어야 하며, 사람이 주체가 되어야만 사람을 목적으로 볼 수 있기 때문이다. 바로 여기에서 '윤리'가 출발한다. 윤리는 각각 주체인 사람과 사람이 서로를 각각 목적으로 볼 때 성립한다. 바로 여기에 '도덕'과 '윤리'의 차이가 존재한다.

---

3 이인경, **에큐메니칼 페미니스트 윤리** (서울: 한들출판사, 2005), 124.

4 이인경, "새로운 세상을 향한 비전," 97.

5 양명수, **기독교 사회정의론: 갸륵하신 하나님** (서울: 한국신학연구소, 1997), 20.

6 *Ibid*, 28-29.

2. 도덕, 윤리, 기독교윤리

흔히 동의어로 사용되는 도덕과 윤리라는 개념은 그리스어 '에토스'(ethos)에서 비롯되었다. 에토스는 본래 익숙한 곳, 거주하는 곳, 고향으로 여기는 장소를 뜻하며, 바로 여기에서 에토스라는 단어가 '습관', '구습', '관습', 그리고 '도덕'이라는 의미로 사용된다. 즉, 사람들이 거주하는 곳에서 습관과 전통과 관습을 통하여 발전된 것을 '도덕'이라고 한다. 한편, 에토스는 관습에 따른 행위라는 본래적 의미를 넘어서, 자신의 이성적 통찰에 근거하고 자신의 성향과 합치하기 때문에 마땅히 행해야한다는 파생적 의미를 가진다. 바로 이 파생적 의미가 '윤리'에 해당된다. '윤리'는 사람들이 성장하면서 익숙해지는 어떤 요구가 아니라 습관화된 것으로부터 벗어나고 관습적인 법에 불과한 것에 맞서기도 하면서 새로운 행위와 행동을 하도록 도전하는 요구이다.[7] 그러므로 엄밀히 따지자면 도덕과 윤리는 구별되어야 한다.[8] 물론 윤리는 도덕을 배제하지 않는다. 도덕은 "윤리가 각 사회에서 고유한 형태로 모양을 갖춘 경험적인 것"[9]이기 때문이다. 그러나 윤리는 관습에 따른 행위규범으로서의 도덕을 넘어선다. "도덕은 규범과 규제를 통해 사회질서를 유지하려고 한다는 점에서 이데올로기"[10]이기 때문이다. 이데올로기로서의 도덕을 넘어서고 비판하

---

7 P. Taylor, **윤리학의 기본원리**, 김영진 역 (서울: 서광사, 1985), 13-15; A. Rich, **경제윤리 I : 신학적 관점에서 본 경제윤리의 원리**, 강원돈 역 (서울: 한국신학연구소, 1993), 23-25.

8 그러나 학자들에 따라서는 이 두 개념을 구분하지 않기도 하며, 어떤 경우에는 동일한 학자의 글에서 이 두 개념이 같은 의미를 가진 것으로 사용되기도 한다. '도덕'(moral)은 라틴어 모랄리스(moralis)에서 나왔으며 이 말의 어원은 모스(mos)이다. 모스는 그리스어 에토스와 마찬가지로 '습관, 관습'이라는 뜻을 가진다. 양명수, 20; 김철영, "기독교윤리학의 기초윤리에 관한 고찰: 기독교윤리학 하기," 한국기독교윤리학회 편, **기독교윤리학 개론** (서울: 대한기독교서회, 2005), 17. 한편, 그리스어 에토스에서 유래된 영어 에틱스(ethics)는 윤리와 윤리학 둘 다를 지칭하는데, 이 글에서는 주로 윤리를 뜻하는 것으로 사용하였다. 참고로 윤리학이란 "인간의 도덕적 삶에 관한 이론적 실천적 과학이다. 그것은 인간의 행위와 삶에 관한 도덕적 규범과 가치판단, 그리고 그 근거들에 대한 탐구이다." 김철영, 16.

9 양명수, 20.

10 *Ibid*, 37.

는 이러한 윤리의 핵심은 '사람이 사람다워야 한다는 것', '사람을 사람대접해야 한다는 것', '사람이 사람답게 살 수 있는 사회가 되어야 한다는 것'에 있다.[11]

그렇다면 기독교윤리는 무엇인가? 기독교인들이 믿는 성서의 하나님은 사람을 사람답게 하기 위해 예수로 성육신하여 죽기까지 함으로써, 사람을 목적으로 보게 하고 사람이 주체가 되게 하셨다. 그 예수를 그리스도라고 고백하는 것이 기독교 신앙의 핵심이다. 이러한 기독교신앙에 기초한 윤리를 '기독교윤리'라고 한다. 기독교윤리란, '기독교인의 삶은 어떤 것이어야 하는가?' 또는 '기독교인의 행위는 어떤 것이어야 하며 그 근거는 무엇인가?'라는 물음에 대한 답변을 모색하는 것이다.[12] 윤리가 사람 대 사람의 관계를 말하는 것이라면, 기독교윤리는 사람 대 사람의 관계를 사람 대 하나님의 관계로 풀려는 것이다.[13] 기독교윤리의 독특성은 '하나님을 사랑하고 이웃을 사랑하라'에 있다. 기독교윤리에서 '하나님에 대한 사랑'과 '이웃에 대한 사랑'은 별개의 것이 아니다. '하나님에 대한 사랑'만 있으면 종교는 될지언정 윤리가 되지 못하며, '이웃에 대한 사랑'만 있으면 일반윤리일 뿐 기독교윤리는 되지 못한다. 그러므로 기독교윤리의 핵심은 이 둘을 연결하는 데에 있다.[14]

일반윤리에 대해서든 기독교윤리에 대해서든, 우리는 왜 어떤 윤리적 행위를 해야 하거나 하지 못하며, 어떤 윤리적 행위에 대해 '옳다' 또는 '선하다'라고 판단하는 근거는 무엇인가 라는 질문을 하게 된다. 이러한 질문에 대한 다양한 답변들을 두 가지 유형으로 묶을 수 있다. 하나는 의무론적 윤리(deontological ethics)이고, 다른 하나는 목적론적 윤리(teleological ethics)이다.

의무론적 윤리에 의하면, 인간은 수행하거나 수행해서는 안 되는 의무를 반드시 가지고 있으며, 그 의무의 수행에 따른 결과에 관계없이 그 의무는 절대적인 것

11 *Ibid*, 20.

12 김광원, 문시영, **기독교 바로알기** (서울: 선학사, 1998), 148.

13 양명수, 148.

14 *Ibid*, 106.

이다.[15] 의무론적 윤리는 윤리적인 문제에 직면하여 '나의 삶을 다스리는 법은 어떤 것인가? 내 삶의 제1 법칙은 무엇인가?'를 묻는다. 의무론적 윤리의 가장 주된 관심은 '무엇이 옳은가?'(What is the right?)이다. 옳은 것이란 그 결과가 내게 이익을 주건 주지 않건 상관없이 언제나 내가 마땅히 그래야 하는 것을 뜻한다. 의무론적 윤리가 전제하는 도덕 행위자는 '시민으로서의 인간'(man as the citizen)이다. 시민은 합리적 인간으로서 일정한 의무를 가지며, 그 의무는 절대적이고 무조건적이다.[16]

목적론적 윤리에 따르면, 어떤 행위의 옳고 그름은 그 행위의 결과에 의해 결정된다. 목적론적 윤리는 윤리적인 문제에 직면하여 '나의 목표, 나의 이상, 나의 목적은 무엇인가?'를 질문한다. 목적론적 윤리의 주된 관심은 '무엇이 선인가?'(What is the good?)이다. 즉, 목적론적 윤리에서는 어떤 윤리적 행위의 결과가 어떤 선을 가져오느냐가 중요한 문제이다. 목적론적 윤리가 전제하는 도덕 행위자는 '제작자로서의 인간'(man as the maker)이다. 제작자는 어떤 특정한 목표 혹은 목적을 성취하기 위해 윤리적 행위를 하며, 그 목표 혹은 목적에 부합하지 않은 것은 거부한다.[17]

그런데 이러한 의무론적 윤리와 목적론적 윤리는 율법주의와 상대주의로 흐를 위험이 있다.[18] 이에 대한 대안으로 나온 것이 응답의 윤리(ethics of response)이다. 응답의 윤리에 의하면, 윤리적 대답이 정해진 것이 아니라 하나님의 뜻에 비추어 볼 때 '현재 무슨 일이 진행 중인가?'를 묻고 하나님의 뜻에 따라 적절한 응답을 하는 것이다. 응답 여부가 책임이 되고 올바른 응답을 하는 것이 윤리적 과제이다. 응답의 윤리의 주된 관심은 '무엇이 적합한가?'(What is the fitting?)이다. 응답의 윤

15 박종균, "기독교윤리학과 윤리 이론," 한국기독교윤리학회 편, **기독교윤리학 개론** (서울: 대한기독교서회, 2005), 54-59.

16 R. H. Niebuhr, **책임적 자아**, 정진홍 역 (서울: 이화여자대학교 출판부, 1983, 1991), 67-98.

17 Ibid.

18 김광원, 문시영, 162.

리가 전제하는 도덕 행위자는 '응답자로서의 인간'(man as the answer)이다.[19] 응답자는 자기에게 부과된 행위에 대하여 반응하고 응답한다. 응답의 윤리는 각자의 정황에서 하나님의 뜻을 찾아 결단하는 것을 말한다. 이때 율법의 도움을 받기는 하지만 그것을 절대화하는 율법주의에 빠지지 않는다. 사랑을 윤리의 절대적 기준으로 제시하되 상대주의에 떨어지지 않고 하나님의 뜻에 비추어 상황에 적합한 응답을 하기 때문이다.[20]

3. 기독교윤리의 세 가지 차원

기독교인은 '세상 안에 있으나 세상과 다르다.' 기독교인이 세상과 전혀 별개로 존재하면 세상을 바꾸는 힘을 가질 수 없으며, 세상과 완전히 같아져도 예언자적 자세를 가지지 못 한다는 것을 표현한 말이다. 물론 이 말은 선과 악의 문제를 뜻하는 것이 아니다. 추구하는 가치가 다르고 바라는 것이 다르기 때문에 삶의 자세가 다르다는 것을 의미한다.[21] 기독교인의 삶을 다루는 기독교윤리는 인간의 현실과 하나님의 비전과의 긴장관계를 유지해야 한다. 기독교윤리는 현실에 기반을 두되(기술윤리의 차원), 그 현실에 매몰되지 않고 넘어서는 그 무엇(규범윤리의 차원)을 말한다. 또한 기독교윤리는 그 무엇을 정당화시켜주는 근거를 하나님에 대한 믿음에 둔다(메타윤리의 차원). 그러므로 기독교윤리는 기술윤리의 차원, 규범윤리의 차원, 그리고 메타윤리의 차원을 모두 가진다.

1) 기독교윤리의 기술윤리적 차원

기술윤리(descriptive ethics)는 경험적 사실로서의 윤리적인 것 또는 현실적 도

---

19 R. H. Niebuhr, 67-98.

20 김광원, 문시영, 163.

21 양명수, 101-102.

덕을 가리킨다.[22] 기술윤리는 '있는 그대로의 현실'(to be)을 기술한다(describe). 앞에서 구분한 바에 따르면, 기술윤리는 관습에 따른 행위규범으로서의 도덕에 해당된다. 그러므로 엄밀하게 말해서, 기술윤리는 윤리의 영역에서 제외된다. 그러나 윤리는 도덕을 배제하는 것이 아니라 도덕을 기초-출발점-로 하되 도덕을 넘어서는 것이기에, 기독교윤리도 도덕에 해당되는 기술윤리적 차원을 포함하고 있다. 하지만 기술윤리는 특정한 개인 또는 집단, 일정한 시공간에만 한정된 것이므로, 모든 시공간의 모든 도덕 행위자에게 적용될 수 없다. 예를 들면, 레위기와 바울서신에 나오는 행위규범 등은 특정 시대, 특정 집단에만 한정된 기술윤리라고 하겠다. 그럼에도 불구하고, 현재 교회에서는 성서시대의 규범과 그것에 기초한 교회 전통을 문자적으로 적용하는 경우가 적지 않다. 그러한 기술윤리를 성서의 권위나 교회의 권위에 기대어 기독교인에게 강요하는 것은 기독교윤리를 타율의 윤리로 전락시키는 것이다.

'타율'(heteronomy)이란 '낯선 법'을 뜻하며, 낯설다는 것은 성서의 권위든 교회의 권위든 그것은 하나님 자체가 아닐 뿐 아니라 인간 자신의 이성적 능력과 판단에 역행한다는 것을 의미한다. 대부분의 기독교인들은 형벌의 두려움이나 해결하기 힘든 문제에 대한 두려움 때문에, 하나님이 주신 이성의 능력을 사용하는 용기를 선택하기 보다는 낯선 권위가 보장하는 안전성을 선택한다.[23] 그러나 기독교윤리는 타율의 윤리를 넘어서 자율의 윤리로 그리고 궁극적으로는 신율의 윤리가 되어야 한다.

'자율'(autonomy)이란 "자기가 자기 자신에 대한 법이라는 것을 의미"하고 "인간의 이성적 능력을 사용하는 용기를 의미"[24]하며, '해야 한다'는 당위도 인간에게서 나오고 그것을 실현하는 힘도 인간에서 나온다는 것"[25]을 의미한다. 윤리는 이러한 자율을 기초로 한다. 윤리는 인간의 이성적 판단을 요구하기 때문이다. 그래서

---

22 P. Taylor, 16; A. Rich, 20.

23 P. Tillich, **19-20세기 프로테스탄트 사상사**, 송기득 역 (서울: 한국신학연구소, 1980), 37-38.

24 *Ibid.*, 36-37.

25 양명수, 106-107.

전통적으로 윤리는 자율적 인간을 도덕 행위자의 전형으로 간주했던 것이다. 기독교윤리도 거기서 예외가 아니다. 기독교윤리의 기초도 자율이다. 물론 기독교윤리는 자율의 근거를 하나님께 두어야 한다. 즉, 기독교윤리는 "자신의 신적 근거를 알고 있는 자율 곧 신율"[26]에 기초해야 한다는 것이다. '신율'(theonomy)이란 "우리 안에 임재한 신적인 영 Spirit의 현존에 관해서 우리 자신이 가지는 개인적 경험을 의미"[27]한다. 안전을 보장하는 타율에 기대지 않고, 자신의 이성적 능력을 사용하는 용기 즉 자율을 가지되, 그 자율의 근거가 하나님께 있다는 것을 아는 것, 이것이 바로 신율의 윤리이다.

2) 기독교윤리의 규범윤리적 차원

규범윤리(normative ethics)는 당위적 요구로서의 윤리적인 것 또는 모든 도덕 행위자에게 타당한 도덕적 표준이나 규칙의 체계를 지칭한다.[28] 규범윤리는 '하여야 하는 당위'(ought to be)이다. 규범윤리는 관습에 따른 행위규범에 맞서고 그것을 넘어서서, '사람이 사람다워야 한다는 것', '사람을 사람대접해야 한다는 것', '사람이 사람답게 살 수 있는 사회가 되어야 한다는 것'을 말한다. 이러한 규범윤리는 앞에서 언급한 자율에 기초한다. 예수는 당시 안식일법이 관습에 따른 행위규범이 되어버려서, 사람을 사람답게 하지 못하고 사람을 사람대접하지 않으며 사람이 사람답게 살 수 있는 사회가 되지 못하게 했다고 비판하였다. "안식일이 사람을 위하여 생긴 것이지, 사람이 안식일을 위하여 생긴 것이 아니다"(마가복음 2장 27절). 즉, 예수는 특정한 시대, 특정한 집단에게만 적용되는 도덕을 넘어서는 규범윤리를 제시했던 것이다. 구약의 예언자들도 인간의 현실(reality)을 하나님의 비전(vision)에 비추어 해석함으로써 '현실과 비전의 긴장'(tension between reality and vision) 관

26 P. Tillich, 38.

27 *Ibid.*

28 P. Taylor, 18; Rich, 22.

계를 유지하려고 하였다.[29] 즉, 예언자들은 '있는 그대로의 현실'에 맞서서 하나님의 뜻에 합당한 '하여야 하는 당위'를 제시하려고 했던 것이다.

3) 기독교윤리의 메타윤리적 차원

메타윤리(meta-ethics)란 행위규범을 찾는 것이 아니라 윤리적 진술의 의미와 정당성을 따지는 것이다. 정당성의 근거를 따져 올라가다보면 사람의 합리성을 넘어 서 있는 그 무엇에 대한 믿음을 말하지 않을 수 없다는 것을 밝히는 것이 메타윤리의 영역이다. 메타윤리에 의하면, 어떤 행동이 옳다는 것은 옳다고 믿는 것이다.[30] 기독교윤리는 '하여야 하는 당위'의 정당성의 근거를 하나님에 대한 믿음에 둔다. 그러므로 기독교윤리는 사람의 합리성을 넘어 서 있는 하나님에 대한 믿음을 말한다는 점에서 메타윤리적 차원을 갖는다고 하겠다. 바로 이 점이 기독교윤리가 신율의 윤리임을 보여준다. 기독교윤리는 '기독교인 됨'을 전제로 한다. '기독교인 됨'이란 사람의 합리성을 초월한 하나님에 대한 믿음을 고백하는 것이다. 그런데 '기독교인 됨'은 어느 한 순간에 일회적으로 이루어지는 것이 아니라, 기독교인으로 살아가면서 기독교인이 되어가는 것이다. 성서의 권위로도 교회의 권위로도 '기독교인 됨'을 보증하지 못한다. 낯선 권위를 인간의 이성적 능력으로 비판하되, 인간의 이성적 능력이 하나님께로부터 온 것임을 알 때, 기독교인이 되는 것이고 기독교인으로 살아가는 것이다.

---

29 P. D. Hanson, *The Dawn of Apocalyptic: The Historical and Sociological Roots of Jewish Apocalyptic Eschatology* (Philadelphia: Fortress Press, 1975, 1979); "Old Testament Apocalyptic Reexamined," in *Visionary and their Apocalypses*, ed., P. D. Hanson (Philadelphia: Fortress Press, 1983), 37-60.

30 양명수, 111.

4. 기독교윤리의 다양성과 통일성

기독교인은 기독교인으로 살아갈 것을 요구받는다. 기독교인으로 산다는 것, 즉 기독교인의 삶이란 무엇일까? 기독교인의 삶이란 어떤 특정한 일을 행한다거나 혹은 어떤 특별한 규칙과 계율을 지키는 것만을 의미하지 않는다. 기독교윤리는 관습에 따른 행위인 도덕적인 것을 넘어서는, 새로운 세상을 향한 비전이기 때문이다. 기독교인의 삶이 특정한 행동을 하거나 특별한 계율을 따르는 것으로 정의된다면, 기독교인의 삶을 다루는 기독교윤리는 이미 주어진 답에 얼마나 더 가까운가 하는 식의 평가에 불과할 것이다.[31]

그렇다고 기독교인의 삶이 무한정 다양하고 서로 무관하다고도 할 수 없다. 그렇다면 어떻게 기독교가 2천년에 걸쳐 유지되고 전개되어 왔겠는가? 기독교윤리는 획일적이지 않고 다양하면서도 그 다양성을 하나로 아우르는 통일성을 가지고 있다. 기독교윤리의 가장 중요한 근거 중의 하나인 성서는 바로 이러한 점을 잘 보여준다. 기독교인의 신앙과 삶의 중요한 기준인 성서는 현재의 상황과 거리가 있는 특정한 역사적 상황 하에서 기록되었으며 따라서 다양한 역사적 상황뿐만 아니라 다양한 규범과 사건과 관점과 이상이 반영되어 있다.[32] 그러므로 성서는 기독교인의 삶이 어떤 것이며 어떤 것이어야 하는가라는 물음에 대해 다양한 답변을 하고 있다. 그러면서도 성서는 그러한 다양성을 비판하는 통일성도 가지고 있다. 그렇다면 그 통일성은 무엇일까? 성서를 관통하는 통일성 또는 내적 일관성은 바로 '하나님의 뜻'과 그에 대한 '인간의 응답'이다.[33] 성서는 다양한 구체적인 역사적 상황에서 나타나는 '하나님의 뜻'과 그에 대한 '인간의 응답'을 기록하고 있다. 성서를 가장 중요한 자료 중의 하나로 받아들이는 기독교윤리는, 그러한 성서에 기초하여 기

---

31 W. Beach and H. R. Niebuhr, **기독교윤리학**, 김중기 역 (서울: 대한기독교출판사, 1985), 11-12; 김중기, **참가치의 발견: 성서윤리의 틀** (서울: 도서출판 예능, 1995), 249.

32 와가만(P. Wogaman)은 성서 안에 있는 상충되는 요소들로 '계시 대 이성', '물질주의 대 영적 삶', '보편주의 대 집단 정체성', '은혜 대 율법', '사랑 대 무력', '신분제도 대 평등' 등을 언급한다. P. Wogaman, **기독교윤리학의 역사**, 임성빈 역 (서울: 한국장로교출판사, 2000).

33 김중기, 250.

독교 윤리적 성찰을 하는 것이다. 그렇기에 기독교윤리는 하나님의 뜻과 그에 대한 인간의 응답을 다룬다는 점에서 내적 일관성을 견지하는 반면, 하나님의 뜻과 인간의 응답이 진공간과 무시간 속에 나타나는 것이 아니라 구체적이고 특정한 시공간에서 드러난다는 것을 규명한다는 점에서 다양성을 또 하나의 특성으로 가진다.

그런데 앞에서도 언급했듯이 성서는 현재의 상황과 거리가 있는 특정한 역사적 상황 하에서 기록되었으며 따라서 다양한 역사적 상황뿐만 아니라 다양한 규범과 사건과 관점과 이상이 반영되어 있기에, 현재 우리가 직면하고 선택해야 하는 문제들에 대한 답변을 성서에서 직접 찾아내기 어렵다. 또한 성서를 오늘의 상황에 곧바로 적용할 수도 없다. 물론 성서는 기독교인의 삶에 필수적인 것이다. 화이트(R. E. O. White)에 의하면, 기독교윤리는 성서로 시작해야 한다고 한다. 왜냐하면 성서적 사례와 교훈, 율법과 이상, 약속과 경고, 심판의 계시와 은총의 확신은 기독교윤리의 기초가 되어 왔으며, 대부분의 기독교인에게는 여전히 그러하기 때문이다.[34] 버치와 라스무센(B. C. Birch & L. L. Rasmussen)도 성서가 기독교윤리에 규범적이며 또한 성서는 교회의 경전이기 때문에, 즉 성서는 신앙 공동체의 정체성에 가장 핵심이 되는 이야기의 주된 자료이기 때문에, 기독교인은 성서를 단순히 윤리적 문제에 대한 통찰력 있는 자료들 중의 하나로 간주할 수 없다고 한다.[35] 그러나 성서만으로는 충분하지 않다. 화이트도 기독교윤리를 성서로 시작해야 한다는 것이 성서만으로 기독교윤리를 할 수 있다는 것과 구분되어야 한다고 말한다.[36] 버치와 라스무센도 성서가 기독교윤리에 있어서 배타적인 권위를 가지는 것은 아니라고 주장한다.[37] 그러므로 성서는 윤리적인 문제에 있어서 자급자족적(self-sufficient)이라기보다는 우선적인(primary) 위치에 있다고 하겠다. 왜냐하면 성서

34 R. E. O. White, *Biblical Ethics* (Atlanta: John Knox Press, 1979), 10.

35 B. C. Birch & L. L. Rasmussen, *Bible & Ethics in the Christian Life* (Minneapolis: Augsburg, Pub. House, 1989), 14, 141.

36 R. E. O. White, 10.

37 B. C. Birch & L. L. Rasmussen, 10, 141.

는 구체적이고 특수한 문제에 대하여 다양한 답변을 하고 있으며 오늘날 현대인이 직면하는 문제가 성서시대에는 발생하지 않았기 때문이다.

따라서 기독교윤리는 현대사회의 윤리적 문제들을 다룰 때 성서뿐만 아니라 통찰력 있는 다른 자료들을 사용한다. 첫째, 기독교윤리는 성서와 기독교 전통을 자료로 사용한다. 그런데 이때 염두에 두어야 할 점은 성서와 기독교 전통에서 오늘의 결단을 위한 범례를 찾으려는 것이 아니라는 것이다. 성서와 기독교 전통을 기독교윤리의 자료로 사용하는 목적은 오늘의 성숙한 윤리적 결단을 위하여서이다.[38] 둘째, 기독교윤리는 철학적 원리와 방법을 자료로 사용한다, 셋째, 기독교윤리는 제반 학문의 연구들-인문과학, 사회과학, 자연과학 등-을 자료로 사용한다. 넷째, 기독교윤리는 인간의 경험을 자료로 사용한다.

5. 나오는 말 : 사람다움을 위한 윤리적 선택

한 사회에 윤리가 있느냐 없느냐 하는 것은 주어진 도덕규범의 준수보다는 새로운 세상에 대한 개방성이 있느냐 없느냐에 따라 판단되어야 한다.[39] 윤리란 "현실에 기반을 두기는 하지만 현실을 넘어서는, 즉 새로운 세상을 향한 비전"[40]이기 때문이다. 새로운 세상이란 '사람다움'이라는 가치를 중요하게 생각하는 세상이며, 사람다움은 사람을 사람대접할 때 실현된다. 사람을 사람대접하기 위해서는 사람을 '목적'으로 보고 사람이 '주체'가 되어야 한다. 바로 이것이 윤리의 시작이요 끝이다. 그렇기에 새로운 세상을 향한 비전으로서의 윤리는, 기존 가치체계 또는 규범체계를 절대화하지 않는다. 윤리는 주어진 규범이나 규칙의 준수에 머무는 것이 아니라, 그 규범과 규칙이 사람다움의 가치를 중요하게 생각하는 새로운 세상을 위해 적합한 것인지 성찰하고 문제를 제기한다.

---

38 박충구, **기독교 윤리사** (서울: 대한기독교서회, 1994), 21.

39 양명수, **호모 테크니쿠스: 기술 · 환경 · 윤리** (서울: 한국신학연구소, 1995), 228.

40 이인경, **에큐메니칼 페미니스트 윤리**, 124.

새로운 세상을 향한 비전이란 무엇일까? 존재(to be)와 당위(ought to be)를 혼동하여 현실을 당연한 것으로 받아들이는 것이 아니라, 상대적일 수밖에 없는 도덕규범을 절대적인 것인 것으로 간주하여 문자적·관습적으로 고수하고 강요하는 것이 아니라, 현실의 정당성을 되물으며 현실을 넘어서는 새로운 세상을 말하는 것이다.[41] 마치 예수가 그랬던 것처럼 말이다. 예수는 당시 유대종교지도자들의 율법주의를 비판하고, 새로운 세상을 향한 비전을 보여 주었다. 기독교인들이 믿는 성서의 하나님은 사람을 사람답게 하기 위해 예수로 성육하고 죽기까지 함으로써, 사람을 목적으로 보게 하고 사람이 주체가 되게 했다. 그 예수를 그리스도라고 고백하는 것이 기독교신앙의 핵심이다. 이러한 기독교신앙에 기초한 윤리를 '기독교윤리'라고 한다. 기독교윤리란 '사람이 주체가 되게 하고 사람을 목적으로 보게 하려고 죽기까지 하신 하나님 앞에서 각각 주체가 된 사람과 사람이 서로를 각각 목적으로 대하는 것'이다.

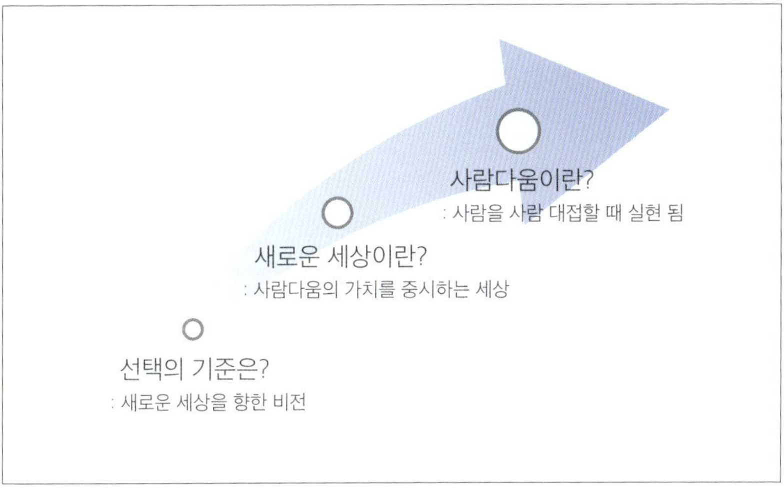

41 양명수, **기독교 사회정의론**, 254.

10장 '일'하고 싶습니까? : 구조적 실업 시대와 일

1. 들어가는 말 : 일하고 있는가?

> 일하기를 싫어하는 사람은 먹지도 말라[1]
>
> 一日不作이면 一日不食이라 (하루 일하지 않으면 하루 먹지 않는다)[2]

위 문구는 '일하고 있음'을 정상적이고 규범적인 상태로 보는 대표적인 표현들이다. '일하고 있음'을 기준으로 하기에, 현재 '일하지 않음'은 비정상적이고 일탈적인 것으로 간주된다. 하여 '일하지 않음'은 일을 준비하고 있거나 일을 쉬고 있거나 일을 구하고 있거나 일에서 잘렸거나 등 '일'을 중심으로 표현된다.

여러분은 '일' 하면 무엇이 연상되는가? 일과 관련된 개념, 감정, 생각 등을 떠올려 보자. 노동, 고용, 직업, 취업전쟁, 취준생, 스펙, 자기소개서, 면접, 정규직, 비정규직, 계약직, 인턴십, 알바, 대기업, 공무원, 구직난, N포세대, 갑질, 열정페이, 워라밸, 연봉, 최저임금, 청년수당, 기본소득, 두려움, 불안감, 스트레스, 자괴감, 기쁨, 성취감, 인정, 자기표현(자아실현), 자기보존(생계유지), 생산성, 효율성, 생성력, 지속가능성 등.

이때 '일'이란 어떤 일인가? 여기서 가리키는 일은 "임금을 받기 위해서 일정한 생산 시간을 계약을 통해 교환하는 행위"[3]이다. 즉, 화폐로 교환되는 활동 또는 유급노동이다. 한편, 화폐로 교환되지 않는 일도 있다. "우리 자신을 위한 일"[4]과 "자

---

1 데살로니가 후서 3장 10절

2 한정, 균. **조당집 2**, 김월운 역 (서울: 동국역경원, 2008).

3 D. Frayne, **일하지 않을 권리**, 장상미 역 (서울: 동녘, 2017), 32.

4 *Ibid.*, 33.

율적 활동"[5]이 바로 그것이다. 우리 자신을 위한 일에는 세탁, 청소, 요리 등 가사 노동에서부터 텃밭 가꾸기, 건강관리 등 고용관계 바깥에 있는 일이 해당된다. 자율적 활동은 행위자가 즐거워하며 수행하는 활동 그 자체가 목적인 일로서 경제적 가치나 사회적 유용성으로 측정할 수 없는 것이다.

이 글에서는 유급노동으로서의 일에 대해 중점적으로 다루되, 변화된 사회 속에서 대두된 논제들과 관련하여 유급노동으로서의 일뿐만 아니라 우리 자신을 위한 일과 자율적 활동이 갖는 의미를 논의하고자 한다.

2. 왜 일하는가?

왜 일하는가? 사회경제적 배경과 연령대 등에 따라 정도의 차이는 있겠지만 21세기 상황에서 대답한다면 '인간으로 인정받기 위해서' 그리고 '인간답게 살기 위해서'가 아닐까? 그런데 이러한 답변의 기저에 자리 잡은 '일하는 것이 당연하다'는 생각은 그리 오랜 역사를 가지지 않는다. 200년 어간에 불과하다.

기독교의 경전인 성경(창세기 3장 17절)에 따르면, 아담과 하와는 하나님이 먹지 말라고 명한 선악과를 먹은 대가로, 우호적이던 땅과 적대적 관계에 놓이게 되면서, 수고롭게 일해야 먹고 살 수 있다는 하나님의 심판을 받는다. 즉, 노동은 죄의 결과이며 먹고 살기 위해서 어쩔 수 없이 해야 것으로 간주되었다.[6] 고대 그리스에서도

---

5 *Ibid.*

6 한편, 창세기에는 노동에 대한 또 다른 관점을 보여주는 이야기가 등장한다. 하나님이 말씀으로 인간과 만물을 창조한 첫 번째 창조 이야기(1장 1절-2장 4절 전반부)와는 달리, 두 번째 창조 이야기(2장 4절 후반부-25절)에서 하나님은 아담과 하와를 직접 손으로 만든다. 즉, 노동을 한다. 그리고 에덴동산을 "다스리고 지키도록" 하기 위해 아담(사람)을 그 동산에 둔다. 여기서 다스린다는 말은 땅을 경작한다는 뜻을 가진다. 아담(사람)은 에덴동산을 "경작하고 지키도록" 부름 받았다. "경작하고 지키다"라는 것은 "기쁨을 주다"와 같은 의미이다. 에덴동산을 "경작한다"는 것은 경외와 존경과 겸손함으로 동산을 가꾸는 것이며, 동산을 "지킨다"는 것은 보살피고 보호하는 것을 뜻한다. 그러므로 노동은 인간이 타락했기 때문에 받은 저주가 아니라, 존엄성과 통전성을 가진 인간의 자기표현이다. 이인경, "일하는 여성이 아름답다?," **여성신학의 새로운 지평** (서울: 여성신학사, 2006), 276-277.

일은 자유의 반대에 해당하는 것으로 천대받았다. 노동은 필요에 복종하는 행위이므로 자유시민의 것이 아니라 노예와 여자의 몫이었다.[7]

일에 대한 이러한 부정적인 인식은 17, 18세기에 들어서면서 변화되었다. 일은 하나님의 저주의 결과가 아니라, 하나님이 부여한 영적 소명이며 일에 헌신하는 삶을 신앙으로 간주하는 청교도 도덕률 또는 프로테스탄트 윤리가 등장했다. 또한 노동은 자연에 복종하는 것이 아니라 자연을 변형시키고 지배하는 활동이라는 인식이 대두되었다. 19세기 이후로 일에 대한 종교적 색채가 약화되는 한편, 노동을 통해 사회적 지위가 향상될 수 있다는 기대가 높아졌다. 20세기 중반 이후로는 일의 자아실현적 측면이 부각되었다.[8]

다시 앞의 질문과 답변으로 돌아가 보자. 왜 일하는가? '인간으로 인정받고 인간답게 살기 위해서'다. 우리는 일을 하면서 소득과 권리와 소속감을 얻는다. 앞에서도 말했듯이 여기서 '일'은 유급노동을 가리킨다. 유급노동은 대체로 직업을 통해 행해진다. 그러므로 '왜 일하는가?'라는 질문은 '왜 직업을 가지는가?'라는 물음으로 바꿀 수 있다. 왜 직업을 가지는가? 흔히 직업은 자기보존(생계유지), 자기표현(자아실현), 그리고 사회에의 공헌이라는 세 가지 의의를 가진다. 어떤 사람이 이 세 가지를 모두 충족시키는 직업을 선택할 수 있다면 그 사람은 행복한 사람일 것이다. 한국의 경우 직업 선택의 가장 중요한 이유가 자기보존(생계유지)인 것 같다. 자신의 적성이나 재능을 고려하기보다는 안정성과 경제성을 보장하는 쪽으로 선택하기 때문이다. 한국에서 가장 희망하는 직종이 공무원과 대기업 사원이라는 조사 결과가 이를 입증한다. 자기표현(자아실현)과 사회에의 공헌이라는 것은, 자기보존(생계유지)의 차원에 중점을 두어 선택한 직업에 의미를 부여하고자 하는 데서-자기합리화든 사회적인 평가든-비롯된 것으로 보인다.[9]

'인간으로 인정받고 인간답게 살기 위해서' 일하고 있고 일하고 싶어 한다. 그런데 과연 현재 그리고 미래에도 일이(유급노동이) 인간과 인간다운 삶을 규정하는 규

---

7 A. Gorz, **에콜로지카**, 임희근, 정혜용 역 (서울: 갈라파고스, 2015), 151; D. Frayne, 38.

8 A. Gorz, 151; D. Frayne, 131-132.

9 이인경, "일하는 여성이 아름답다?," 275.

범적인 지위를 차지할 수 있을까? 한국사회의 현실과 세계적 동향을 살펴볼 때, 유급노동의 규범적 지위가 흔들리고 있다.

3. 일할 수 있는가?

> 우리는 앞으로 '기술 혁신으로 인한 실업(technological unemployment)'이라는 표현을 자주 듣게 될 것이다. 이는 노동력을 절감하는 수단을 발견하는 것이 노동의 새로운 용처를 발견하는 것보다 빠른 속도로 이루어지는 탓에 발생하는 실업을 의미한다.[10]

> 정보화와 자동화가 이루어지면서
> 노동은 더 이상 주요 생산력이 아니고
> 임금은 주요 생산비가 아니게 되었습니다.[11]

유급노동이 규범적 지위를 점하고 있는 사회에서 고용은 소득(부의 재분배)과 권리(시민권)와 소속감을 누릴 수 있게 해준다. 그러나 기술 혁신으로 인해 대량실업이 발생하고 고용이 불안한 현실에서도 일의 규범적 지위가 유지될 수 있을까?

"우리는 지금 노동의 본질이 장대한 변화를 겪는 중심에 서있다"라는 제러미 리프킨(Jeremy Rifkin)의 진단에 주목할 필요가 있다. 리프킨에 따르면, 1차 산업혁명으로 노예와 농노의 노동이 없어졌고 2차 산업혁명으로 농업과 수공업 노동이 급격하게 감소했으며 3차 산업혁명으로 제조업과 서비스업의 대량생산 임금노동과 지식 분야 대부분의 전문 봉급 노동이 사라지고 있다고 한다. 생산성 증가가 고용

10 J. M. Keynes, *Essays in Persuasion* (Project Gutenberg eBooks, 2011), 358-374, J. Rifkin, **한계비용 제로 사회**, 안진환 역 (서울: 민음사, 2014), 17에서 재인용.

11 A. Gorz, 163.

을 촉진시키는 것이 아니라 고용을 줄이고 있다는 것이다.[12] 고르스도 말한 것처럼 "노동력에 의존하는 산업의 시대는 끝나가고 있"는 것이다.[13] 생산성 증가가 일자리 창출로 이어진다는 주장이 설득력을 잃게 되었다.

기술 혁신으로 인한 구조적 대량실업은 자본주의의 내재적 결과이다. 기업의 이윤 추구는 생산성 증가를 목표로 하고 생산성 증가는 더 이상의 신규 고용을 필요로 하지 않을 뿐만 아니라 기존 고용도 감소시키고 있다. 이런 변화된 상황에서도 기업은 여전히 일의 규범적 지위를 강조한다. 노동인력 감축의 구조적 원인을 도외시한 채 노동자 개개인에게 책임을 묻고 부담을 전가한다. 일에서 잘리거나 일을 구하지 못하는 것은 노동자나 구직자의 개인적 능력 탓이라고 말이다. 이때 비인간적인 상황이 발생한다. 이미 일하고 있는 사람은 잘리지 않기 위해 초과노동을 하고, 일을 준비하거나 구하고 있는 사람은 일하고 싶어도 일자리를 얻기 힘들기 때문에 열악하고 부당한 근로조건을 감내한다.

이 과정에서 한 개인의 생성력과 지속가능성은 무시된다. 인간이 삶을 영위해 나가기 위해서는 생성력과 지속가능성이 보장되어야 한다. 왜냐하면 한 개인의 생성력과 지속가능성은 그/그녀가 속한 공동체의 생성력과 지속가능성의 기초가 되며, 공동체의 생성력과 지속가능성은 다음 세대를 기대할 수 있게 하기 때문이다. 생성력이란 재생 주기와 조화를 이루는 능력을 가리킨다. 지속가능성이란, 특정한 과정이나 상태를 유지할 수 있는 능력을 의미한다. 생태학적 용어로서의 지속가능성은 생태계가 생태의 작용, 기능, 생물 다양성, 생산을 미래로 유지할 수 있는 능력을 뜻한다. 더 나아가 지속가능성은 인간 사회의 환경, 경제, 사회적 양상의 연속성에 관련된 개념이며, 지역의 이웃으로부터 지구 전체에까지 모든 곳에 영향을 미

12 J. Rifkin, 214-215. 리프킨은 '4차 산업혁명'에 대해서는 말하지 않는다. 4차 산업혁명이라는 용어는 2016년 1월 다보스 포럼에서 처음 나왔기 때문에, 그 이전인 2014년에 출판된 리프킨의 최신 저작 **한계비용 제로 사회**에서는 4차 산업혁명이 언급되지 않았다. 새로운 트렌드를 읽어내고 대안을 모색해 온 리프킨의 기존 연구추이과정을 살펴볼 때, 다음 저작에서는 4차 산업혁명을 주제로 다룰 것이라 예상된다.

13 A. Gorz, 146.

친다.[14]

기술 혁신으로 인한 구조적 실업의 상황에서도 일의 규범적 지위가 유지될 수 있을까? 최근 들어 우리는 유급노동의 규범적 지위를 위협하는 사례들을 볼 수 있다. 그 사례들은 다양한 스펙트럼으로 나타난다. 크게는 유급노동이라는 기존 틀을 유지하거나 그 틀을 벗어나서 일에 대해 재개념화하는 양상으로, 작게는 두 범주 내에서 다양한 변주의 형태로 말이다.

1) 워라밸

'워라밸'이라는 말을 들어 보았는가? 워라밸은 일과 삶의 균형을 뜻하는 Work and Life Balance의 줄임말이다. '저녁이 있는 삶', '수요일은 가정의 날', '적당히 벌고 아주 잘 살자!', '적게 일하고 더 행복하기', '50만원 프로젝트'[15] 등이 그 예이다. 당장 일자리가 없거나 워킹 푸어(working poor)[16]에게는 배부른 소리처럼 들릴지 모르겠지만, 현재 유급노동을 하고 있는 사람들이나 과도한 유급노동으로 삶이 피폐해진 사람들에게는 의미있는 말이 아닐 수 없다.

출처: 고용노동부 http://worklife.kr

워라밸을 중시하는 사람들 내에도 다양한 유형들이 존재한다. 첫째, 유급노동의 규범적 지위는 그대로 인정하면서 월요일부터 금요일까지 초과노동을 하되 주말에는 여가활동을 즐기며 스트레스를 풀고 다시 주중 업무에 복귀하는 워라밸 유형. 둘째, 유급노동의 규범적 지위는 어느 정도 인정하면서 일하되 소위 '나인 투

14 J. Rifkin, **3차 산업혁명**, 안진환 역 (서울: 민음사, 2012).

15 http://h21.hani.co.kr/arti/cover/cover_general/37861.html, 2017년 8월 30일 검색.

16 워킹 푸어란 일하는 빈곤층을 뜻한다. 이들은 열심히 일해도 가난에서 벗어나지 못하는 계층이다. 이 용어는 미국에서 1990년대 중반에 등장하여 2000년대 중반 이후부터는 전 세계적으로 널리 쓰이고 있다. 이들은 월급이 나오는 일자리가 있어 얼핏 중산층 같지만, 고용도 불안하고 저축도 없어 언제라도 극빈층으로 추락할 수 있는 위험에 노출되어 있다.

파이브(식스)'를 고수하는 워라밸 유형. 셋째, 유급노동의 규범적 지위는 어느 정도 인정하면서 일하되 전일제 노동이 아니라 프리랜서로 일하는 워라밸 유형. 넷째, 유급노동의 규범적 지위에 문제제기하며 고용관계 바깥에서 일하는 워라밸 유형. 그 어떤 유형이 정답이라고 할 수 없다. 삶의 자리에 따라 그리고 선택에 따라 각자에게 맞을 뿐이다. 다만 첫째 유형은 워라밸이라고 분류될 수는 있겠지만, 유급노동의 규범적 지위는 그대로 인정한다는 점에서 나머지 세 유형과는 다른 입장이라고 하겠다.

워라밸은 유급노동의 규범적 지위를 그대로 인정하든, 부분적으로 인정하든, 문제제기하든, 여전히 유급노동의 규범적 지위라는 기존 틀을 벗어나지 않는다. 하지만 워라밸은 유급노동만이 개인의 삶과 정체성을 규정하는 것은 아니라는 변화의 조짐을 보인다는 점에서 유급노동의 규범적 지위를 위협하는 사례라 하겠다.

2) 프로슈머와 공유경제

'프로슈머(prosumer)'는 생산자(producer)와 소비자(consumer)의 합성어이다. 과학기술의 발전은 생산성을 증진시켜 한계비용이 제로상태가 되면서 기존 생산자와 소비자의 구분을 무의미하게 만들었다.[17] '한계비용'이란 "재화나 서비스를 한 단위 더 생산하는 데 들어가는 추가 비용"이다. 한계비용이 제로상태라는 것은 재화나 서비스 등 상품의 가격을 거의 공짜로 만드는 상황을 가리킨다. 한계비용 제로상태는 프로슈머가 탄생할 수 있는 조건이다. 전자책 출판, 재생에너지 생산, 3D 프린팅 제조, 온라인 고등교육 등은 가히 한계비용 제로 혁명이라고 평가된다. 한계비용 제로 혁명시대를 맞이하여 거의 제로의 한계비용으로 녹색전기의 생산에 참여하는 소비자들, 3D 프린팅으로 자신이 사용할 재화를 생산하는 사람들이 증가하고 있다.[18]

자본주의 사회에서 "개인은 자기가 소비하는 것들 중 어떤 것도 생산해서는 안

17 J. Rifkin, **한계비용 제로 사회**, 215.

18 *Ibid.*, 12-13.

되며 자기가 생산하는 것들 중 어떤 것도 소비해서는 안 된다."[19] 그런데 유급고용노동 없이, 화폐교환 없이, 프로슈머가 생산과 소비를 동시에 행하는 시대가 열리고 있는 것이다.[20] 프로슈머의 등장은 자본주의 사회 유지의 기본 전제를 거스르는 현상이다. 더구나 프로슈머들은 새로운 경제 트렌드인 협력적 공유사회에 등장했다. 협력적 공유사회에 등장한 프로슈머들은 사회적 책임과 기업가 정신을 겸비한 사회적 기업가로서의 자질을 갖추고 있다. 자본주의 사회는 교환가치를 중시하는 반면, 협력적 공유사회는 공유가치를 중시한다. 협력적 공유사회에서는 금융자본보다 사회적 자본이 더 중요하다. 협력적 공유사회의 프로슈머의 시대에도 고용과 화폐교환에 기반한 유급노동의 규범적 지위가 유지될 수 있을까?

3) 기본소득

> 우리 사회는 GDP와 같은 경제지표로 발전을 측정하는 사회가 아니라 얼마나 많은 사람이 자신의 역할을 의미있다고 생각하는지로 발전을 바라보는 사회가 되어야 합니다. 우리는 모든 사람들에게 새로운 시도를 가능케 하는 안전장치로서의 보편적 기본소득을 모색해야 합니다.[21]

> 무조건적인 기본소득은 자유와 민주주의에 바탕을 둔 헌법에 그 근거가 있는 것이다.
> 다른 기본권과 마찬가지로 소득에 대한 권리도 또한 인권이며 시민권이다.[22]

---

19 A. Gorz, 72.

20 리프킨은 이를 가리켜 "노동의 종말"이라고 주장한다. 고르스는 노동의 종말이라기보다는 "오히려 상품관계가 노동에 대해 휘두르던 독재의 종말"이라고 주장한다. *Ibid.*, 134.

21 https://news.harvard.edu/gazette/story/2017/05/mark-zuckerbergs-speech-as-written-for-harvards-class-of-2017/, 2017년 8월 30일 검색.

22 G. Werner, "시민권으로서의 소득," **녹색평론** 133 (2013): 18.

'기본소득'이란 "국가 또는 지방자치체(정치공동체)가 모든 구성원 개개인에게 아무 조건 없이 정기적으로 지급하는 소득"[23]이다. 그런데 이러한 기본소득을 주장하는 관점들은 단일하지 않다. 다양한 관점에서 논의되고 있는 기본소득 주장들을 분류하면 다음과 같다. 첫째, 기본소득을 기본권(인권)으로 보는 관점. 둘째, 기본소득을 자유로운 활동과 새로운 시도를 하기 위한 기반으로 보는 관점. 셋째, 기본소득을 사회혁신의 결과로 보는 관점. 넷째, 기본소득을 시장자본주의의 유지 방안으로 보는 관점.

기본소득을 기본권(인권)으로 보는 첫 번째 관점은 베르너의 주장에서 나타난다. 베르너는 기본소득이 인간으로 하여금 사회참여를 가능케 하는 기본권이라고 말한다. 기본소득은 모든 시민들에게 인간다운 생활과 사회적 참여를 하게 해준다는 것이다. 베르너가 주장하는 기본소득은 기술 혁신을 통한 합리화 때문에 실직한 노동자를 구제하는 단순한 수단이 아니다. 그러므로 억만장자에게도 예외 없이 주어지는 무조건적인 기본소득인 것이다. 고르스와 마찬가지로 베르너도 노동과 소득의 분리를 주장한다. 노동과 소득을 분리할 경우 일하는 것을 그만두는 사람이 나타날 것이라고 우려하는 비판자들에게, 베르너는 고용에 매인 비자발적이고 소외된 노동은 사라질지 모르지만 자발적이고 자아실현적인 노동은 증가할 것이라고 반박한다.[24]

두 번째 관점은 기본소득이 자유로운 활동을 하기 위한 기반이라고 주장하는 관점이다. 기본소득과 같은 의미인 '생존소득' 또는 '사회적 소득'을 주장한 고르스는, 기본소득이 노동시간과 상관없이 때로는 노동 자체와도 아무런 상관없이 최소한의 수입을 보장하기 때문에 인간능력 및 인간관계의 성숙을 좌우하는 자유로운 활동을 가능케 한다고 말한다.[25] 페이스북의 최고경영자인 마크 주커버그(Mark Elliot Zuckerberg)는 하버드대학교 졸업식 축사 연설에서 기본소득이 모든 사람들

23 http://basicincomekorea.org/all-about-bi_definition/, 2017년 8월 30일 검색.

24 G. Werner, 29. 32. 44-45.

25 A. Gorz, 176.

에게 생계에 얽매이지 않고 자유롭게 새로운 시도를 할 수 있도록 만들어 준다고 주장한다.

기본소득을 사회혁신의 결과로 보는 세 번째 관점은 일론 머스크(Elon Musk)의 주장에서 발견할 수 있다. 테슬라모터스 창업자이자 대표인 머스크는 자동화로 인해 일자리가 대량 감축될 거라고 예측하면서 그런 상황에서는 기본소득이 필수일 수밖에 없다고 말한다. 즉, 자동화로 인한 생산성 향상이 경제를 부유하게 하여 기본소득 정책을 가능케 한다는 것이다. 머스크는 기본소득이 직업으로만 자신의 가치를 측정하던 기존의 인식에서 벗어나 새로운 가치관을 가지도록 이끈다고 주장한다.[26]

네 번째 관점은 기본소득을 시장자본주의의 유지 방안으로 보는 관점이다. 기술 혁신으로 인한 생산성 증진은 유급노동의 필요를 감소시키기 때문에 유급으로 고용되는 사람이 거의 사라지게 된다. 이에 따라 재화와 서비스를 구입할 소비자가 줄어든다.[27] 자본주의 유지에 빨간등이 켜진 것이다. 자본주의의 내재적 결과인 구조적 대량실업과 고용불안 그리고 저임금이 자본주의의 존립을 위협하는 상황에서 아이러니하게도 기본소득은 자본주의를 유지시키는 방안으로 논의되고 있다.[28]

---

26 http://www.huffingtonpost.kr/2017/02/14/story_n_14731950.html?utm_id=daum, 2017년 8월 30일 검색.

27 J. Rifkin, **한계비용 제로 사회**, 215.

28 이러한 관점은 고르스의 관점과 정반대이다. 고르스는 기본소득의 목적이 돈과 상품의 사회를 영속시키려는 것도 아니고, 선진국의 소비모델을 반복하려는 것도 아니라고 주장한다. 오히려 실업자나 고용불안정 상태에 있는 사람들이 자신을 팔지 않아도 살아갈 수 있게 하려는 것이 기본소득의 목적이라고 한다. A. Gorz, 174-175.

4. 나오는 말 : 어떻게 살고 싶은가? 어떤 일을 하고 싶은가?

젊은 세대에 가치 있는 일자리를 만들어줄 혁신적 방법을 찾자[29]

위 문구는 종교의 경계를 망라하여 많은 사람들로부터 존경 받고 있는 프란치스코 교황의 요청이다. 일자리 부족은 현재 전 세계 젊은이들이 직면한 현실이다. 프란치스코 교황은 단지 '일자리'를 제공하라고 하지 않았다. '가치 있는' 일자리를 제공하라고 말했다. '가치 있는'은 '인간을 존중하고 인간적인 삶을 가능케 하는'이라는 표현으로 바꾸어도 뜻이 통할 것 같다.

이것은 일차적으로 기성세대인 구인자에게 한 요청이지만, 구직자인 젊은이들에게도 권고하는 메시지를 담고 있다. 구인자는 일자리를 제공하되 '인간을 존중하고 인간적인 삶을 가능케 하는' 일자리를 제공하고, 구직자는 일자리를 구하되 그 일자리가 '인간을 존중하고 인간적인 삶을 가능케 하는' 일자리인지 따져 보라는 것이다. 더 나아가서 가치 있는 일자리가 유급노동에만 한정되는 것도 아니다. 앞에서 논의한 것처럼 오늘날 기술 혁신으로 인한 구조적 실업의 현실에서는 고용관계 바깥의 프로슈머의 '프로슈밍(prosuming)'도, 공유경제와 기본소득의 틀 안에서 인간을 존중하고 인간적인 삶을 가능케 하는 '심오한 놀이(deep play)'도 가치 있는 일자리일 수 있다.

'일'에 대한 재개념이 필요하다. 여전히 유급노동을 가장 가치 있는 노동으로 보고 유급노동의 규범적 지위를 주장하는 것은 우리가 직면한 현실을 오독하고 오판한 결과가 아닐까? 앞에서도 언급했듯이 정도와 속도의 차이는 있겠지만 전 세계는 기술 혁신을 통한 생산성 증가로 구조적 대량실업과 고용 불안 그리고 저임금의 현실을 맞이하고 있다. 정보화와 자동화라는 기술 혁신으로 인한 실업이 불가피한 상황이다. 이런 현실과 상황에서 유급노동의 규범적 지위는 더 이상 유지되기 힘들지 않을까? 영역과 분야에 따라 약간의 시차가 있을 뿐, 더 이상 현실은 유급노동의 규범적 지위를 굳건하게 지탱해 주지 못한다.

29 http://www.hani.co.kr/arti/society/religious/649422.html, 2017년 8월 30일 검색.

이제 다르게 질문해야 한다. 유급노동을 뜻하는 '일' 중심 관점에서 벗어나, 삶을 살아가는 데에는 유급노동 못지않은 다양한 활동이 존재하고 요청된다는 인식의 전환이 필요하다. 질문을 다르게 해보자. '일하고 있는가?'라고 묻지 말자. 이 질문은 '일의 정치화'[30]에 기초한 질문이기 때문이다. '어떻게 살고 싶은가? 어떤 일을 하고 싶은가?'라고 질문하자. 유급노동만이 일이 아니라, 우리 자신을 위한 일과 자율적 활동도 일이기 때문이다. '일의 정치화'에 문제제기하는 '일의 정치'[31]가 필요하다. 우리는 각자 놓여있는 삶의 자리와 선택에 따라, 유급고용의 틀 안팎에서 워라밸을 추구하거나, 공유경제의 프로슈머가 되거나, 기본소득이라는 안전장치 속에서 심오한 놀이를 즐기는 놀이꾼이 될 수도 있다. 여러분은 어떻게 살고 싶은가? 어떤 일을 하고 싶은가?

30 '일의 정치화'란 유급노동을 가장 가치 있는 노동으로 간주하는 논리이다.

31 '일의 정치'란 유급노동의 규범적 지위에 문제제기하면서 유급노동 외에도 그에 못지않은 가치를 가진 다양한 활동이 있음을 드러내고 의미를 부여하는 주장이다.

11장 한 번쯤 결혼에 대해서 생각하는 젊은이들에게

1. 들어가는 말 : 결혼 행진곡

살아간다! 참 좋은 말이다. 왜냐하면 다양한 사람들을 만나는 과정에서 나를 발견하고 이해하며 더불어 그 사람을 발견하고 알아갈 수 있기 때문이다. 물론 그 만남 속에는 슬픔과 아픔이 약방의 감초처럼 등장하겠지만 친밀함과 어우러져 정겨운 애착으로 꽃을 피우는 기쁨이 숨어있다. 그래서 관계적 존재라는 인간 본성과 함께 만남은 우리의 삶을 지탱하게 하는 근원적 요소로 여전히 제 값을 하고 있는 것 같다. 대상관계이론가 페어베언(W. R. D. Fairbairn)에 의하면 인간은 그 본능 요소부터 철저하게 타자와의 관계를 추구한다고 했다.[1] 그만큼 인간은 뼈 속 깊이 관계적 존재라는 말인데 이 사실은 이제 삼척동자도 알 만큼 너무도 선명한 문구일 것이다.

우리는 지구라는 별에서 수많은 사람들 가운데 한 사람으로 태어나 다양한 관계를 맺고 그 속에서 살아간다. 긍정적 관계에는 크고 작은 행복이 차곡차곡히 채워져 있을 것인데 우리가 사랑이라는 바구니에 담아 넣을 수 있는 경험들일 것이다. 주변을 둘러보면 사랑이라는 단어를 설명하거나 그려내기 위해 상징으로 코팅된 수많은 콘텐츠들을 쉽게 살펴볼 수 있는데 그 만큼 사랑에 대한 정의와 이야기들이 방대함을 보여준다. 사랑은 인간의 삶, 마음과 정신에 이토록 깊숙이 침투해 있다. 사랑이야기 가운데 이성간의 사랑 특히 결혼은 상당한 관심거리 중 하나일 것이다.

---

1 W. R. D. Fairbairn, **성격에 관한 정신분석학적 연구**, 이재훈 역 (서울: 한국심리치료연구소, 2003), 181-182.

한 사람으로 태어나 부모의 사랑을 받은 만큼 혹은 부족한 만큼 그 누군가를 사랑하고 사랑받고 싶은 것이 인지상정일 것이다. 페어베언(W. R. D. Fairbairn)은 "어떤 경우에도 외상적 상황은 아이가 인간으로서 사랑 받지 못하며 자신의 사랑이 수용되지 않는다고 느끼는 상황"[2]이라고 했다. 다시 말해서 사랑을 받고 주고 싶은 욕구는 인간의 가장 큰 소망이며 행동의 근원적 동기라는 것이다. 일정한 나이가 되어서 그 바람이 이성을 향하고 있다면 연인이라는 연장선에서 결혼이라는 단어의 초청을 쉽게 거부할 수 없을 것이다.

많은 사람들의 진심어린 박수갈채를 받으며 행진을 준비하는 한 쌍의 커플, 그들은 흩날리는 결혼 행진곡을 온 몸에 두르고서 하객들의 환호와 축하를 받으며 또 다른 세계를 향해 걸음을 옮기기 시작한다. 분명 그들은 사랑하니까 결혼을 결심했다고 말할 것이라 확신해 보면서 사랑하니까 결혼한다는 공식을 세워보려고 한다. 어쩌면 현실적 물음을 던지거나 허탈한 웃음을 짓게 만드는 문구일지도 모른다. 그럼에도 불구하고 "하나님은 사랑이심이라"(개역개정, 요한1서 4장 8절 中)는 기독교적 입장에서 사랑하니까 결혼한다는 것에 대한 긍정의 그림을 그려보고자 한다.

2. 사랑은 결혼의 simple is best?

한번은 아내와 함께 요즘 말로 가성비가 높은 음식점을 찾아간 적이 있다. 크고 화려한 식당은 아니었지만 국뿐만 아니라 반찬까지 그 맛이 일품이었다. 군더더기 없는 맛으로 승부를 걸었던 것이다. 식당은 음식을 파는 곳이기 때문에 음식 맛이 가장 중요하다. 즉 좋은 맛은 음식을 파는 식당의 simple is best라는 것이다. 결혼이라는 단어를 떠 올릴 때 군더더기 없이 승부를 걸 수 있는 요소가 무엇일까? 바로 사랑이다. 사랑은 결혼의 simple is best인 것이다. 하지만 우리 사회에서 이 공식을 세차게 뒤 흔들만한 사회적 언어가 등장했다. 일명 '삼포세대'라는 단

2 *Ibid.*, 75.

어이다. 한 번쯤 결혼에 대해서 생각해 볼 수 있는 젊은이들을 향한 낱말이라서 촉각을 곤두세우지 않을 수 없다.

네이버 시사상식사전에서는 삼포세대를 "취업난, 불안정한 일자리, 천정부지로 치솟는 집값, 물가 상승에 따른 생활비용의 지출 등의 사회적 압박으로 인해 연애와 결혼, 출산을 포기한 청년층 세대"[3]로 설명하고 있다. 경제에 대한 전문적 지식이 없다 해도 결혼이라는 카드를 집어 들지 못하는 커다란 난제 중 하나가 돈 문제임을 쉽게 알 수 있다. 물론 일과 돈이 중요하지 않은 사회 그리고 그것들을 개의치 않는 사람이 있겠는가마는 과거와는 달리 더 크고 강한 의미로 생활 곳곳에 스며들어 있다는 생각이 든다. 노동에 참여할 수 있음은 무엇보다도 의식주 해결을 위한 임금 확보와 관련된다. 일을 해도 쉴만한 집을 구하기 어렵고, 먹고 입는 문제를 어느 정도 만족스럽게 해결하기 어려운 상황에서 결혼을 생각한다는 것은 결코 쉬운 일이 아닐 것이다. 그렇다면 정말 우리의 현실이 그러할까? 필자의 생각에는 수준과 비교에 대한 이야기로 들려진다. 과거와는 달리 지금 우리 사회에서는 누리고 치장하며 즐길 수 있는 것들이 너무 많다. 생산품의 높은 양적 수치가 긍정적으로 여겨질 수도 있겠지만 비교가 된다면 결과는 어떠할까?

견물생심(見物生心)이라는 말이 있다. 도시락으로 함께 식사하는 상황을 그려보자. 다른 사람이 가져온 좋은 음식에 눈길을 주지 않을 수 있을까? 비단 음식만이 아닐 것이다. 불어난 종류만큼 간과할 수 없는 것은 그 차이일 것이다. 자동차가 귀했던 시절, 차를 소유한다는 그 자체만으로도 기쁨이 되었다면 이제는 자동차 자체보다 그 브랜드에 더 많은 관심을 가지는 듯하다. 그 과정에서 차이는 어느새 차별로 둔갑하여 영향력 있는 세력이 되어버린 느낌이다. 명품 브랜드와 동일시되어 스스로의 이미지가 격상된 것처럼 착각 아닌 착각에 빠져들 수 있음에도 불구하고 어느새 그 방식으로 자신을 포장하기 위해 알게 모르게 자극받고 집중하는 모습을 삶의 곳곳에서 어렵지 않게 발견할 수 있다.

사람은 소위 'I am' 이라는 것을 만들어 낼 때 사회에서 인정하는 형태로 평가

---

3 http://terms.naver.com/entry.nhn?docId=1987164&cid=43667&categoryId=43667 2018년 1월 16일 검색.

받으려는 경향이 짙다. 어떤 형편이든 더 유능하며 멋지고 아름답거나 화려한 것으로 기억되고 그에 걸 맞는 찬탄의 시선을 기대한다는 것이다. 그렇다면 결혼과 관련지을 때 나라는 사람은 무엇으로 더 돋보일 수 있는가라는 물음 앞에 직면할 것이다. 사랑과 사람 그 자체보다 직장이나 소유정도를 가지고 평가하는 경향이 강하다면 simple is best 안에서 결혼과 사랑이 연결될 가능성은 점점 희박해질 것이며, 물질중심의 사회에서 삶의 지향점이 돈에 있음을 재확인하는 모양새가 반복되고 강화될 것이다.

스스로를 사랑하라는 문구가 어느새 우리 삶에 깊이 있게 뿌리내린 거목으로 자라나 당위성으로 굳어져버린 인상을 받을 때가 종종 있다. 여기까지는 좋다. 그러나 이를 충족시키는 조건이 돈을 중심으로 누리고 치장하는 것들과 관련된다면 짚고 넘어가야 할 것이다. 왜냐하면 자신에 대한 진정한 긍정적 인식은 내면의 인격으로부터 나오기 때문이며 인격형성은 사랑의 관계에 토대를 두기 때문이다. 이를 위한 전제조건이 있다면 자기사랑이 긍정적이고 현실감 있게 자리잡아야한다는 것이다. 일그러진 자기사랑은 일치감치 이 조건에서 멀어져 있다. 상태가 개선되지 않는다면 사랑하니까 결혼한다는 결혼의 simple is best 장막에도 커다란 그늘을 드리울 것이다.

3. 자기애의 그늘

자신에 대한 사랑이 두드러지게 증가하는 이 시대에 우리는 손쉽게 자기애라는 단어를 접하고 경험하며 떠올릴 수 있을 것이다. 그만큼 자신을 더욱 가치 있게 가꾸어 나가고 자신의 행복을 추구하는 것이 우선순위가 되었다고 볼 수 있다. 스스로에 대해 애정을 가진다는 것이 그릇된 태도이고 잘못된 현상일리만은 없다. 그러나 그 사랑이 자신도 모르게 과잉되고 있다면 주의 깊게 살펴 볼 필요가 있다. 누군가에 대한 사랑이 지나치면 집착과 욕망으로 변질될 수 있듯이 자기애 역시 그러하기 때문이다.

인간의 처음 사랑은 자기 자신에 대한 사랑일 것이다. 아이러니하게도 인간은 관계적 존재이지만 한편 인간은 철저한 자기 사랑에서 출발하고 있다. 자기애에 대해 심도 있게 다루고 있는 자기 심리학자 코헛(H. Kohut)에 따르면 인간에게는 타자로부터 긍정적인 반영을 받고 싶은 욕구와 자신에게 힘을 실어줄 위대하고 멋진 대상을 확보하려는 욕구가 있는데 사랑관계가 불충분할 경우 건강한 자기애를 유지하기가 어렵다는 것이다.[4] 한 마디로 말해서 당신은 특별하고 또한 나는 당신을 특별하게 만들어줄 사람이라는 관계적 반응이 사랑에 기초하지 않을 경우 왜곡된 자기애를 갖게 된다는 것이다. 필자는 이를 자기애의 그늘이라고 부르고 싶다.

자기애의 그늘은 사랑경험의 불충분함으로 인해 드리워진 것이다. 사랑받지 못해 무겁고 혼돈스러운 마음이 가득한데 어떻게 자신을 사랑할 수 있을까? 관계를 통해 행복을 마련할 수 없다면 또 다른 해결책으로 물질을 통해 만족을 추구하는 것일 것이다. 안타깝게도 우리 사회는 사랑을 나누는 대신 물질적 대체물을 풍족하게 공급하는데 우선순위를 두고 있는 듯하다. 국내의 높은 이혼율과 가족 해체, 신뢰와 친밀성의 상실, 청소년의 매우 낮은 주관적 행복감, 과도한 경쟁, 황금만능주의 등에서 드러나는 사랑관계의 단절은 자기애의 그늘을 더욱 짙게 드리우게 한다. 이 상황에서 사랑의 대체물로 물질적 즐거움에 집중하는 경향이 강화된다면 이를 통해 그늘진 자기사랑의 아픔을 달래보려는 의도가 큰 폭으로 증가할 것이다. 이쯤 되면 사랑하니까 결혼한다는 공식으로 자신감이 충만할 리는 만무할 것이다.

나를 사랑하고 내가 가치 있다고 생각하는 것에 중점을 두며 자신의 행복을 위해 살아가는 태도는 중요하다. 그러나 여기서 '나만'이라는 특성이 '나와 너'사이의 간격과 격차를 증가시킨다면, 이 역시 자기애의 또 다른 그늘일 것이다. 안타깝게도 우리 사회에 이러한 경향성이 점점 강화되고 있음을 어렵지 않게 만나볼 수 있다. 다른 사람들의 시선과 간섭에 구애받지 않고 세상의 좋은 것들로 즐거움을 추구하면서 정체성과 존재감을 찾으려는 삶의 모습이 급속도로 확산되고 있음을 가늠해 볼 수 있다.

요즘 유행어 중에 "욜로"라는 말이 있다. "You Only Live Once의 앞 글자를 딴

---

4 H. Kohut, **자기의 회복**, 이재훈 역 (서울: 한국심리치료연구소, 2006), 170-171.

용어로 현재 자신의 행복을 가장 중시하여 소비하는 태도"라고 한다.[5] 이 단어에 대한 다양한 해석이 분분하겠지만 인간의 관계성과는 뿌리부터 접촉이 어려울 것만 같은 뉘앙스를 풍기는 것 같다. 마침 인터넷을 통해 "욜로"와 관계된 것으로 성균관대 오종우 교수의 강연을 다룬 기사를 접할 수 있었는데 그는 "자기 욕망에 충실하려는 것이 인류의 고귀한 가치인 희생정신과 거리를 두는 형태에 대해 주의"를 요하고 있으며 "자기 한계를 벗어난 세상을 만나 자신을 넓혀나가는 것"이 바람직한 자기사랑의 특성임을 함께 제시하였다.[6] "욜로"라는 형태의 삶을 추구하는 것이 무조건 나를 위해 즐기고 보자는 식으로 전개되어서는 안 될 것이며, 관계적 경험을 통해 자기에 대한 개방과 확장이라는 측면에서 충분히 동의할 만한 의견이라고 생각한다.

프로이트(S. Freud)는 인간은 스스로의 존속을 위해 즐거움을 추구하는 에너지가 자신에게 집중되어 있는 "근원적인 나르시시즘"을 지니고 있으며 여기에서 벗어날 수 있어야 보다 성숙한 자아를 형성할 수 있다고 했다.[7] "욜로"현상이 지극히 자신만의 행복을 지향하는 것으로 치닫게 된다면 이는 매우 비성숙한 자기 사랑의 모습일 것이며, 또 다른 자기애의 그늘이 아닐 수 없을 것이다. 가끔은 집단에서 벗어나 자신만의 시간과 공간을 가질 수 있다는 것은 심적 건강에 유익할 것이다. 하지만 대부분의 일상생활에서 자기사랑에 초점을 두고 산다면 과연 심적 유익성이 높아질까라는 질문을 던져본다. 자아의 에너지가 일차적으로 인간관계를 지향하기보다 자기 자신과의 관계로 빠르고 광범위하게 전환되어져 가고 있다는 추측 아래에서 결혼도 예외가 아닐 것이라는 조심스러운 판단을 가져본다.

삼포시대나 욜로족이 등장하는 사회의 분위기, 차이가 차별이 되고 더불어 비인간화를 더 많이 경험하는 현실에서 사랑하니까 결혼한다는 결심과 선택은 오히

---

5 http://terms.naver.com/entry.nhn?docId=3548848&cid=43667&categoryId=43667 2017. 11. 20 검색

6 http://www.kyosu.net/news/articleView.html?idxno=34024 2017년 11월 20일 검색

7 S. Freud, **정신분석학의 근본개념**, 윤희기, 박찬부 역 (서울: 열린책들, 2003), 48-49, 64-65, 82. 참조

려 무모해 보일 수도 있다. 마치 노동의 대가를 보장받을 수 없는데도 매우 부족한 확률 하나를 믿고서 땡볕에서 땀 흘리며 일해야 하는 어처구니없는 상황처럼 말이다. 그에 비하면 자기애의 그늘은 훨씬 안정감과 안락함을 예감하기가 쉬울 것이다. 그 그늘에 안주하려는 현상은 우리사회에서 재빠르게 생산되고 확대되는 듯하며, 이 거대한 물결에 무비판적으로 몸을 맡긴 채 대책 없이 사회화되면서 떠내려가고 있는 건 아닌지 의문이 든다. 나아가 사랑하니까 결혼한다는 공식보다는 자신에게 유리한 현실조건과 만족을 선택하는 것이 당연하다는 문화적 논리에 무장되어져 버린 듯한 인상이 든다. 상황이 이정도이면 자기애의 그늘에서 뛰쳐나와 사랑의 네비게이션을 가동시키고 결혼을 생각하는 것이 마치 어리석은 판단처럼 여겨질 수도 있겠다.

결혼을 포기의 대상으로 간주할 수도 있는 풍조를 가져온 다양한 이유가 있겠지만 필자가 자기애의 그늘이라는 단어로 설명하고 싶은 것은 언제부터인가 두각을 나타내고 있는 관계성의 왜곡 내지는 상실이다. 이 현상의 끝자락에는 사랑의 종말이 매달려 있다. 예전에 어느 팀의 발표 자료에 결혼 대상 순위를 매겨놓은 슬라이드를 본 적 있다. 거기에는 남자 직업이 선호대상 순위별로 나와 있었다. 한편 인터넷을 통해 소득이 높을수록 이혼율이 낮다는 어느 신문기사를 접한 적이 있다. 이를 통해 필자는 관계적 존재로서의 인간에게 사랑하니까 결혼한다는 원칙은 이제 암묵적인 심판대위에 올라와 있는 느낌을 받았다. 만약 누군가가 사랑하니까 결혼한다는 공식을 선택하려면 사랑의 가치가 자기애의 그늘에 담겨진 즐거움과 안식보다 더 커야할 것이다. 그래도 사랑이 가져다주는 의미와 가치가 이 보다 더 크지 않을까? 당신의 생각은 어떠한가?

4. 유일한 초이스

사랑하니까 결혼한다는 것이 결혼의 simple is best가 될 수 없는 사회를 바라보며 무작정 이렇게 질문을 던져본다. 왜 이렇게 되었을까? 그것은 아마도 우리 사회가 사랑을 제대로 가르쳐주지 않아서이고, 사랑을 지켜주지 못했기 때문일 것이다. 사랑은 받은 만큼 줄 수 있다는 말이 있다. 참된 사랑을 받았다면 그 사랑을 누군가에게 돌려 줄 수 있을 것이다. 또한 자신을 진정으로 사랑할 수 있는 사람이라면 자신의 한계를 사랑할 수 있을 것이고 더불어 그 안에서 자신의 삶을 새롭게 개척해 나갈 것이다. 코헛(H. Kohut)에 의하면 건강한 자기애를 지닌 사람은 허황된 성취감보다는 현실적으로 진정성 있는 목표를 설정하고 이를 성취하기 위한 과정에 긍정적이고 주도적이며 자발적 참여를 지탱해 나갈 수 있는 힘을 가졌다고 한다.[8] 이 경우 문화적 기류에 탄력적으로 대응할 수 있는 능력, 물질의 중요성 앞에 사랑의 절대성이 희생되지 않도록 삶의 자리를 일구어나가는 의지가 보다 원활하게 작동할 것이며 사랑하니까 결혼한다는 입장을 적용하고 펼쳐나가는데 더욱 유리할 것이다.

부모는 자녀를 건강한 자기애를 지닌 사람으로 양육하기 원하고 자녀들의 행복을 위해 늘 최선을 다하며 살아간다. 그러나 인간 자체가 불완전 하듯이 부모의 사랑이 완전할 수 없고 따라서 다양한 변수들이 생겨날 수 있다. 가령 과잉보호가 가져오는 폐해를 생각해 볼 수 있다. 언제부턴가 우리 사회에 "헬리콥터 맘"이라는 단어가 등장했다. 그와 관련된 EBS 동영상에는 "일거수일투족 나의 모든 행동에 그녀의 눈길이 닿아요. 기상부터 식사 빨래 다림질 구두손질 그녀의 손길이 닿아야 안심을 하죠. 그녀에게 나는 보호하고 가르쳐야 할 대상... 그녀를 부르는 이름 '헬리콥터 맘'이라는 문구가 등장한다.[9] 인간은 인격적인 존재이기에 나름대로의 생각, 감정, 의견을 가지고 있다. 자신만의 것을 마음껏 표현할 수 있고 동시에 공감받을 수 있다면 그 보다 더 행복한 것은 없을 것이다. 왜냐하면 그 순간 자신의 가치를 발견할 수 있기 때문이다. 그러나 반대의 경우 크고 작은 자기애적 상처가 몸과 마음 깊이 새겨진다. 자신만의 느낌과 사고들을 잃어버린 만큼 다시 찾고 싶어할 것이며 동시에 그 누군가를 사랑하는 일은 그만큼 비중이 줄어들 것이다.

---

8 H. Kohut, **자기의 분석**, 39.

9 네이버 지식백과 검색, 네이버 지식백과에서 밝힌 출처는, EBS 동영상 (2009. 7. 6), 프로그램: 지식채널 e, 제목: 해피엔딩을 꿈꾸며.

더 거시적 체계로 이동해서 자신을 개발하고 자신의 꿈을 이루라는 해맑은 문구 뒤에 범람하고 있는 사회 양극화의 물결을 말해 볼 수 있다. SBS에서 방영한 "나는 한국인이다-출세만세"라는 4부작 다큐멘터리에서 군대의 장군과 노숙인이 쓰러졌을 때 사람들의 반응을 실험한 장면을 본 적이 있다. 장군의 경우 사람들의 관심과 도움행동이 즉각적으로 이루어졌으나 노숙인은 장군에 비해 무려 10배 가까운 시간차가 난 것을 보고 놀람을 금치 못했다. 사회 양극화의 그늘이 뚜렷하게 드러나는 장면이 아닐 수 없으며 더불어 좋은 직장과 금전적 관계는 하나의 단짝이 되어 이를 더욱 가속화시키고 있음을 유추해 볼 수 있다.

한 사람의 인격 형성에 중요한 영향을 미치는 가족과 사회문화적 환경이 자기애의 그늘에 안주해 버릴 수 있는 요소들을 지속적으로 공급하고 있다는 생각을 떨쳐버리기가 쉽지 않다. 결과적으로 현실은 상처 입은 자기애의 흔적을 가지고서 물질중심의 삶, 문화 및 경제적 양극화로 치닫는 현실에서 살아남기 위해 고군분투하며 사랑보다는 자기위주의 삶의 방식을 지속적으로 선택하게 될 가능성이 강화되고 있다 해도 과언이 아닐 것이다. 더불어 관계에서 오는 정신적 평안과 삶의 의미생성보다 순간순간의 즐거움에 강박적으로 집착하는 삶의 방식이 고정화될 우려도 부인할 수 없을 것이다. 사태가 이렇게 진행되고 있는데 과연 사랑해서 결혼한다는 것이 더 이상 삶에 어떠한 의미를 가져다줄지 의문을 가지지 않을 수가 없을 것 같다. 이 풍토를 이겨내고 결혼의 본질적 의미를 사랑과 연관 지을 수 있는 다른 대안이 있을까? 필자의 답변은 사랑하니까 결혼한다는 그 자체가 근본적인 대안이라는 것에 있다. 이를 위해 제대로 된 사랑을 가르쳐주고 그 사랑을 지켜주는 과제 해결이 급선무일 것이다.

앞서 "하나님은 사랑이시다"라는 성경의 구절을 제시한 바 있다. 필자의 생각에 이 구절이 지닌 핵심 의미는 '사랑은 하나님의 것'이라는데 있다. 그렇기 때문에 참된 사랑을 경험하기 위해서는 하나님에 대한 앎이 필요하다. 이는 인간에 대한 예수 그리스도의 사랑이야기 안에 밀도감 있게 그려지고 있다. 사랑이 하나님 자신으로부터 기원되고 발생한다는 전제는 인간 스스로 그 고유의 특성을 완전히 이해하고 실천할 수 없다는 내용을 포함하고 있다. 하지만 사람들은 마치 스스로의 힘으로 참된 사랑을 만들어내고 심지어 대량 생산할 수 있다는 생각을 하면서 살고 있는 것 같다. 물론 사랑을 다양한 상징적 형태로 표현하거나 승화할 수 있고 사랑에 대해 깊이 있게 접근하고 그 범위를 확장할 수 있는 존재가 사람이기도 하다. 어쩌면 성경에서 사람을 하나님의 형상으로 표현한 특성과 연결될 수도 있겠다. 하나님의 형상으로서의 인간은 관계 특히 사랑관계에 그 핵심특성이 있다.[10] 그러나 사람이 참 사랑이신 하나님의 이미지로 정의된다고 해서 사람 자체가 사랑인 것은 아니다. 오히려 그 어떤 생명체보다도 진실한 사랑을 갈망하는 존재일 것이다.

결혼의 simple is best가 사랑이고 사랑이 유일한 초이스가 될 수 있음은 인간 스스로가 만남과 관계 속에서 온전한 사랑을 경험하고 참 사랑을 누리고 싶은 존재이기 때문이다. 우리 사회가 참된 사랑을 닮아갈 수 있는 누군가를 제시하지 못한 채 유사 대상만을 즐비하게 진열한다고 해도 참 사랑에 대한 인간의 갈망을 빼앗지는 못할 것이다. 성경에 나오는 예수의 이야기는 모든 사람들이 찾고 있는 그 사랑의 원형을 잘 보여주고 있다. 그는 병들어 죽어가는 사람들, 삶의 무게에 짓눌려 허덕이는 사람들, 정신적으로 힘들어하는 사람들, 심지어는 자신을 팔아넘기려는 제자 유다에게도 사랑을 보이셨다. 나아가 자신에게 누명 씌우고 십자가의 처참한 죽음까지 내몰아간 원수들까지도 용서하는 사랑의 하이라이트를 보여주고 있다. 이만하면 사랑수업과 결혼을 위한 또 하나의 초이스로 예수를 초청해 볼만하지 않는가?

예수를 동일시하고 모델링 할 대상으로 수용하자는 도전장은 곧 참 사랑이라는 보편가치에 대한 참여와 마음 깊이 숨어버린 그 사랑의 열정을 회복하자는 의도에서 비롯된 것이다. 이 사회에서 진실한 사랑을 넉넉히 배울 수 있도록 허용하고 성공적으로 닮아갈 기회가 부족했기 때문에 사랑하니까 결혼한다는 말은 너무도 비현실적이라며 손사래만 치기에 그대는 너무 젊고 살아갈 날이 많다. 그래서 더 애절할지도 모른다. 마지막까지 포기하지 않고 사랑을 보이셨던 심지어 원수까지 사랑하셨던 예수의 사랑을 우리 마음에 내재화(internalization)하여 삶에 전이시킬 수 있다면, 한 번쯤 결혼에 대해서 생각하는 젊은이들에게 자기애의 그늘에 숨어들거나 물질중심의 삶으로써 현실적 어려움을 회피하려는 태도에 대한 효과적

---

10 오우성, 박민수, **상담으로 풀어본 신학** (대구: 계명대학교 출판부, 2005), 134-137 참조.

인 대안이 되지 않을까 생각해 본다.

5. 나오는 말

인간의 자아와 자기는 관계를 통해 형성된다. 모든 관계에서 사랑받고 사랑하고 싶은 것이 우리의 근본 욕구이기에 결혼에 대해 생각할 때 무엇보다도 우선적으로 사랑을 선택해야 한다는 것을 우리는 이미 알고 있다. 고메즈(Gomez)는 인간의 관계성과 관련된 이론인 대상관계이론을 토대로 관계성을 탈피한 삶은 그 자체로 무가치하며 "비록 고통스럽지만 사랑 또는 강력한 고통과 함께 의미를 느낄 수 있는 사람은 무한한 가치"를 지니고 있음을[11] 강조하고 있다. 인간의 자아는 페어베언(W. R. D. Fairbairn)의 말에서 유추해 볼 수 있듯이 사랑관계 속에서 삶의 의미를 찾을 수 있다. 이를 실천하기 어렵다는 것, 사랑하니까 결혼한다는 근원적인 입장 표명을 꺼려하는 것은 우리가 몸담고 있는 크고 작은 사회가 어느 순간 이 원칙을 간과하며 무시해 왔고 우리의 그릇된 자기애의 그늘이 이를 옹호해 왔기 때문일 것이다.

그렇다고 해서 넋 놓고 있을 수만은 없다. 진정한 자기사랑과 행복은 감각적 가치로 인해 채워지는 자기애적 만족이 아니기 때문이다. 오히려 사랑의 이름으로 다양한 삶의 어려움을 감당하며 딛고 일어서는 과정에서 얻을 수 있는 타자에 대한 타자로부터의 감동과 사랑의 재발견에 있기 때문이다. 결혼을 준비하고 결혼생활을 한다는 것은 커플만의 문제가 아닐 것이다. 왜냐하면 거기에는 사랑에 허기진 자기애의 분노를 자신에 대한 투자와 감각적 행복으로 충분히 채울 수 있다고 속삭이는 사회의 풍토, 자신의 가치관과 삶의 방식에 자기애적 에너지를 과하게 투자하도록 조장하는 사회문화적 배경들이 함께 등장하기 때문일 것이다. 만약 우리의 크고 작은 그리고 직간접적인 공동체가 사랑의 이름으로 이것을 잡아 줄 수 있다면 사랑하니까 결혼을 준비하는 이름 모를 어느 커플만의 고독한 싸움은 아닐 것이다.

---

11 L. Gomez, **대상관계이론 입문**, 김창대, 김진숙, 이지연, 유성경 역 (서울: 학지사, 2008), 346.

성경에서는 "사람들이 자기를 사랑하고 돈을 사랑하며 뽐내고 교만하고 ...... 부모에게 순종하지 않을 것입니다. 그들은 감사할 줄도 모르고 ...... 사랑이 없고, 용서하지 않고, 남을 헐뜯고, 자제하지 못하며, 사납고, 선한 것을 싫어하고, 배반하고, 조급하며, 거만하고, 하나님보다 쾌락을 더 사랑하고"(현대인의 성경, 디모데후서3:2-4)라며 인간의 이기심과 사랑상실에 대해 경고하고 있다. 오늘날 우리는 많은 것을 가졌고 누리며 살아가지만 사랑과 그에 대한 열정이라는 가장 소중한 것을 잊어버린 채 하루하루를 보내고 있다. 이 사회가 그대에게 안겨주어야 할 사랑을 가르쳐주고 지켜주지 못한 것에 대한 원망보다 마음 깊이 숨어 버린 참 사랑에 대한 열정을 되찾는 것이 더 현명할 것이다.

젊음에 대한 부러움이 있다면 때로는 가치 있는 일을 위해 무모한 도전을 할 수 있다는 용기 때문일 것이다. 젊음이라는 꽃이 만개한 그대들이여, 진실한 사랑이라는 인간성의 가장 근원적 가치에 도전하고 싶지 않은가? 'If only'라는 영화에 "진정 사랑했다면 인생을 잘 산 거잖아. 5분을 더 살든, 50년을 더 살든..."[12]이라는 남자 주인공의 대사가 나온다. 사랑보다는 성공적 삶에 초점을 두고 살다가 여자친구를 통해 진정한 사랑을 알게 되면서 진심을 표현한 말인데 참 감동적인 장면으로 기억된다.

영화는 영화일 뿐이고, 성경은 성경일 뿐이며, 예수는 우리와 차원이 다른 한 시대의 인물일 뿐이라는 생각은 참 사랑을 향한 우리의 열정에 대한 방어막이며 그럴듯한 현실적 핑계일 뿐이다. 글을 마무리 하면서 한 번쯤 결혼에 대해서 생각하는 젊은이들에게 사랑의 절절함과 그 아름답고 감동적인 가치를 재생 불가능하게 지울 수 있는 지우개는 결코 없을 것이라는 말을 전하고 싶다.

---

12 필자가 본 상기 영화의 한글 자막을 그대로 인용한 것임. 이프 온리(If Only), 미국, 영국 / 길 정거 감독, 2004. 01:23:52- 01:24:04.

12장 기독교와 생명의 존엄성 : 생명보다 뭣이 중한디!

1. 들어가는 말

생명은 신비롭다. 아주 작은 생명체부터 거대한 포유류, 특별히 인간을 자세히 보면 살아 움직이는 것이 신기하고 아이가 태어나는 것은 기적에 가깝다. 그런데 그 기적 중에서도 기적이 브라질에서 있었다. 임신 9주 차에 뇌졸중이 걸린 파딜라라는 산모가 뇌사 판정 후 123일만에 쌍둥이를 출산한 기적같은 일이 있었다. 삶과 죽음은 인간이면 누구나 거쳐야 할 관문이다. 어떤 사람은 천수를 누리며 살기도 하고, 어떤 사람은 때 이른 죽음을 맞이하기도 한다. 그리고 파딜라의 경우처럼 자신의 희생 가운데서도 생명을 지켜내기도 한다. 생명은 기적이다. 그리고 그 생명은 존엄하다.

생명의 존엄성은 권위 있는 문서들에서 잘 나타난다. 세계인권선언 1조와 대한민국 헌법 10조는 모두 인간의 존엄성을 강조한다. 기독교의 성서도 생명의 존엄성을 이야기한다. 성서는 생명의 존엄성을 창조에서 찾는다. 그리스도교의 신, 하나님께서 인간을 창조하시고, 창조된 인간을 보시고 좋다고 하셨다. 인간은 하나님이 만든 존재이다. 다시 말해서 인간은 서로 다르지만 어느 누구도 차별 없이 다 소중하다.

그러나 실상 사회에서 인간의 생명과 존엄성은 다양한 측면에서 위협을 받고 있다. 생의 시작부터, 일상생활, 그리고 죽음에 이르기까지 존엄성을 침해하는 일들이 많이 벌어진다. 특별히 이 장에서는 생의 시작인 임신중절의 문제, 유전공학의 문제, 적절한 의료의 문제, 그리고 생의 마지막인 안락사의 문제를 통해 생명의 존엄성을 생각해 볼 것이다.

2. 인공임신중절

임신중절의 문제는 태아의 생명 존중과 깊이 관련되어 있다. 태아의 경우 언제부터 생명으로 볼 것인지가 임신중절 여부를 결정하는데 중요한 기준이 된다. 수정란에서 2주까지를 접합체(zygote)라고 부르며, 2주에서 8주까지는 뇌파가 감지되기 시작하는 배아(embryo)라고 칭한다. 8주부터 출생 때까지는 태아(fetus)라고 부른다. 8주부터는 모든 장기가 다 형성되어 있기 때문에 인간의 작은 축소판이라고 볼 수 있다. 이미 헌법에서는 태아도 헌법상 생명권의 주체로 본다. 임신 24주부터는 자궁배출 이후 호흡으로 독자적인 생존이 가능한 단계이다. 수정란이 단계별로 불리는 이름도 다르고 발달단계도 다르지만 생명의 연속성을 가지고 완전한 모습을 이뤄간다. 이러한 수정란의 성장 과정을 볼 때, 어느 시점부터 생명으로 봐야할지 명확히 선을 긋기 어렵다.

현재 인공임신중절의 경우는 상황 중심으로 허용이 되고 있다. 모자보건법 제14조는 인공임신중절수술의 허용한계를 정하고 있다. 태아가 특정한 정신장애나 신체질환을 갖거나, 전염성 질환이 있거나, 강간 또는 준강간에 의해 임신되거나, 근친간 임신의 경우나, 임신으로 모체의 건강을 해할 우려가 있는 경우이다.[1]

법적으로 허용된 경우에는 대체적으로 인공임신중절이 심각한 문제가 되지 않는다. 임신지속이 산모의 생명을 위협한다면 산모를 보호하기 위해서 부득이하게 태아를 제거할 수밖에 없다. 문제는 법적으로 허용되지 않은 경우이다. 이 경우에 인공임신중절을 허용해야 하는가? 허용하지 말아야 하는가? 법적인 허용범위를 넘어선 인공임신중절은 찬반이 극명하게 갈려서 논쟁 중이다.

존 누난(John Noonan)은 인공임신중절 반대쪽에 서서 최소한의 임신중절만을 허용한다. 누난은 "만약 당신 부모가 임신을 했다면, 당신은 인간이다."라고 말하며 임신 순간부터 인간으로 대우해야 한다고 주장한다. 누난은 유전자 정보와 인간을 동일시하며 유전자가 결정되는 임신 순간을 인간의 시작으로 간주한다. 그래서 누난은 산모의 생명이 위험에 처하는 경우가 아니면 인공임신중절은 금지해야 한다

1 모자보건법 제14조

고 주장한다. 이 입장을 생명우선론(pro-life)이라고 부른다.

인공임신중절을 찬성하는 편에서는 여성의 자율성을 강조한다. 메리 앤 워런(Mary Anne Warren)은 "태아는 산모가 자신의 신체를 통제할 권리에 우선하는 생명의 권리를 가지지 못한다."고 하며, 태아는 인간의 인식, 추론, 자율성, 의사소통 능력, 자아 개념 등을 갖고 있지 않기 때문에 인간으로 볼 수 없다고 주장한다. 인간으로 간주될 수 없기 때문에 태아에 관한 한 여성들이 전적인 결정권이 있다는 것이다. 이 주장은 선택우선론(pro-choice)으로 분류된다.

생명우선론과 선택우선론은 그 간극을 좁히기 쉽지 않다. 앞서 설명한 대로 태아가 어떤 지위를 갖고 있는지 서로 다른 입장에 근거해서 주장되기 때문이다. 태아가 인간으로서의 지위를 갖지 않는다면 인공임신중절은 전혀 문제가 되지 않는다. 그러나 태아가 인간으로 간주된다면, 인공임신중절은 생명에 대한 심각한 위해로서 금지되어야 한다. 이 두 상충하는 입장에서 대안을 도출해내기는 쉽지 않다.

기독교적인 차원에서는 원칙적으로 두 입장이 다 중요하다. 기독교는 약자에 대한 특별한 관심과 존중을 요청하기 때문이다. 여성은 사회적 약자로서 기독교가 특별한 관심을 갖는 대상이다. 인류 역사에서 여성은 많은 희생을 강요당하며 그 존엄성을 인정받지 못해왔다. 그들의 존엄성 유지와 보호에 기독교가 깊은 관심을 두어야 한다. 여성들은 또한 많은 부분에서 태어난 아이에 대한 책임을 져야하는 사회적 약자이다. 이런 의미에서 여성들의 입장이 중요하다. 그러나 동시에 태아도 기독교가 관심을 가져야할 약자이다. 태아는 아직 자기 결정권을 갖지 못한 생물학적 약자이다. 하나의 생명체이지만, 스스로 운명을 개척해 갈 수 없는 연약한 약자이다. 완벽한 인간의 모습을 갖추지 못했고, 자신의 의사를 표시할 수 없는 존재로서 누군가의 대리적 변호가 필요하다. 인공임실중절의 문제에서 두 약자들에 대해서 적절한 보호가 이뤄지는지 깊이 성찰해야 한다.

우선 사회적 약자인 여성에 대한 배려는 충분한지 사회적 차원에서의 논의가 시급하다. 현재 한국 사회에서 저출산 문제가 심각하다. 비난의 일차적 몫은 여성에게로 향하고 있다. 그러나 여성들에게 아이를 낳아야 한다고 다그칠 것이 아니라, 여성들이 아이를 낳아서 잘 양육할 수 있는 사회구조적인 틀이 보장되어야 한다. 가난 때문에 인공임신중절을 산모가 결정한다면, 궁극적으로는 사회가 가난 때문에 고통당하는 시민들을 방치하고 방관하는 것과 다름없다. 자아실현에 임신과 양육이 걸림돌이 된다면, 사회는 여성들의 자아실현을 위한 보호 장치들을 제공해야 한다. 미혼모들을 향한 사회적 차별 시선도 개선되어야 한다. 미혼모들에게 사회적 낙인을 찍고 차별적인 시선으로 바라보는 사회에서 임산부들에게 임신중절의 책임을 묻는 것은 어불성설이다.

생물학적 약자인 태아의 경우도 한국 사회의 폭력적 시선이 개선되어야 한다. 장애를 갖고 태어나게 되는 경우, 암암리에 인공임신중절이 이뤄지는 것으로 보도된다. 장애인에 대한 폭력적인 시선이 사회에 만연해 있기 때문이다. 이런 사회에서 장애를 가진 아이를 출산하게 될 경우, 산모가 감당해야 할 유형적이고 무형적인 짐은 너무도 버겁다. 장애를 갖고 태어나 이 사회에서 살아남아야 할 장애아의 경우도 그렇다. 장애를 가진 경우에 "장애를 가진 아이"가 아니라 "다른 능력을 가진 아이"라는 인식의 전환이 필요하다. 누구나 다 부족한 면이 있다. 길을 잘 못 찾는다고 해서 길 장애인이라고 부르지 않는다. 운동을 잘 못한다고 운동 장애인이라고 부르거나 공부를 잘 못한다고 공부 장애인이라고 부르지 않는다. 가시적으로 드러나는 장애에 집중하지 않으면 충분히 다른 능력들을 발견할 수 있다. 우리 사회의 폭력적 시선이 개선될 때, 생물학적 약자에 대한 배려의 기회들이 늘어날 것이다.

이러한 사회구조적인 변화가 진행되면서 인공임신중절에 대한 논의가 계속되어야 한다. 단순하게 생명우선론이나 선택우선론으로 결정할 것이 아니라, 사회적 약자인 두 존재를 함께 보호하며 생명을 존중하는 문화를 만들어갈 방법에 대한 깊은 고민이 시급하다.

3. 유전공학기술

치매가 고령화 사회에서 심각한 문제로 대두되고 있다. 유전공학기술이 이 문제를 해결하려고 시도한다. 인간에게는 기억 관련 유전자가 있다. 그 기억관련 유전자를 치료하면, 치매 환자들에게 도움을 줄 수 있다고 한다. 생명공학회사들은 기억장애가 있는 사람들의 기억력을 회복시키기 위해서 약물 개발에 노력하고 있다. 치매환자들이 이 약물을 사용한다면 가족들을 알아보고, 예전 기억을 되살리며, 인간다운 삶을 사는데 도움을 받을 것이다.

그러나 이 약물의 사용에는 다른 문제가 있다. 수능시험을 앞두고 수험생이 이 약물을 복용한다고 생각해 보자. 비슷한 성적의 두 학생 중 하나는 이 약물을 복용하고 공부를 하고, 다른 하나는 약물 없이 공부를 한다. 같은 시간 동안 이 약물을 복용한 학생은 더 많은 내용을 암기할 것이고, 더 좋은 성적을 낼 것이다. 그러나 약물을 복용하지 않은 학생은 같은 시간을 공부했지만, 약물을 복용한 학생보다 낮은 성적을 받는다. 치매 환자의 경우는 인간다움을 회복하는데 이 약물이 쓰였지만, 수험생의 경우는 인간다움 혹은 공정성을 훼손하는데 이 약물이 사용되었다.

이 점에서 유전공학기술에서는 접근성의 문제가 대두된다. 기억력을 높일 수 있는 약물을 구매가능한 사람과 구매할 수 없는 사람 사이에 발생하는 구매력의 격차이다. 이 접근성과 구매력의 격차가 벌어진다면 유전공학기술은 인간다움을 회복하고 증진하는 기술이 아니라, 비인간화를 재촉하고 디스토피아를 확산시킬 위험성이 크다.

이 문제를 좀 더 확장시켜서 살펴보자. 유전적으로 우월한 존재와 유전적으로 열등한 존재를 인간 사회는 어떻게 대해왔을까? 역사적으로 나치는 유대인 대학살 때문에 비난의 표적이 되어왔다. 그러나 이러한 차별은 인류 역사에서 예외적으로 발생한 사건이 아니다. 동시대에 미국은 자유의 수호자로 각인되어 있었지만, 미국도 나치처럼 소위 부적격자를 차별하고 심지어는 자녀를 가질 권리도 박탈한 것을 볼 수 있다. 1927년 연방대법원은 벅과 벨(Buck v. Bell) 판례에서 정신병원에 있는 17세 미혼모 불임 명령 합헌 결정을 내렸다. 그 판결문은 이렇게 이야기한다.

"국가는 공공복지의 이름으로 최고의 시민에게도 그들의 삶을 위한 명목으로 헌신을 요구할 수 있다. ……. 부적격 자손이 죄를 지어 형 집행을 기다리거나 지적 능력이 너무 떨어져 굶는 것을 보느니, 차라리 누가 봐도 부적격자라면 그런 사람이 대를 이어 태어나는 일을 사회가 막을 수 있다면, 그게 사회 전체를 위해서 낫다."

당시 최고의 지식을 자부하던 연방대법관들이 8:1로 내린 결정이었다. 열등한 존재는 사회에서 존재 가치가 없다는 잔인한 판결이다. 그 이후 1950년대까지 미국에서 간질환자, 지적장애인, 학습장애자, 빈곤층, 수감자, 알콜중독자, 성생활 문란자 등 6만 명에게 강제 불임수술을 강행했다. 이들은 유전적으로 열등한 존재로 간주되며 불필요한 인간으로 취급되었다. 인류 역사에서 보통 우생학이라고 부르는 유전적 차별은 모든 문화에서 암암리에 혹은 공공연히 자행되었다.

현재 국가주도의 우생학은 거부되었지만, 유전공학의 발전과 더불어 개인적 우생학 논의가 계속 수면위에 떠오르고 있다. 국가 주도의 우생학과 다르게 개인적 선택 혹은 시장의 선택에 의한 우생학을 자유주의 우생학이라고 부른다. 몇몇 저명한 윤리학자들은 자유주의 우생학을 옹호하고 있다. 그러나 그들이 옹호하는 자유주의 우생학의 문제는 무엇일까? 근본적인 비판은 빈부차가 유전자 차이로 전환된다는 데 있다. 재능과 능력이 구매가 가능한 상품이 되고, 인간의 재능과 능력마저 시장의 지배를 받게 된다. 빈부차는 유전자의 차이로 영속화되고, 인류 사회는 노력으로는 건너뛸 수 없는 다른 종으로 분화된다.

지금도 사회적 약자들은 비난의 표적이나 배척의 대상이다. 사회적으로 문제가 생기면, 예를 들어, 폭력사건이 발생하면 가난한 집, 결손가정, 다문화 가정 등 사회 취약 계층에 비난이 집중된다. 이미 소외계층은 준 범죄자 취급을 받는 현실에서 빈부차가 유전자의 차이로 전이되면 인류의 공동체성은 그 근저가 허물어질 것이며, 국가주의 우생학이 만들었던 잔인한 사회보다도 더 비참한 사회가 될 가능성이 높다.

이러한 모든 현상은 재능과 능력을 개인의 소유로 간주하려는 태도에 기인한다. 재능과 능력이 구매 가능한 상품이 되면서 삶의 우연성이 거부되는 것이다. 다시 말해서 부유한 집안뿐만 아니라 가난한 집안에서도 재능있고 능력있는 자녀들이 태어날 수 있고, 재능과 능력이 부족한 자녀들이 태어날 수 있다. 유전공학은 이러한 삶의 우연성을 원천봉쇄하려고 한다. 이 태도는 삶을 과도하게 통제하려는 과도 주체성의 발현으로, 모든 것을 자신의 손아귀에 두려는 시도이다. 마이클 샌델은 이러한 경향성을 다음과 같이 비판한다.

"이 시대의 과잉 양육은 정복과 지배를 향한 지나친 불안을 나타내며, 이는 선물로서의 삶의 의미를 놓치는 일이다."[2] 인간의 재능과 능력은 사회에 선물로 부여

---

2 M. Sandel, **생명의 윤리를 말하다: 유전학적으로 완벽해지려는 인간에 대한 반론**, 강명신 역 (파주: 동녘, 2010), 101.

된 것으로, 함께 공동체를 구성하는 사람들과 상생하면서 공유해야 하는 것이다. 그러나 유전공학을 통한 강화는 더불어 살아가는 사람들에 대한 배려보다는 자기 생존과 번영의 집착을 드러내며, 선물이 아닌 소유로 인간의 재능과 능력의 가치를 절하시킨다.

유전공학이 과신되는 시대에 인간의 재능과 능력이 한 개인의 것이 아니라, 사회에 의해서 형성된, 공공을 위한 것이다. 사회없이 개인의 재능과 능력은 발현되기 어렵기 때문이다. 다시 말해서, 선물로 개인들에게 주어진 재능과 능력을 개인이 발현시키려면 사회적 교육이 필요하다. 교육은 작게는 한 사회, 크게는 인류가 함께 공유하며 만들어 놓은 사회적 공유 자산이다. 아무리 재능과 능력이 뛰어나다고 하더라도 이 사회적 공유 자산을 통해서만 발현이 가능하다. 이런 이유로 개인의 재능과 능력은 사회 혹은 개인들이 소속된 공동체, 넓게는 인류공동체에 귀속된 것이다.

재능과 능력은 선물로 주어진 것이고, 사회 속에서 발현이 되기 때문에, 재능과 능력은 자신만을 위한 것이 아니고, 함께 더불어 살아가는 사람들, 보다 폭을 넓히면 이 지구 공동체를 위한 것이어야 한다. 유전공학의 강화는 이 재능과 능력의 본질적인 특성인 선물이나 사회적 발현성을 근본적으로 거부하기 때문에 문제가 된다. 유전공학도 개인의 재능과 능력도 사회적 산물로, 건강한 공동체 형성을 위한 큰 자산이다. 이런 측면에서 유전공학은 강화가 아니라 치료의 차원에서 접근해야 하며, "정복과 통제"가 아닌 공유와 돌봄의 차원으로 인간의 재능과 능력을 사용할 때, 인류 전체의 존엄성을 지켜갈 수 있을 것이다.

4. 의료불평등

생명의 존엄성을 논의할 때 의료불평등은 중요한 이슈이다. 안타까운 사실이지만, 가난할수록 질병에 걸릴 가능성이 더 높고, 실제 사망률도 높기 때문이다. 한 연구진에 의하면 저소득층일수록 심장병에 걸릴 확률도 높고, 사망할 확률도 높은 것으로 나타났다. 예방과 관리가 어려운 것이 그 한 요인으로 나타났다. 같은 병에 걸려도 가난한 사람들은 생명에 더 지장을 받는 현실이다. 모든 인간의 생명이 존엄하다면 그 생명의 존엄성은 의료분야에서 빈부의 격차없이 존중되어야 한다. 그러나 현실은 그렇지 못하다.

전 세계적으로 매해 1200만 명의 사람들이 충분한 의료 혜택을 받지 못해서 죽어간다. 그 중에서 50만 명 정도는 출산 때 사망하는 산모들이며, 대부분 가난한 여성들이다. 폐렴의 경우 95퍼센트 이상 치료할 만큼 의료가 발달했음에도 불구하고, 폐렴에 의해서 수백만 명이 사망하고 있고, 가난한 사람들이 주로 희생자이다. 가난한 사람들의 건강상태가 더 악화되는 이유 중 하나는 의사를 만날 경제적 여력이 없기 때문이다. 의사에게 진료를 받기 어렵기 때문에 약을 중개상들에게서 구매하면서 가난한 이들은 적절한 처방 없이 투약하고 제대로 치료를 하지 못해 병을 악화시킨다.

미국에는 1996년 시애틀에 설립된 엠디 스퀘어드(MD^2)라는 보험회사가 있다. 이 보험회사의 보험료는 1년에 우리 돈으로 1,800만원(15,000달러)이다. 부부의 경우는 3,000만원(25,000달러)를 내야한다. 비슷한 의료회사인 프라이빗 메디컬 그룹(Private Medical Group)은 가족 당 4,800만원(40,000달러)에서 9,600만원(80,000달러)를 연회비로 내야 한다. 보통 의료보험의 10배가 넘는다. 그러나 비싼 보험료 만큼의 혜택을 받을 수 있다. 한 의사가 50가정만 돌보며, 회원들은 24시간 진료를 받을 수 있다. 그래서 언제 어디서나 제한 없이 전담 의사를 만날 수 있다. 예를 들면 환자가 자택이나 개인 사무실에서 진료를 받을 수 있다. 혹시 급한 일이 있을 경우에는 공항에서도 진료가 가능하다. 말 그대로 양질의 진료이다.

문제는 제한된 수의 의사들이 선택된 소수의 사람들을 진료하기 때문에 다수의 사람들이 의사를 접할 기회를 상실한다는데 있다. 미국의 경우 408명에 한 명꼴로 의사가 있다. 한 가정을 네 명으로 본다면 100가정을 돌보는 셈인데, 값비싼 의료보험을 내는 사람들이 의사들을 독점하고 있기 때문에 가난한 사람들의 경우에는 양질의 의료를 받을 기회가 더 줄어든다.

우리나라는 국민의료보험으로 모든 국민들이 같은 의료보험에 소속되어 있기 때문에 미국과 같은 현상이 벌어지지는 않는다. 그러나 한국 사회에서도 소득 수준에 따라 받을 수 있는 의료의 질은 다르다. 돈이 없어서 응급실을 전전하다가 끝

끝내 생명을 잃은 사건도 있었다. 응급상황임에도 불구하고 생명에 지장이 없는 다른 수술이 진행 중이라는 이유로 거부당하는 사례는 생명의 존엄성에 대한 우리나라의 인식이 얼마나 부족한지 고스란히 드러낸다.

더 안타까운 것은 가난한 이들에게 의료분야에서 필수서비스가 제대로 제공되지 않는다는 점이다. 공공병원 응급실임에도 불구하고 경영합리화를 위해서 노숙인을 치료하지 않는 일도 보도가 된다. 병원들이 응급실에 투자를 꺼린다고 한다. 응급환자는 회전율과 의료수가가 높지 않기 때문이다.[3] 2010년 자료에 의하면 응급실에서 적절한 구조 및 치료가 있었다면 사망을 막을 수 있었던 환자가 9245명으로 전체 사망자 28,356명 중 32.6%에 해당한다.[4] 서민들에게 응급의료권만큼 중요한 권리는 없다. 선한사마리아인운동본부는 소송자료집에서 "응급의료권은 곧 생명권이고, 국민의 생명권은 자기보호 능력이 약한 서민에게 보다 절실한 권리"라고 표현했다.[5] 의료와 보건은 인간이면 예외없이 공급받아야 하는 필수 서비스이다. 응급의료, 저소득층 진료, 전염병 진료, 간병서비스 등이 기본적인 필수서비스로 간주되지 않기 때문에 저소득층은 의료에 있어서 차별적인 대우를 받을 수밖에 없다.

생명의 존엄성을 생각한다면 의료는 공공재로 제공되어야 한다. 공공의료시설은 더욱 확충되어야 한다. 특별히 낙후된 지역의 보건소나 지역의료센터는 더 활성화되어야 한다. 도시와 농촌의 경제적 격차와 인구구조의 불균형은 공공의료시설의 확충을 요구한다. 농촌의 경우 의료혜택을 받기 어려운 노령인구 중심으로 마을이 변화되고 있기 때문에, 노령인구를 대상으로 하는 공공의료시설의 확충이 시급하다.

---

3 김기태, **대한민국 건강 불평등 보고서** (서울: 나눔의 집, 2012), 85.

4 김윤, "한국형 권역외상 센터 설립 타당성 및 운영모델 연구," 보건복지가족부보고서, 2010: 5.

5 김기태, 133.

5. 안락사

생명의 존엄성은 삶의 과정과 더불어 삶의 마지막에도 적용이 되어야 한다. 인류 역사에서 죽음은 인간이 선택할 수 있는 것이 아니라, 인간이 수동적으로 받아들일 수밖에 없는 숙명이었다. 그러나 인류가 평균수명과 기대수명을 높여가면서 다양한 질병과 그에 수반된 고통을 경험하게 되고 안락사를 고민하기에 이르렀다.

안락사의 사전적 정의는 "희망 없는 질병을 앓거나 손상을 입은 사람을 자비의 이유로 비교적 고통없이 죽이거나 죽게 내버려 두는 행위 또는 관행"이다. 안락사를 고려하게 될 때는, 무뇌증을 가지고 태어난 경우, 지속적인 식물 인간 상태로 호흡기를 떼면 사망할 경우, 그리고 질병 말기에 심각한 고통 상태인 경우 등을 생각할 수 있다. 의학이 발달하지 않았다면, 바로 목숨을 잃을 수 있는 경우들이다. 그러나 의학의 발달로 생명을 지속할 수 있게 되었고, 삶과 죽음의 결정을 내리기 쉽지 않게 되었다.

안락사는 당사자의 의지와 실행 방법에 따라 다양하게 분류가 된다. 의지에 따라서는 자의적 안락사와 비자의적 안락사가 있다. 자의적 안락사는 당사자의 의지에 따라 안락사를 결정하는 경우이다. 비자의적 안락사는 당사자가 결정할 수 없는 상태에 있을 때, 예를 들면, 식물 인간 상태에 있을 때, 보호자들의 결정에 의해서 안락사가 이뤄지는 경우이다. 방법에 따라서는 적극적 안락사와 소극적 안락사가 있다. 적극적 안락사는 치사량의 약물을 주입해서 환자가 죽음에 이르게 하는 경우를 말한다. 소극적 안락사는 환자의 치료나 간호를 의도적으로 중단해서 죽음을 맞이하게 하는 경우이다.

자신이 죽음을 결정하는 자의적 안락사의 경우는 윤리적으로 용인할 수 있을까? 실제로 안락사의 경우 논란의 핵심은 자의적 안락사이며, 그 중에서도, 자의적 적극적 안락사이다. 서구의 몇몇 나라와 달리 우리나라에서는 적극적 안락사를 허용하지 않고 있다. 2017년 8월부터 시행된 "호스피스·완화의료 및 임종과정에 있는 환자의 연명의료결정에 관한 법률"(약칭: 연명의료결정법)에 의하면 우리나라에서는 심폐소생술, 혈액 투석, 항암제 투여, 인공호흡기 착용 등의 연명의료를 중단할 수 있지만, 통증 완화를 위한 의료행위와 영양분 공급, 물 공급, 산소의 단순 공급은 중단되어서는 안 된다고 규정한다. 다시 말해서 적극적 안락사는 허용할 수 없지만, 소극적 안락사를 허용하겠다는 의미이다.

안락사에서 관심을 가져야할 부분은 연명치료유보와 의료적 조력 자살의 구분이다. 연명치료유보와 의료적 조력 자살은 구분될 수 있을까? 이 구분선이 명확하지는 않지만 분명히 구분되어야 하고, 이 구분선이 적극적 안락사와 소극적 안락사를 구분하는 기준이 된다. 의료적 조력 자살은 생명에 위해가 되는 독물을 몸에 투입해서 환자가 죽음에 이르게 하는 것이고, 연명치료유보는 인위적인 생명유지장치를 제거해서 생명을 유지하다가 죽는 것이다. 둘 다 죽음에 이르는 것은 같지만, 전자는 인위적 죽음이고 후자는 불가항력적 죽음이라는 차원에서 다르다. 생명의 존엄성을 고려한다면 인위적 죽음은 허용할 수 없고, 불가항력적 죽음은 수용할 수 있다. 혹은 다른 차원에서 적극적 안락사는 환자의 죽음을 목적으로 하지만, 연명치료의 거부는 남은 삶을 보다 인간답게 살고 죽음을 맞이하기 위한 것으로 볼 수 있다.

인생의 끝에서 안락사를 선택하려는 사람들의 고통과 아픔을 가늠하기는 어렵지만, 생명의 존엄성을 생각한다면, 소극적 안락사 혹은 연명치료유보까지 허용할 수 있을 것이다. 의료적 조력 자살을 요청한 환자들의 경우 불치병에 대한 절망과 육체적 고통 때문이라고 한다. 그 환자들이 이 절망감과 고통을 효과적으로 해결할 경우 조력 자살을 거부한다는 연구 결과도 있다.[6] 우리나라는 말기 환자의 절망과 고통을 해결할 사회적 돌봄 구조도 구축해 나가야 한다. 예를 들면, 호스피스 시설과 인력의 확대를 통해서 고독하게 마지막을 맞이하고 있는 외로운 노인들이 의미있는 관계를 맺으며 살아갈 환경과 조건을 마련해야 한다.

생명의 존엄성을 고려할 때, 인간의 마지막인 죽음과 관련해서 좋은 죽음을 논의해야 한다. 한 연구에서 죽음을 앞 둔 환자들의 경험에 나타나는 다섯 가지 중요한 요소를 가지고 좋은 죽음을 평가했다: 심폐소생술금지가 적시에 이뤄지는가? 심폐소생술 이용에 의사와 환자가 합의를 했는가? 중환자실에서 보낸 기간이 비교적 짧은가? 고통완화 치료가 적절하게 이뤄졌는가? 죽음 전에 고비용 의료기술을

---

6 S. B. Rae and P. M. Cox, **생명윤리학**, 김상득 역 (서울: 살림, 1999), 387.

적게 사용했는가?[7]

현실적으로는 많은 환자들이 좋은 죽음과는 거리가 먼 죽음을 맞이하고 있다. 심폐소생술 금지 지시의 절반 이상은 죽기 이틀 이내에 작성되었고, 절반 이상의 의사들은 환자가 심폐소생술을 원하는지 모르고 있었으며, 임종말기 환자의 3분의 1이상이 중환자실에서 10일 이상 보냈고, 환자나 가족의 50%는 환자가 임종 전 3일 동안 극심한 고통을 받았다고 보고했고, 마지막 진료비를 평균적으로 3만 달러 사용했다고 한다.[8] 이 보고서는 환자들 뿐만 아니라 의료진도 환자의 죽음, 특별히 좋은 죽음에 대해서 미리 준비되지 않았음을 보여준다. 이 점들을 고려할 때, 미리 자신의 연명치료 방향을 결정한다면 좋은 죽음을 맞이할 수 있을 것이다.

6. 나오는 말

생명의 존엄성과 관련해서 인공임신중절, 유전공학, 의료불평등, 안락사의 문제를 살펴보았다. 생명의 존엄성은 모든 사람들을 차별없이 존중하고 보호하도록 요청한다. 생명의 시작부터 끝까지 모든 단계에서 인간은 존엄하게 대우받아야 한다. 새로운 의료기술은 인간이 해결해오지 못한 질병을 치료하기 위해서 개발되어야 하지만, 불평등을 심화시키는 방향으로 진행되지 않도록 정치공동체가 함께 노력해 가야할 것이다. 가난한 사람들이 더 쉽게 질병에 걸리고, 치료의 가능성이 낮은 의료불평등의 현실은 우리가 함께 바꿔 가야할 구조로, 공공의료의 체계가 확대되도록 노력해야 한다. 안락사는 의료기술의 발달과 더불어서 인간이 장수하며 고민하게 되는 문제이다. 의미있는 삶을 추구함과 동시에 생명 자체의 존엄성을 바탕에 깔고 안락사에 대한 논의는 계속되어야 한다. 우리는 특별히 가난하고 병들고 소외된 사회적 약자들이 자신의 삶을 실현해가는 공동체를 구현할 수 있도록 함께 힘써야 할 것이다.

---

7 *Ibid.*, 350-51.

8 *Ibid.*, 352-55.

13장

기독교, 대중문화를 디자인하다

1. 들어가는 말

누군가를 만났을 때 자신이 봤던 드라마, 영화, 만화, 책 등이 대화의 소재로 등장하면 공감대를 쉽게 형성하게 된다. 경기를 직접 관람할 때 같은 팀을 응원하는 사람들은 옆에 있는 관람객과 모르는 사이더라도 같이 응원하고 같이 마음을 졸이면서 관람을 한다. 그리고 전 세계 어디서나 스마트 폰과 컴퓨터를 통해 서로 같은 정보를 공유하고 대화를 한다.

이처럼 현대인이 대부분의 깨어 있는 시간을 대중문화를 비롯한 문화를 소비하며 살아가는 현상을 "문화는 공기다"라는 간결한 은유로 표현하기도 한다. 당연한 얘기지만, 사람은 공기 없이 살 수 없다. 마찬가지로 '문화'라는 '공기' 없이도 살 수 없다.[1] 그런데 공기에도 오염된 공기와 깨끗한 공기가 있듯이 문화에도 우리의 정서를 정화 시키고 삶의 질을 높이는 문화가 있는가 하면, 그 정반대의 문화가 있다. 그 중에서도 한 시대의 지배적인 문화로 등극하여 권좌를 든든히 지키는 것은 물론 권력을 더욱 확대해 나가고 있는 대중문화가 지배하는 세상의 중심에 우리가 서 있다.

1 A. A. Berger, **대중문화 비평, 한권으로 끝내기**, 박웅진 역 (서울: 커뮤니케이션북스, 2015), v.

2. 문화를 디자인하다

중국을 사로잡으며 국가대표 한류 드라마로 우뚝 선 '태양의 후예'가 직·간접적으로 1조원 넘는 경제효과를 냈다는 분석이 나왔다. 한국수출입은행 해외경제연구소는 29일 '한류 수출의 파급효과-태양의 후예 사례'라는 제목의 보고서를 통해 이 같이 분석했다. 연구소에 따르면 수출입은행이 제작을 지원한 드라마 '태양의 후예'는 중국(400만 달러), 일본(160만 달러) 외에 대만, 홍콩, 필리핀, 베트남 등 아시아 지역과 미국, 영국, 프랑스, 이탈리아 등 유럽 지역을 포함해 세계 32개국에 수출될 예정이다.

현재 확인된 수출액은 약 70억원. 연구소는 국내 드라마 중 최대 수출작으로 꼽히는 '대장금'의 87개국 130억원 판매 사례에 근거해 '태양의 후예'의 총 직접수출 판매액이 100억원에 달할 것으로 분석했다. 여기에 간접 수출과 생산·부가가치 유발 효과는 광고효과를 포함해 무려 1조원 이상이 될 것으로 추정했다. 연구소는 자동차 수출액이 1500억원, 관련 소비재와 한류관광 수출액이 1480억원으로 총 간접수출액이 2980억원이라고 설명했다. 한류 관광 수출액의 경우, 연구소는 과거 '별에서 온 그대'와 '대장금'의 사례를 반영해 10만명의 관광객을 끌어들일 수 있을 것으로 추산했다. 이어 한국관광공사의 2014년 외래 관광객 실태조사에 근거해 관광객 1인당 평균 지출액을 1102달러로 잡아 한류 관광 수출효과를 예상했다. 이밖에도 간접적인 생산유발 효과가 5849억원, 부가가치유발 효과가 1951억원에 이를 것으로 추정했다. 직접수출을 통한 취업유발 효과가 151명, 간접 수출을 통한 취업유발 효과가 4369명 등 '태양의 후예'를 통해 총 4520명의 취업유발 효과를 볼 수 있을 것으로 내다봤다. 연구소는 "문화콘텐츠 산업은 해당 상품의 수출 외에 소비재 수출, 관광 효과, 광고 효과, 국가 브랜드 개선 효과 등 간접유발 효과를 통한 경제적 부가가치 창출이 타 산업보다 높다"고 설명했다. 이어 "중국의 엔터테인먼트 시장이 확대되면서 최근 금융수요가 발생하고 있는 해외 합작 영화 등의 분야에 지원을 확대하고 새 수요를 창출해야 한다"고 덧붙였다.

'태양의 후예' 경제 효과 1조원 넘는다. 매일경제, 2016년 4월 29일 기사

우리는 위의 기사를 통해 좋은 콘텐츠 하나가 단순한 인기를 넘어서서 문화와 경제까지 커다란 영향을 미치고 있다는 것을 알 수 있다. 특히, 기사에서 언급된 2016년 태양의 후예는 동시 방영을 했던 중국의 동영상 플랫폼 '아이이치'에서 누적 조회 수 15억 건을 돌파하며 새로운 한류 열풍을 선도하였다. 또한, 한국문화산업교류재단의 분석에 따르면 2014년 기준 문화콘텐츠, 소비재, 관광 수출액의 추정치는 약 7조 5,000억 원으로 전년 대비 8.4% 증가했는데, 이는 우리나라 전체 수출액 증가율 2.3%보다도 높은 성장률이다.[2] 이를 통해 우리는 이제 문화상품이 농산품이나 공산품보다 부가가치가 훨씬 더 높다는 사실을 알 수 있을 것이다.

그렇다면 과연 문화는 무엇인가. 문화(文化)를 단순한 명제로 개념화하는 것은 쉽지 않다. 레이몬드 윌리엄즈(Raymond Williams)는 문화를 "영어 단어 중에 가장 난해한 몇 개 단어 중 하나"라고 한바 있다.[3] 문화를 단일하고 명료하게 정의하는 것은 매우 어렵다. 왜냐하면, 문화는 어떠한 관념이라기보다 여러 관심사가 수렴되는 장이기 때문이다. 그럼에도 불구하고 이를 개념화하려는 작업은 계속해서 시도되어 왔다.

문화(culture)라는 말은 '경작하다', '재배하다', '개간하다'라는 뜻을 지닌 라틴어 '콜로레'(colore)에서 왔다. '경작'이나 '재배'라는 단어는 우리가 일반적으로 생각하는 '문화'라는 용어와는 차이가 있는 것처럼 보이지만 여기에는 중요한 개념이 들어가 있다. 그것은 자연 상태의 어떤 것에 인위적인 작용을 가하여 그것을 변화시키고 새로운 것을 창조하는 과정에서 나온 단어라는 점이다. 즉 개발되지 않은 상태로서의 자연과 반대되는 개념으로서, 인간의 사고를 거쳐서 인간의 삶에 접합된 모든 생활양식[4]과 사회, 정치, 경제, 종교, 예술과 같은 인간의 모든 산물을 포함하는 말이기도 하다.[5] 하지만 이 또한 동양과 서양에서 다른 의미를 갖고 있다. 동양 유교권에서는 글(文)을 알고 유교의 사서오경을 비롯한 문헌을 섭렵하여 해박한 지

2 http://www.lifentalk.com/1193 2018년 1월 13일 검색.

3 J. Story, **문화연구와 문화이론**, 박모 역 (서울: 현실문화연구, 1999), 13.

4 박종현, **기독교와 문화** (서울: 크리스천헤럴드, 2006), 11.

5 김창남, **대중문화의 이해** (서울: 도서출판 한울, 2010), 20.

식과 그를 통한 수신을 이룩하여 군자가 되는 과정을 문화라고 이해하였다. 그러므로 문화인이란, 많은 독서와 글을 쓰는 서예, 그리고 글을 사용한 문장에 능한 사람을 가리킨다. 한편, 서양에서는 문화(cultus)라는 말이 좁은 의미로는 인간 창조성의 극치를 보여주는 예술 활동에 사용되었으나, 넓은 의미로는 하나님이 부여한 인간성과 자연을 갈고 닦는 모든 경작(cultivation)행위에 적용되어, 농경문화(agriculture)로부터 산업과 기업, 그리고 과학과 예술 등을 포함하는 모든 생산 활동을 비롯하여 사회적 창조 즉 정치, 경제, 교육, 군사 등 모든 인간 공동체의 창조 방식에도 포괄적으로 사용되었다. 이러한 이해는 성경적 문화관을 반영하고 있다고 볼 수 있다.

그렇다면 우리가 살고 있는 21세기의 현대문화는 어떤 특성을 가지고 있는가라는 질문에 대다수의 학자들은 "현대문화의 가장 대표적인 성격은 대중문화이다."라고 답을 하는 것에 이의를 제기하지 않을 것이며, 이러한 형태의 문화는 다음 세기에 더욱더 심화되고 확대될 것으로 예상된다.

3. 대중문화를 디자인하다

대중문화는 말 그대로 대중들이 누리는 문화이다. 그러나 대중문화 역시 문화처럼 모호한 개념이긴 마찬가지이다. 왜냐하면, 대중이란 개념 또한 보는 관점과 시각에 따라 논란의 여지가 있기 때문이다. 그러나 일반적으로 대중문화와 고급문화의 벽을 무너지게 만든 포스트모더니즘 열풍이 불면서 1980년대 이후 우리나라를 포함한 전 세계의 아이로부터 노인들에게 이르기까지 인간 모두가 대중의 범주 속에 포함되었다고 말할 수 있다.

1) 대중문화의 정의

존 스토리(John Story)는 대중문화를 정의 내리기 위한 다양한 시도를 소개한다. 첫째, 대중문화는 많은 사람들이 폭넓게 좋아하는 문화라고 보는 것이다. 이때,

대중문화를 좌우하는 상업성을 배제할 수 없다. 라디오, 텔레비전, 인터넷과 같은 현대 미디어들은 대중의 지지를 받음으로써 자본을 획득할 수 있기 때문에 시청자들의 유동적인 요구와 경향에 민감하게 반응한다. 그러므로 오락의 경험이 가장 일차적인 형식이 되며 다른 내용상의 차이들은 상쇄되기 싶다.[6] 둘째, 고급문화라고 판단되는 것 이외의 문화를 모으는 방식에서 이해할 수 있다. 그러나 포스트모더니즘 이후 고급문화와 대중문화, 상업문화와 비상업문화는 구분되지 않는다. 셋째, 대량문화로 바라보는 방식이다. 대량 소비자 집단의 대량 소비를 위해 대량 생산된 것이다.[7] 그리고 대중문화의 실천, 곧 수용과 소비는 상당 부분 무의식적으로 이루진다는 것이다. 모든 사람의 취향은 자신의 주체적인 선택이라기보다 일상적인 사회문화적 환경의 영향 속에서 형성된다. 그렇기 때문에 일상생활로서의 대중문화는 대중의 감수성이나 취향, 행동양식에 무의식적인 영향을 미치며 대중문화의 영향력이나 사회적 효과가 중요한 이유도 그 때문이다.[8] 넷째, 대중문화가 무엇이든 산업화와 도시화에 의해 일어난 문화라는 것이다. 이는 문화와 대중문화에 대한 정의가 자본주의 시장경제에서 기인한다는 말이다.[9] 지금까지의 존 스토리의 대중문화에 대한 정의에 비추어 보면 대중문화는 자본과 미디어에 의해 대량 생산, 유통되어 많은 사람들이 폭넓게 소비함과 동시에 의식적으로 혹은 무의식적으로 영향을 받는 것으로 이해할 수 있다.

2) 대중문화의 특성

맹용길 교수는 대중문화의 개념과 특성에 있어서 독특한 관점을 제시하였다. 그는 먼저 대중문화를 대중사회의 삶의 양식으로 보았으며, 대중이 주도하는 문화

6 J. D. Hunter, **기독교는 어떻게 세상을 변화시키는가**, 배덕만 역 (서울: 새물결플러스, 2014), 309.

7 J. Story, 18-25.

8 김창남, 37.

9 J. Story, 18-33.

로 대중의, 대중에 의한, 대중을 위한 문화로 규정한다.[10] 대중문화에 대한 이런 개념을 토대로 그가 기술한 대중문화의 특성 중 3가지만 살펴보고자 한다.[11]

첫째, 대중문화는 세계화 되어가고 있다. 2012년 싸이의 강남 스타일을 비롯하여 최근 미국의 유명 시상식에서 무대를 보여준 방탄 소년단 등을 통해서 볼 수 있듯이 오늘날의 대중문화는 인종, 종교, 국경을 자유로이 넘나든다. 특히 한류열풍으로 인해 이러한 교류는 더욱더 활발하게 진행되었다. 아시아에서 대중문화를 주도하고 있는 나라로 한국이 거의 독보적인 존재라고 할 수 있다. 이처럼, 대중문화의 교류는 자국뿐만 아니라 다른 나라에 대한 관심과 동경을 갖게 하고 더 나아가서 대중문화를 통해 세계를 배우고, 더불어 세계에 자국을 알리는 외교적 교두보 역할을 하고 있다. 둘째, 대중문화는 민주화되어 가고 있다. 과거에는 고급문화가 귀족들에게 한정된 문화로 인정되었다고 하고 대중문화가 저급문화라고 하더라도 결코 대중의 것이라고 말하기 어려운 시절이 있었지만 지금은 대중에 의해 대중에게 확산되고 대중에 의해 창출됨으로 말미암아 평등화를 의미하는 민주화가 되어가고 있다.

셋째, 대중문화는 통합되어 가고 있다. 이것은 대중의 삶이 통합되어 가고 있는 것을 의미한다. 방송과 통신이 통합되어 가기 때문에 그것을 굳이 구별하려고도 하지 않고 그것을 구별하기도 어렵게 되어 있다. 보는 라디오와 시청하는 텔레비전이 어떻게 다르며, 컴퓨터와 텔레비전, 컴퓨터와 전화, 컴퓨터와 팩스, 휴대폰과 텔레비전 등을 어떻게 구별할 것인지 분간이 잘 가지 않는다. 대중의 삶의 양식이 통합되어 간다는 것은 간편해지는 것인가, 아니면 복잡해지는 것인가에 대해서는 판

10 맹용길, “기독교 신앙과 대중문화,” 임성빈 편, **현대문화의 한계를 넘어서** (서울: 예영커뮤니케이션, 1997), 40.

11 *Ibid.*, 40-45.

단을 내리기가 어렵다. 그러나 모든 것이 통합되어 갈 수 밖에 없는 상황에 있는 것은 확실하며, 대중문화도 같은 상황에 있음이 분명하게 나타나고 있다.

3) 대중문화의 기능

대중문화의 주체인 대중은 대중문화의 겉과 속을 이해하고 바르게 볼 수 있는 안목을 키워야 하며 순기능의 역할은 더욱 강화 시키고, 역기능을 비판할 수 있는 기준과 올바른 가치관을 확립할 수 있어야 한다.

(1) 순기능

㉠ 대중의 대중문화 창조에 참여

대중문화가 그것을 받아들이는 대중들의 수동성을 특징으로 한다는 주장이 있지만 반대 논리도 가능하다. 대중도 대중문화의 창조에 영향을 미친다는 것이다. 한 예로 영화나 가요, 드라마는 대중의 요구를 충족시킬 때만 성공할 수 있다. 그래서 대중문화의 창작자들은 대중의 의식이나 요구 등을 충실히 반영하기 위해 노력한다. 흔히 대중문화의 수용자의 의견이 반영된다는 점에서 대중도 대중문화의 창조 과정에 간접적으로 참여한다고 보아야 하는 것이다.

㉡ 사회 발전에 기여

대중문화는 사회발전에 기여할 수도 있다. 대중문화가 탈정치화 경향이 강한 것은 사실이다. 그러나 대중문화에도 사회 비판 의식이 담겨 있으며 최근의 우리 사회에서는 그런 경향이 더욱 강해지고 있다. 대중문화는 문화의 민주화를 가능하게 했다. 산업혁명 이전의 신분 사회에서 문화란 특권계급의 전유물로 여겨졌다. 그러나 현대 사회에 들어서면서 대중은 누구나 대중문화를 즐기며 자신의 여가를 즐겁게 보낼 수 있다. 대중문화의 문제점이 많지만 대중문화의 출현을 계기로 모든 사람이 평등하게 다양한 문화적 욕구를 충족시킬 수 있게 되었다는 점에서 대중문화의 민주화를 실현하는 데 기여한 사회 현상인 것이다.

(2) 역기능

오늘날 대중문화는 사상의 자유, 창작의 자유, 표현의 자유라는 이름으로 대중문화를 소화할 수 있는 소수의 어른들을 제외한 뜻하지 않은 더 많은 피해자들과 약자들에 대한 배려가 전혀 없다. 특히, 대중문화라는 상품의 가치를 높이기 위해 폭력성과 말초신경을 자극하는 선정성은 그 강도를 더해 가고 있는 추세이다.

㉠ 폭력성

대중문화는 대중들에게 폭력을 폭력 자체로는 결코 보여주지 않는다. 폭력에 유머를 섞어서 재밌는 폭력, 폭력에 낭만과 동정을 섞는 동정심을 유발하는 폭력, 폭력에 의리와 명분을 섞어서 합리화 시키려는 이데올로기식 폭력 등으로 대중에게 다가온다는 것이다. 또한, 스타를 중심으로 영화나 드라마를 기획해서 그들이 행사하는 폭력은 있을 수 있는 폭력이고, 심지어 멋있는 폭력으로 둔갑하게 만드는 스타시스템이 폭력을 미화시킨다. 그렇다면 폭력성이 왜 문제인가. 이는 단순히 대중문화 속에서의 폭력으로만 끝나는 것이 아니라 이를 모방하여 실제로 인간의 가장 고귀한 생명을 위협하거나 심지어 생명을 빼앗아 갈 수 있다는 점에서 그 어떤 대중적 주제보다도 치명적인 것이라는 사실을 인식해야 한다. 그럼에도 불구하고 대중이나 대중문화 생산자들이 폭력에 대해 심각하게 생각하지 않고 단순한 재미나 호기심 수준으로 생각한다는 것은 우리 사회에 얼마나 폭력이 일상화 되어 있는가를 보여주는 단적인 예이다. 특히, 우리나라 대중문화의 현실은 상대적으로 음란보다 폭력에 대해서는 관대한 것 같다. 그러나 우리는 음란은 생명의 질을 떨어뜨리지만 폭력은 생명 자체를 파괴한다는 것을 기억해야 한다.

㉡ 음란성

대중문화를 언급할 때마다 빠지지 않고 지적되는 부분이고, 또 그 만큼 심각한 주제가 음란성, 성의 상품화 문제이다. 사실, 대중 예술의 발달과정은 신성한 성을 팔고 사는 상품으로 얼마나 잘 포장하느냐에 대한 포장 기술의 발달과정이라고 해도 과언이 아닐 것이다. 그만큼 상업화된 대중문화는 인간의 성을 가장 돈이 되는 수단으로 삼아왔던 것이 사실이다. 인간의 성이 상품이 되고, 또 돈이 될 수 있는 것은 물론 인간이 타락한 이후 성적 충동과 자극에 매우 취약한 존재가 되어버렸기 때문이다.

그렇다면 성이 왜 대중문화 생산자들에게 매력적인 소재가 될 수 있는가 하는 것이다. 그 이유는 분명하다. 대중문화는 자본을 중심으로 한 상업주의와 결혼한 문화이다. 자본주의 경제논리는 최소한의 투자로 최대한의 이익을 남기는 것이다. 영화, 연극, 광고 등 대중문화에서 성을 이용하는 것이 적은 투자로 많은 이익을 남길 수 있는 장사라는 그릇된 생각이 대중문화 창작자들을 지배하고 있기 때문이다. 그만큼 성을 상품화 하는 것은 이 시대의 천민자본주의의 표상인 것이다.

4. 기독교 대중문화를 디자인하다

기독교 대중문화란 기독교적 가치가 동인으로 작용하는 대중문화이다. 기독교적 가치로 변혁시키고 형성된 문화이다. 여기서 반드시 고려해야 할 점은 세속적 가치를 무조건적으로 배척하는 것이 아니라는 것을 분명히 해야 한다. 건전한 차원의 것이라면 기꺼이 수용할 수 있는 개방된 자세가 요청된다. 또한 기독교 대중문화는 하나님의 명령을 수행하기 위한 하나의 도구가 되어야 하며, 기독교 대중문화를 통해서 거듭나지 않은 사람을 구원으로 인도하는 수단이 되어야 한다. 이 세상은 기독교인만이 살아가는 것은 아니며, 기독교인만이 고립되어 향유하는 문화만을 고집할 수도 없는 것이 현실이다. 그러므로 기독교 대중문화는 형성적 차원의 안목을 넓힐 필요가 있다. 대중문화의 역기능적 폐해로부터 피해를 줄일 뿐 아니라 나아가서는 합리적인 문화 소비를 위해 대중문화 소비자 스스로의 의식화가 고려되어야 할 것이며, 문화의 사회·윤리적 책임을 강조하면서 대중문화 내용에 대한 식별 능력을 배양하고 궁극적으로 대중문화 소비과정에서의 능동성을 회복하려는 노력이 고려되어야 할 것이다. 더 나아가 기독교 대중문화는 모범을 보여주는 작업을 포함한다. 직접 대중문화를 생산함에 있어 많은 난관이 예상됨에도 불구하고 미흡하나마 우리가 추구하는 가치관에 기초한 건전한 대중문화를 만들어 하나의 예를 제시하는 것이 기독교인에게 요구되는 책임적 자세이다.

1) 기독교 대중문화의 특성

기독교 대중문화의 특성은 크게 포용성을 지닌 문화, 생명을 살리는 문화, 생산성을 높이는 문화, 현실성이 있는 문화로 나타낼 수 있다.

첫째, 기독교 대중문화는 포용성(magnanimity)을 지닌 문화이어야 한다. 이는 무조건 대중문화를 배척 하는 것이 아니라 대중문화의 긍정적인 면은 수용하고, 부정적인 면은 과감히 버리거나 비판하여 이 땅의 문화를 통합해서 새로운 문화를 창출할 수 있어야 한다.

둘째, 기독교 대중문화는 생명을 살리는 문화이어야 한다. 죽어가는 생명을 회복하고 살아갈 수 있는 길을 마련하는데 전력을 다하며 더 나아가 새롭게 살아가는 길을 찾도록 돕는다. 더 나아가 인간으로 태어남을 감사하며 기쁨과 자부심을 느끼게 할 수 있는 대중문화를 창출 하여야 한다.

셋째, 기독교 대중문화는 생산성을 높이는 문화이어야 한다. 생산성은 개발이나 양적 증대만을 의미하지 않는다. 생산성은 기독교 대중문화가 형성되는 데 효율성을 높이고 역동성을 나타나게 하는 것을 의미한다.

넷째, 기독교 대중문화는 현실성이 있는 문화이어야 한다. 이는 현실의 삶을 반영하고, 실천성이 있어야 하며, 다양성이 있어야 한다는 것뿐만 아니라 가격이 비싸거나 싸거나, 스케일이 크거나 작거나 사람을 의식하며 사실적이고 색감이 있으며 느낌이 뜨겁게 일어나는 것들을 다 포함한다.

2) 대중문화에 대한 기독교인의 자세

기독교인에게 올바른 문화의 건설과 발전을 위해 문화명령을 순종함으로써 하나님의 나라를 이룩할 의무가 있다면, 어떻게 이 문화적 사명을 수행할 수 있는가를 생각해 보아야 한다.

첫째, 기독교인은 모든 문화에 대해 비판적 자세를 취해야 한다. 문화란 발전적인 변화를 추구하는 노력이기 때문에 그 이상과 목적이 분명해야 되는데, 현대의 대중문화는 그 결과나 미래를 고려하기보다는 오늘의 즐거움과 쾌락을 만족시켜주면 그것으로 충분하다고 생각한다. 왜냐하면, 대중문화 자체가 과거 민속 문화나 전통 문화처럼 문화를 향유하는 계층이 공동체적인 삶의 필요성에 의해서 자생적으로 생산해 낸 문화가 아니라 철저하게 상업주의적 논리를 바탕으로, 문화 장사꾼들이 만들어내는 도구화되고, 상품화된 문화이기 때문에, 그 태생부터 "보암직하고, 먹음직하고 미혹당하기 쉬운" 죄성 지향적 문화일 수밖에 없는 것이다. 이제 우리는 참된 문화를 보호하기 위해서 이른바 문화라는 이름으로 오용하는 반문화를 들추어내야 한다. 이러한 반문화들은 순간적인 행복감을 주지만, 결국 인간성과 사회에 부정적이고 파괴적인 결과를 가져온다. 따라서 기독교인의 문화 활동이란 나의 인간성을 올바로 계발하는 데 도움을 주는 문화를 이용하고 참여하는 모든 활동을 포함하며, 문화의 목적은 나 자신과 우리 사회의 건전한 계발과 발전에 있는 것이다. 그러므로 대중문화 속에 사는 기독교인은 분명한 성경적 문화 의식을 가지고 문화와 반문화를 구별하는 능력을 키워야 한다.

둘째, 기독교인은 적극적으로 문화를 창조해야 한다. 문화 비판이나 타인이 창조한 문화에만 참여하는 것은 소극적이다. 즉 수동적 입장을 취하지 않고 살아서 움직이고 역사하고 새로운 것을 계속해서 만들어 가기를 바라며 인간의 창의력을 존중하여 창조적 삶을 창출해야 한다. 모든 기독교인들에게는 문화 창조의 명령과 함께 은사가 주어져 있다. 이를 능동적으로 그리고 협동적으로 사용하여 기독교 문화를 창조함으로써 하나님 나라의 발전에 기여해야 한다.

5. 나오는 말

하나님은 태초에 세상을 창조하시면서 인간을 '하나님의 형상'(Imago Dei) 대로 창조함으로써 인간에게 '문화 창조의 사명'(cultural mandate) -생육하고 번성하여 땅에 충만 하라 땅을 정복하라 바다의 고기와 공중의 새와 땅에 움직이는 모든 생물을 다스리라(창세기 1:28)-을 주셨다. 여기에서 문화의 가능성이 출발한다. 인류의 보존과 번성 그리고 그를 위한 자연의 효율적 관리와 통치는 인간문화를 형성하고 발전시켰다. 문화라는 실체는 우리가 정복하지 않으면 우리가 정복당할 수밖에 없는 강력한 영적 카리스마를 가진 존재임을 인식해야 한다. 무엇보다 기독교는 처음부터 세상 안에서 이루어지는 생명 살리기 창조 작업이다. 기독교는 역사상 다양한 종류의 문화와 만났으나 어떤 문화도 전적으로 부정하거나 정죄하지 않았다. 그리하여 심지어 기독교는 문화에 눈이 멀었다(culture-blind)고 말한 신학자도 있다. 현대 대중문화가 비록 심각한 여러 가지 문제점을 가지고 있지만 기독교는 오히려 이 문화를 충분히 바르게 사용하고 정화할 수 있다. 우리는 하나님 나라가 임할 때까지 꾸준히 기독교 대중문화를 형성해 감으로써 복음의 대중 문화화를 통해 기독교와 대중문화의 관계를 바르게 세우도록 해야 하는 사명감을 가져야 할 것이다.

참고문헌

강원용. **내가 믿는 그리스도**. 서울: 대한기독교서회, 2003.

권병탁. **한국경제사**. 서울: 박영사, 1984.

권성수. **산상수훈**. 서울: 생명의 말씀사, 2006.

고숙희. "한국의 다문화사회 진행에 따른 접근방안 모색: 한국인과 외국인 여성결혼 이민자의 태도조사를 중심으로." **한국사회와 행정연구** 19, no. 1 (2008): 213-234.

고재식. **예수는 멋쟁이**. 서울: 대한기독교서회, 2004.

기독교의이해교재편찬위원회. **기독교의이해: 신앙과 사랑을 찾아서**. 대구: 계명대학교 출판부, 2009.

김광원, 문시영. **기독교 바로알기**. 서울: 선학사, 1998.

김기태. **대한민국 건강 불평등 보고서**. 서울: 나눔의 집, 2012.

김성호. "이승만과 농지개혁." **한국논단** 239 (2009): 174-178.

김승욱. "이승만 정부의 농지개혁에 대한 기독교적 평가." **신앙과 학문** 16, no. 4 (2011): 33-74.

김윤. "한국형 권역외상 센터 설립 타당성 및 운영모델 연구." 보건복지가족부보고서 2010: 5.

김중기. **참 가치의 발견: 성서윤리의 틀**. 서울: 도서출판 예능, 1995.

김지훈, 이민경. "외국인 유학생들의 한국유학 동기와 경험 연구." **동아연구** 30, no. 2 (2011): 73-101.

김창남. **대중문화의 이해**. 서울: 도서출판 한울, 2010.

김철영. "기독교윤리학의 기초윤리에 관한 고찰: 기독교윤리학 하기." 한국기독교윤리학회편. **기독교윤리학 개론**. 서울: 대한기독교서회, 2005.

류상태. **교양으로 읽는 세계 종교: 인간과 세계와 종교 이야기**. 서울: 인물과 사상사, 2017.

문영만. "외국인 노동자의 종사상 지위별 임금격차 및 임금결정 요인에 관한 연구." **산업노동연구** 22, no. 2 (2016): 107-133.

박순용. "난민문제를 통해서 본 세계시민교육의 과제에 대한 고찰." **한국국제이해교육연구** 10, no. 2 (2015): 77-99.

박종균. "기독교윤리학과 윤리 이론." 한국기독교윤리학회 편. **기독교윤리학 개론**. 서울: 대한기독교서회, 2005.

박종현. **기독교와 문화**. 서울: 크리스천헤럴드, 2006.

박총. **욕쟁이 예수: 교양과 상식 너머, 길들여지지 않는 예수의 맨얼굴**. 파주: 살림, 2010.

박충구. **기독교 윤리사**. 서울: 대한기독교서회, 1994.

박태식. **넘치는 매력의 사나이 예수: 새로 쓰는 메시아 이야기**. 서울: 들녘, 2013.

서광선. **종교와 인간**. 서울: 이화여대 출판부, 2009.

신율. "탈동독 주민들과 탈북자들의 사회적응에 대한 사례연구." **평화학연구** 16, no. 3 (2015): 125-150.

양명수. **기독교 사회정의론: 갸륵하신 하나님**. 서울: 한국신학연구소, 1997.

양명수. **호모 테크니쿠스: 기술·환경·윤리**. 서울: 한국신학연구소, 1995.

오강남. **세계 종교 둘러보기**. 서울: 현암사, 2003.

오우성, 박민수. **상담으로 풀어본 신학**. 대구: 계명대학교 출판부, 2005.

유윤종, 석말숙. "구약 성서의 입장에서 본 이주 노동자 복지에 대한 교회의 개입 방안들." **구약논단** 15, no. 1 (2009): 174-199.

이규림, 김영옥. "유아교사의 다문화 감수성, 다문화교육 이해 및 태도의 관계: 다문화 교수효능감의 매개효과." **유아교육연구** 32, no. 3 (2012): 197-223.

이승문. **산상수훈과 제자의 삶**. 서울: TMIM기획, 2014.

이인경. **에큐메니칼 페미니스트 윤리**. 서울: 한들출판사, 2005.

이인경. "일하는 여성이 아름답다?." **여성신학의 새로운 지평**. 서울: 여성신학사, 2006.

이인경. "새로운 세상을 향한 비전." 기독교의이해 교재편찬위원회 편. **기독교의이해**. 대구: 계명대학교 출판부, 2009.

이찬수. **종교로 세계 읽기**. 서울: 이화여자대학교 출판부, 2011.

임성빈 편. **현대문화의 한계를 넘어서**. 서울: 예영커뮤니케이션, 1997.

임봉대. "구약성서에 나오는 환대에 대한 소고-다문화 사회에서의 성경이해." **구약논단** 18, no. 3 (2012): 34-59.

정중호. **하나님의 공동체**. 대구: 계명대학교 출판부, 2012.

정중호. **다문화 사회를 위한 새로운 성경해석**. 대구: 계명대학교 출판부, 2015.

정중호. **구약성경-욥기, 전도서, 시편**. 계명대 교양총서 64. 대구: 계명대학교 출판부, 2017.

조태연. **예수운동: 그리스도교 기원의 탐구**. 서울: 대한성서공회, 1996.

조희원. "결혼이주여성의 사회적 수용성 강화와 사회통합." **분쟁해결연구** 14, no. 3 (2016): 163-190.

차용호. **다문화 사회통합프로그램 이수제 개관**. 법무부 출입국외국인정책본부, 2008.

천사무엘. **지혜전승과 지혜문학**. 서울: 동연, 2009.

최봉도. "다문화 이주민에 대한 기독교인의 인식과 기독교교육의 과제." **대학과 선교** 21 (2011): 203-230.

하경택. **질문과 응답으로서의 욥기 연구(개정증보판)**. 서울: 한국성서학연구소, 2016.

한정, 균. **조당집 2**. 김월운 역. 서울: 동국역경원, 2008.

황재범. "초기 한국 개신교회가 한국 민주주의 문화의 형성에 끼친 영향: 한국장로교회를 중심으로." **신학사상** 159 (2012): 155-190.

황재범 편역. **개혁교회 3대 요리문답**. 서울: 한들출판사, 2013.

Banks, J. A. *An Introduction to Multicultural Education*. Boston: Allyn & Bacon, 2007.

Bauckham, R. J. **예수: 생애와 의미**. 김경민 역. 서울: 비아, 2016.

Beach, W. and H. R. Niebuhr. **기독교윤리학**. 김중기 역. 서울: 대한기독교출판사, 1985.

Berger, A. A. **대중문화 비평, 한권으로 끝내기**. 박웅진 역. 서울: 커뮤니케이션북스, 2015.

Bhawuk, D. P. S. & R. W. Brislin. "The measurement of intercultural sensitivity using the concepts of individualism and collectivism." *International Journal of Intercultural Relations* 16, no. 4 (1992): 413-436.

Birch, B. C. and L. L. Rasmussen. *Bible & Ethics in the Christian Life*. Minneapolis: Augsburg Pub. House, 1989.

Blainey, G. *A Short History of Christianity*. Penguin Viking, 2011.

Blayney, I. W. *The Age of Luther: The Spirit of Renaissance-Humanism and the Reformation*. New York: Vantage Press, 1957.

Burns, E. M. et. al. **서양문명의 역사 II**. 박상익 역. 서울: 소나무, 2001. Calvin, J. **기독교 강요**.

Crossan, J. D. **역사적 예수: 지중해 지역의 한 유대인 농부의 생애**. 김준우 역. 서울: 한국기독교연구소, 2012.

Downing, F. G. *Jesus and the Threat of Freedom*. London: SCM Press LTD, 1987.

Emerick, Y. **상식으로 꼭 알아야 할 이슬람**. 한상연 역. 서울: 삼양미디어, 2012.

Erasmus, D. *Enchiridion Militis Christiani (Handbook of the militant Christian)*. London: Methuen and Co., 1904.

Fairbairn, W. R. D. **성격에 관한 정신분석학적 연구**. 이재훈 역. 서울: 한국심리치료연구소, 2003.

Frayne, D. **일하지 않을 권리**. 장상미 역. 서울: 동녘, 2017.

Freud, S. **정신분석학의 근본개념**. 윤희기, 박찬부 역. 서울: 열린책들, 2003.

Gomez, L. **대상관계이론 입문**. 김창대, 김진숙, 이지연, 유성경 공역. 서울: 학지사,2008.

Gorz, A. **에콜로지카**. 임희근, 정혜용 역. 서울: 갈라파고스, 2015.

Hanson, P. D. *The Dawn of Apocalyptic: The Historical and Sociological*

Roots of Jewish Apocalyptic Eschatology. Philadelphia: Fortress Press, 1975, 1979.

Hanson, P. D. ed. *Visionary and their Apocalypses*. Philadelphia: Fortress Press, 1983.

Hammer, M. R., M. J. Bennett, and R. Wiseman. "Measuring intercultural sensitivity: The intercultural development inventory." Ed. R. M. Paige, Special issue on the *Intercultural Development, International Journal of Intercultural Relations* 27, no. 4 (2003): 421-443.

Hirzel M. E. and M. Sallmann (eds.), *John Calvin's Impact on Church and Society, 1509-2009*. Grand Rapids: Eerdmans, 2009.

Hunter, J. D. **기독교는 어떻게 세상을 변화시키는가**. 배덕만 역. 서울: 새물결플러스, 2014.

Koenig, J. *New Testament Hospitality: Partnership with Strangers as Promise and Mission*. Philadelphia: Fortress Press, 1985.

Kohut, H. **자기의 회복**. 이재훈 역. 서울: 한국심리치료연구소, 2006.

Milgrom, J. *Leviticus 23-27.* New York: Doubleday, 2001.

Niebuhr, R. H. **책임적 자아**. 정진홍 역. 서울: 이화여자대학교 출판부, 1983, 1991.

Rae, S. B. and P. M. Cox. **생명윤리학**. 김상득 역. 서울: 살림, 1999.

Rich, A. **경제윤리 I: 신학적 관점에서 본 경제윤리의 원리**. 강원돈 역. 서울: 한국신학연구소, 1993.

Rifkin, J. **3차 산업혁명**. 안진환 역. 서울: 민음사, 2012.

Rifkin, J. **한계비용 제로 사회**. 안진환 역. 서울: 민음사, 2014.

Rounding, K. *et al*. "Religion Replenishes Self-Control." *Psychological Science* 23, no. 6 (2012): 635-642.

Sandel, M. **생명의 윤리를 말하다: 유전학적으로 완벽해지려는 인간에 대한 반론**. 강명신 역. 파주: 동녘, 2010.

Story, J. **문화연구와 문화이론**. 박모 역. 서울: 현실문화연구, 1999.

Stott, J. R. **예수님의 산상설교**. 김광택 역. 서울: 생명의말씀사, 1983.

Taylor, P. **윤리학의 기본원리**. 김영진 역. 서울: 서광사, 1985.

Tillich, P. *Protestant Era*. Chicago, IL: The University of Chicago, 1948.

Tillich, P. **19-20세기 프로테스탄트 사상사**. 송기득 역. 서울: 한국신학연구소, 1980.

University of Oxford. "Humans 'predisposed' to believe in gods and the afterlife." *Science Daily*, 14 July 2011.

Weber, M. **프로테스탄티즘의 윤리와 자본주의 정신**. 문성화 역. 대구: 계명대학교 출판부, 2017.

Werner, G. "시민권으로서의 소득." **녹색평론** 133 (2013): 16-47

White, R. E. O. *Biblical Ethics*. Atlanta: John Knox Press, 1979.

Wogaman, P. **기독교윤리학의 역사**. 임성빈 역. 서울: 한국장로교출판사, 2000.

Woodberry, R . D. and T. S. Shah. "Christianity and Democracy: the Pioneering Protestants." *Journal of Democracy* 15, no. 2 (2004): 47-61.

집필진 소개 (가나다 순)

곽호철 | 전, Tabula Rasa College 교수

김재현 | Tabula Rasa College 교수

김춘이 | Tabula Rasa College 교수

이인경 | Tabula Rasa College 교수

이종원 | Tabula Rasa College 교수

정중호 | 인문국제학대학 기독교학과 명예교수

최봉도 | 인문국제학대학 기독교학과 교수

허도화 | 인문국제학대학 기독교학과 교수

허선호 | Tabula Rasa College 교수

황재범 | 인문국제학대학 기독교학과 교수